D0898494

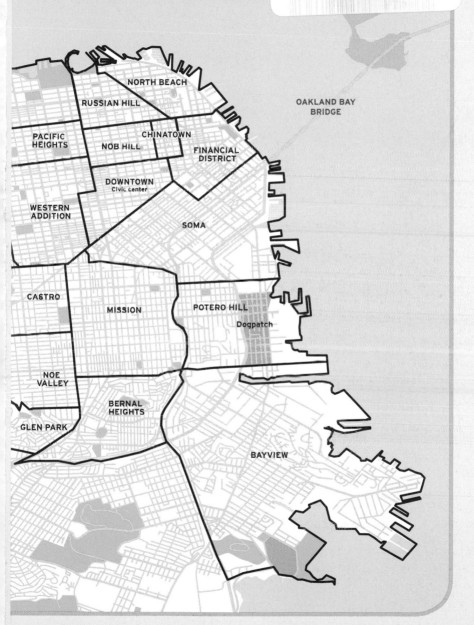

NORTH BEACH

RUSSIAN HILL

OAKLAND BAY
BRIDGE

PACIFIC
HEIGHTS

CHINATOWN

NOB HILL

FINANCIAL
DISTRICT

DOWNTOWN
Civic center

WESTERN
ADDITION

SOMA

CASTRO

MISSION

POTERO HILL

Dogpatch

NOE
VALLEY

BERNAL
HEIGHTS

GLEN PARK

BAYVIEW

Édition: Élizabeth Paré
Design graphique: Josée Amyotte
Infographie: Chantal Landry
Correction: Céline Vangheluwe, Joëlle Bouchard et
Caroline Hugny
Photographies: Marie-Joëlle Parent
  Raison 76 (The Speakeasy): Peter Liu; raison 91 (Fog
  Bridge): Exploratorium; raison 178 (miche de pain):
  Tartine; raison 162 (restaurant Perennial): Alanna
  Hale et Helynn Ospina; raison 160 (Sound Box):
  Stephan Cohen.

Catalogage avant publication de Bibliothèque et Archives
nationales du Québec et Bibliothèque et Archives Canada

Parent, Marie-Joëlle

  300 raisons d'aimer San Francisco

  ISBN 978-2-7619-4697-1

  1. San Francisco (Calif.) - Guides. I. Titre. II. Titre :
Trois cents raisons d'aimer San Francisco.

F869.S33P37 2016   917.94'610454   C2016-941583-X

Ville assoiffée de nouvelles tendances, San Francisco est
en constante mutation, de sorte que la durée de vie des
bars, restaurants et hôtels est très variable. Jusqu'au
moment de mettre sous presse, j'ai traversé les quartiers
de la ville pour m'assurer que les informations contenues
dans ce livre étaient à jour. Cependant, comme nul n'est
à l'abri du temps qui passe, sachez que certains
commerces pourraient avoir déménagé ou fermé leurs
portes lorsque vous visiterez San Francisco. Les menus,
les prix, tarifs et heures d'ouverture, donnés à titre
indicatif, sont aussi sujets à changement. Les points
permettant de situer les lieux sur les cartes ne sont
donnés qu'à titre indicatif seulement.
Bonne visite!

Suivez Marie-Joëlle Parent sur Instagram:
@mariejoelleparent

Imprimé au Canada

10-16

Dépôt légal: 2016
Bibliothèque et Archives nationales du Québec
ISBN 978-2-7619-4697-1

DISTRIBUTEURS EXCLUSIFS:
Pour le Canada et les États-Unis:
MESSAGERIES ADP inc.*
Longueuil, Québec J4G 1G4
Téléphone: 450-640-1237
Internet: www.messageries-adp.com
* filiale du Groupe Sogides inc.,
   filiale de Québecor Média inc.

Pour la France et les autres pays:
INTERFORUM editis
Téléphone: 33 (0) 1 49 59 11 56/91
Service commandes France Métropolitaine
Téléphone: 33 (0) 2 38 32 71 00
Internet: www.interforum.fr
Service commandes Export – DOM-TOM
Internet: www.interforum.fr
Courriel: cdes-export@interforum.fr

Pour la Suisse:
INTERFORUM editis SUISSE
Téléphone: 41 (0) 26 460 80 60
Internet: www.interforumsuisse.ch
Courriel: office@interforumsuisse.ch
Distributeur: OLF S.A.
Commandes:
Téléphone: 41 (0) 26 467 53 33
Internet: www.olf.ch
Courriel: information@olf.ch

Pour la Belgique et le Luxembourg:
INTERFORUM BENELUX S.A.
Téléphone: 32 (0) 10 42 03 20
Internet: www.interforum.be
Courriel: info@interforum.be

Gouvernement du Québec – Programme de crédit
d'impôt pour l'édition de livres - Gestion SODEC -
www.sodec.gouv.qc.ca

L'Éditeur bénéficie du soutien de la Société de
développement des entreprises culturelles du Québec
pour son programme d'édition.

 Conseil des Arts   Canada Council
                     du Canada   for the Arts

Nous remercions le Conseil des Arts du Canada de l'aide
accordée à notre programme de publication.

Financé par le gouvernement du Canada   Canadä
Funded by the Government of Canada

Nous reconnaissons l'aide financière du gouvernement
du Canada par l'entremise du Fonds du livre du Canada
pour nos activités d'édition.

MARIE-JOËLLE PARENT

300

RAISONS D'AIMER
SAN FRANCISCO

Table des matières

Introduction

J'ai toujours pensé qu'il y a deux villes aux États-Unis où je pourrais vivre sans problème: New York et, à l'autre bout du continent, San Francisco. J'aime profondément ces deux villes sans me sentir obligée d'en élire une préférée. Dès que je l'ai lue, j'ai adopté cette maxime de l'auteur américain Gene Fowler: «Chaque personne devrait être autorisée à aimer deux villes, la sienne et San Francisco.»

J'ai élu domicile à New York il y a près de huit ans, mais j'ai posé pied d'innombrables fois dans la ville de la côte Ouest, et ce, pour plusieurs raisons (au moins 300!). L'une de ces raisons, que vous ne trouverez pas numérotée dans ce livre, est très chère à mon cœur: c'est la ville où j'ai rencontré l'homme de ma vie. On peut donc dire que j'ai vécu un double coup de foudre pour The City by the Bay!

Quand je pense à San Francisco, je pense à son rythme de vie agréable, au bruit des cornes de brume guidant les bateaux dans l'épais manteau de fog, au vent fou qui se met à souffler vers deux heures de l'après-midi dans The Mission, à la nappe de brouillard qui dévale les collines à l'ouest de Divisadero Street, à la proximité de la nature, aux forêts d'eucalyptus en pleine ville, aux escaliers fleuris que l'on découvre au hasard des promenades, aux immeubles Art déco et aux maisons victoriennes, à l'énergie créative de ses habitants et à leur obsession pour les costumes et les produits bios... Les San-Franciscains sont à l'avant-garde du mouvement écolo, des découvertes numériques et d'à peu près tout, en fait. Ils sont militants, progressistes, passionnés, solidaires, rêveurs, pionniers et artisans. Et ils sont habités par leur ville. Ici, le mouvement locavore a été hissé au rang de religion.

Vous trouverez donc dans cet ouvrage 300 raisons d'aimer cette ville unique au monde. Il s'agit aussi bien de restaurants, de cafés, de bars, de musées, de librairies, d'escaliers, d'immeubles, de collines, de plages, de rues ou de personnages attachants. Vous remarquerez que ce guide déborde de restaurants, et ce choix est volontaire, parce que la gastronomie est au cœur de la vie des San-Franciscains. Ces gens sont des *foodies,* de fins gourmets prêts à faire la file pendant des heures pour essayer le restaurant de l'heure, mordre dans la miche de pain la plus divine ou déguster la meilleure tasse d'espresso.

Cet ouvrage se lit comme une longue promenade, puisque les raisons se suivent géographiquement. La ville ne fait que 119 kilomètres carrés, mais compte plus de 40 quartiers qui ont tous une identité distincte et, dans plusieurs cas, un maire officieux. Répertoriées par «mégaquartiers», ces multiples raisons de tomber amoureux de la ville du brouillard vous mèneront toutefois au-delà de ses frontières: à Oakland, à Berkeley, dans la région de Napa, à Sonoma et à Russian River, dans le comté de Marin, à Tomales Bay et à Bodega Bay, à Half Moon Bay et à Silicon Valley.

San Francisco a inspiré nombre de citations célèbres, mais aucune ne transmet l'amour que l'on peut éprouver pour cette ville comme celle du chroniqueur vedette du *San Francisco Chronicle,* Herb Caen: «Un jour, si je vais au paradis... je regarderai autour de moi et dirai: "Ce n'est pas mal, mais ce n'est pas San Francisco".»

Mes « TOPS »

LES MEILLEURS RESTAURANTS
1 State Bird Provisions, 1529 Fillmore St [RAISON N° 57]
2 Liholiho Yacht Club, 871 Sutter St [RAISON N° 143]
3 Chez Panisse, 1517 Shattuck Ave [RAISON N° 265]
4 Cala, 149 Fell St [RAISON N° 156]
5 Tosca Cafe, 242 Columbus Ave [RAISON N° 80]
6 Kokkari Estiatorio, 200 Jackson St [RAISON N° 117]
7 Zuni Café, 1658 Market St [RAISON N° 154]
8 La Ciccia, 291 30th St [RAISON N° 217]
9 AL's Place, 1499 Valencia St [RAISON N° 185]
10 Swan Oyster Depot, 1517 Polk St [RAISON N° 103]

LES MEILLEURS BRUNCHS
1 Nopa, 560 Divisadero St [RAISON N° 66]
2 Outerlands, 4001 Judah St [RAISON N° 246]
3 Plow, 1299 18th St [RAISON N° 229]
4 Bar Tartine, 561 Valencia St [RAISON N° 185]
5 Mission Beach Cafe, 198 Guerrero St
6 St. Francis Fountain, 2801 24th St [RAISON N° 182]
7 Rose's Café, 2298 Union St [RAISON N° 38]
8 Brenda's Meat & Three, 919 Divisadero St [RAISON N° 66]
9 Zazie, 941 Cole St [RAISON N° 210]
10 Pork Store Cafe, 1451 Haight St [RAISON N° 211]

LES MEILLEURS CAFÉS
1 Caffe Trieste, 601 Vallejo St [RAISON N° 77]
2 Sightglass Coffee, 3014 20th St [RAISONS N° 171 et N° 201]
3 Saint Frank Coffee, 2340 Polk St [RAISON N° 95]
4 Four Barrel Coffee, 375 Valencia St [RAISON N° 201]
5 Stable Café, 2128 Folsom St [RAISON N° 190]

LES MEILLEURES PIZZAS
1   Una Pizza Napoletana, 210 11th St [RAISON N° 169]
2   Del Popolo, 855 Bush St [RAISON N° 105]
3   A16, 2355 Chestnut St [RAISON N° 40]
4   Flour + Water, 2401 Harrison St [RAISON N° 185]
5   Boot & Shoe Service, 3308 Grand Ave, Oakland [RAISON N° 256]

LES MEILLEURES CRÈMERIES
1   Mr. and Mrs. Miscellaneous, 699 22nd St [RAISON N° 226]
2   Mitchell's Ice Cream, 688 San Jose Ave [RAISON N° 236]
3   Three Twins Ice Cream, 254 Fillmore St [RAISON N° 73]
4   Lush Gelato, 1817 Polk St [RAISON N° 110]
5   Bi-Rite Creamery, 3692 18th St [RAISON N° 176]

LES MEILLEURS BURRITOS
1   El Castillito, 136 Church St
2   La Taqueria, 2889 Mission St [RAISON N° 181]
3   Taqueria Cancún, 2288 Mission St [RAISON N° 181]
4   Pancho Villa Taqueria, 3071 16th St [RAISON N° 181]
5   Taqueria El Buen Sabor, 699 Valencia St [RAISON N° 181]

LES MEILLEURS BARS À COCKTAILS ET BARS À VINS
1   Trick Dog, 3010 20th St [RAISON N° 196]
2   The Treasury, 115 Sansome St [RAISON N° 119]
3   Benjamin Cooper, 398 Geary St [RAISON N° 142]
4   Comstock Saloon, 155 Columbus Ave [RAISON N° 81]
5   Smuggler's Cove, 650 Gough St [RAISON N° 73]
6   Bourbon & Branch, 501 Jones St [RAISON N° 142]
7   Trou Normand, 140 New Montgomery St [RAISON N° 121]
8   Union Larder, 1945 Hyde St [RAISON N° 99]
9   Lone Palm, 3394 22nd St [RAISON N° 196]
10 Amelie, 1754 Polk St [RAISON N° 109]

LES PLUS BELLES VUES
1   Corona Heights Park [RAISON N° 209]
2   Bernal Heights Park [RAISON N° 235]
3   Eagle's Point à Lands End [RAISON N° 12]
4   Twin Peaks [RAISON N° 243]
5   Tour d'observation du musée De Young [RAISON N° 27]

LES PLUS BEAUX ESCALIERS
1   16th Avenue Tiled Steps [RAISON N° 242]
2   Lyon Street Steps [RAISON N° 46]
3   Lincoln Park Steps [RAISON N° 28]
4   Harry Street Steps [RAISON N° 234]
5   Filbert Steps [RAISON N° 90]

LES ÉVÉNEMENTS À NE PAS MANQUER

1 Bay to Breakers: Course centenaire de 12 kilomètres, de la baie jusqu'à l'océan Pacifique. Les participants sont déguisés et l'alcool coule à flots. La course a lieu le troisième dimanche de mai. [baytobreakers.com]

2 Outside Lands: L'événement de l'été à San Francisco. Ce festival de musique se déroule pendant trois jours, au mois d'août, au Golden Gate Park. Près de 200 000 personnes y participent. [sfoutsidelands.com]

3 SF Pride: Se tenant en juin, il s'agit du plus grand défilé de la fierté gay au pays et un des plus importants du monde. C'est aussi la parade la plus grandiose de San Francisco, à moins que les Giants ne gagnent le championnat de baseball et les 49ers, le championnat de football! Le samedi soir précédant le défilé, le Castro est en fête. [sfpride.org]

4 Stern Grove Festival: Ce festival des arts de la scène se déroule depuis les années 1930, en juin, au Sigmund Stern Recreation Grove, un amphithéâtre à ciel ouvert entouré d'eucalyptus, situé dans le quartier Lakeshore. La programmation est diversifiée (ballet, hip-hop, opéra) et l'entrée est gratuite. [sterngrove.org]

5 Dia de los Muertos: Le premier dimanche de novembre, des marcheurs se retrouvent à l'angle de 22nd Street et Bryant Street pour célébrer le jour des Morts, une tradition mexicaine qui a cours dans The Mission, le quartier hispanique, depuis les années 1970. Danseurs aztèques, femmes aux bouquets de fleurs mortes et enfants portant des masques de squelette en papier mâché s'ébranlent vers Garfield Park. Les participants y allument des bougies en mémoire des morts. [dayofthedeadsf.org]

SE LOGER

1. **Airbnb.com :** L'application créée à San Francisco en 2008 propose des milliers d'appartements et de chambres à louer à travers la ville. C'est le meilleur moyen de découvrir les lieux comme les résidents et de s'immerger dans leur quotidien. Le seul quartier que j'éviterais est le Tenderloin. **[RAISON N° 170]**

2. **Axiom Hotel :** Hôtel design dans un immeuble qui date de 1908. Très bien situé, Downtown, avec un joli café devant et une bibliothèque.

3. **Palace Hotel :** Hôtel historique construit en 1875 par un banquier américain qui voulait rivaliser avec les grands hôtels européens. Le bar Pied Piper et le Garden Court valent le détour. **[RAISON N° 130]**

4. **Inn at the Presidio :** Bed & Breakfast historique de 22 chambres, en plein cœur du Presidio, aménagé dans l'ancienne résidence des dirigeants de l'armée. Petit déjeuner et apéro compris. **[RAISON N° 5]**

5. **Hotel G :** Hôtel au design mid-century modern tout près d'Union Square. Bar « secret » au deuxième étage, le Benjamin Cooper. **[RAISON N° 142]**

6. **Hotel des Arts :** Hôtel-boutique funky dans le Financial District. Chaque chambre a une murale différente, peinte par un artiste local. Petit déjeuner compris.

7. **Hotel Vitale :** Hôtel à l'esthétique minimaliste dans le Financial District. Vue sur le Bay Bridge et le Ferry Building. Spa, et terrasse sur le toit.

8. **Clift :** Hôtel du designer Philippe Starck, à deux pas d'Union Square. Bar Art déco superbe au rez-de-chaussée, le Redwood Room **[RAISON N° 146]**. La location de vélos est gratuite.

9. **The Battery :** Établi dans le Financial District, ce club privé compte 14 suites accessibles aux non-membres. Les chambres sont luxueuses et la nuitée vous donne accès aux services des membres, comme le restaurant, les quatre bars, le spa, le gym, et la terrasse sur le toit.

10. **Cavallo Point Lodge :** Cette ancienne base de l'armée, au pied du Golden Gate à Sausalito, a été transformée en un hôtel luxueux doté d'un spa renommé. **[RAISON N° 267]**

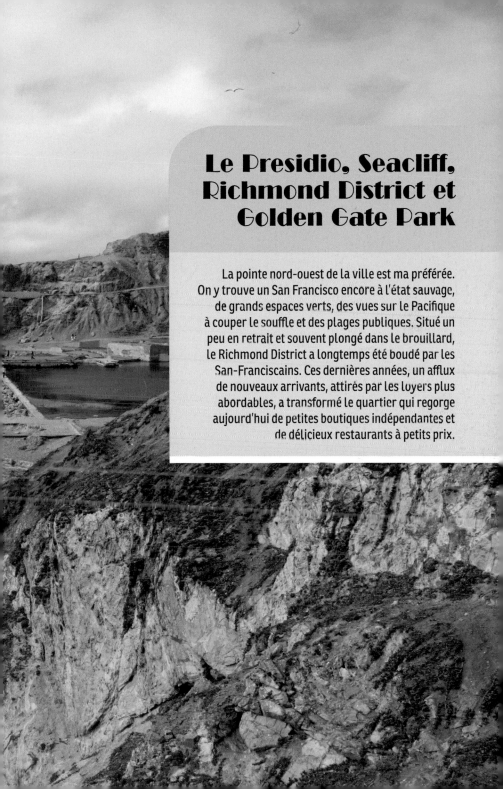

Le Presidio, Seacliff, Richmond District et Golden Gate Park

La pointe nord-ouest de la ville est ma préférée. On y trouve un San Francisco encore à l'état sauvage, de grands espaces verts, des vues sur le Pacifique à couper le souffle et des plages publiques. Situé un peu en retrait et souvent plongé dans le brouillard, le Richmond District a longtemps été boudé par les San-Franciscains. Ces dernières années, un afflux de nouveaux arrivants, attirés par les loyers plus abordables, a transformé le quartier qui regorge aujourd'hui de petites boutiques indépendantes et de délicieux restaurants à petits prix.

Le Presidio, Seacliff, Richmond District et Golden Gate Park

- ● Voir + photographier
- ● Boire + manger
- ● Shopping + brocante
- ● Arts + culture
- ● Activités + promenades

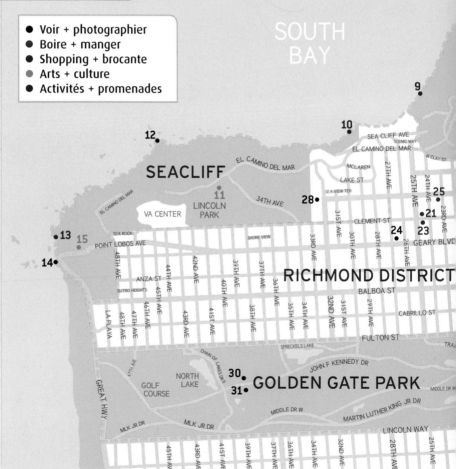

SOUTH BAY

SEACLIFF

EL CAMINO DEL MAR

RICHMOND DISTRICT

GOLDEN GATE PARK

SEA CLIFF AVE
SCENIC WAY
EL CAMINO DEL MAR
W CLAY ST
MCLAREN
LAKE ST
SEA VIEW TER
34TH AVE
CLEMENT ST
GEARY BLVD
ANZA ST
SUTRO HEIGHTS
BALBOA ST
CABRILLO ST
FULTON ST
SPRECKELS LAKE
CHAIN OF LAKES DR
JOHN F KENNEDY DR
NORTH LAKE
GOLF COURSE
MIDDLE DR W
MLK JR. DR.
MLK JR DR
MARTIN LUTHER KING JR DR
LINCOLN WAY
GREAT HWY
LA PLAYA
POINT LOBOS AVE
SEA ROCK
VA CENTER
LINCOLN PARK
EL CAMINO DEL MAR
SHORE VIEW
MIDDLE DR W

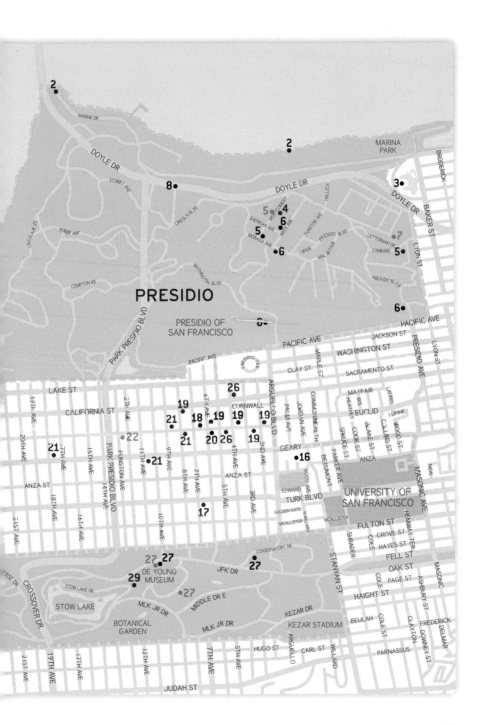

Karl

1 À San Francisco, tout le monde connaît Karl. C'est le nom que l'on a donné au célèbre brouillard après qu'un internaute a décidé de baptiser ainsi ce fameux phénomène météo. Depuis 2010, un San-Franciscain (qui n'a pas, au moment où j'écris ces lignes, dévoilé son identité) incarne le brouillard sur les réseaux sociaux.

Karl the Fog alimente un compte Twitter de tweets hilarants comme « Restez couchés aujourd'hui, la ville est à moi » ; « Horrible journée ensoleillée, à éviter à tout prix » ; « Je viens de manger San Francisco » ; « Hier soir, vous avez à peine dormi parce que vous étiez en sueur. Ce soir, vous êtes sous trois couvertures. Bienvenue à San Francisco ».

Karl the Fog a aussi un compte Instagram où il partage de spectaculaires photos de la nappe de brume qui enveloppe la ville. Sa muse, le Golden Gate, fait de nombreuses apparitions. Karl the Fog est devenu un personnage de la ville que les San-Franciscains et les touristes étiquettent sur leurs photos ou interpellent sur Twitter quand leur pique-nique a été ruiné par le brouillard.

En moins de cinq ans, il est devenu une star des réseaux sociaux, séduisant plus de 300 000 abonnés. Je suis fan. Son humour sur le Web le rend un peu plus tolérable aux yeux des résidents. Détesté par plusieurs, le brouillard est pourtant ce que j'aime le plus de la ville. Il lui donne un air mystérieux.

À San Francisco, le climat a du caractère, on passe par tous les scénarios météo en 24 heures. Le brouillard se forme surtout au début de l'été, quand le courant froid venu de l'océan Pacifique entre en contact avec l'air chaud de la vallée centrale de la Californie, d'où les expressions *May gray* et *June gloom*. Au petit matin, la ville est alors plongée sous un épais manteau brumeux qui se dissipe normalement en après-midi, avant de revenir en fin de journée.

Karl affectionne surtout les quartiers de l'ouest de la ville et les collines comme Twin Peaks. Il adore l'été, d'où ce mot célèbre de Mark Twain : « *The coldest winter I ever spent was a summer in San Francisco.* » Le brouillard disparaît au printemps et aux mois de septembre et octobre, c'est d'ailleurs le meilleur moment de l'année pour visiter la ville.

Le brouillard affecte moins l'est de la ville, ce qui rend certains quartiers, comme Mission District, Noe Valley ou SoMa plus recherchés parce que le ciel y est toujours bleu. Eh oui, à San Francisco, le microclimat est un critère de plus à considérer dans la recherche d'un logement.

Les San-Franciscains savent qu'il faut toujours s'habiller de plusieurs couches pour affronter les différents microclimats de la journée. Une application gratuite, « Mr. Chilly », vous permet de voir le temps qu'il fait dans tous les quartiers. Utile pour planifier votre journée.

High Five Ken Hopper!

2 Mon rituel préféré, quand je débarque à San Francisco, est d'aller marcher ou jogger à **Crissy Field** (A). La baie vous sert de compagnon de course, Alcatraz vous guette au loin et le Golden Gate, lui, est l'objectif à atteindre à l'horizon.

L'ancien terrain d'aviation est toujours très animé, surtout le dimanche matin. Toute la ville semble y promener ses chiens, un vrai paradis canin. Il y a toutes sortes d'événements sportifs et d'installations artistiques sur la plaine gazonnée. Il y a aussi des tables de pique-nique.

Plusieurs hangars d'aviation ont été transformés en aires de jeux. C'est le cas de **House of Air**, où l'on peut faire du trampoline [926 Old Mason St] et de **Planet Granite**, où l'on peut faire du yoga et de l'escalade intérieure [924 Old Mason St].

Je commence ma course à l'angle de Divisadero Street et Marina Boulevard, et je me rends trois kilomètres plus loin, à Fort Point, la forteresse de briques construite en 1861 sous la culée du Golden Gate. Alfred Hitchcock y a tourné la célèbre scène du film *Vertigo*, où Scottie (James Stewart) sauve de la noyade Madeleine (Kim Novak).

Il faut absolument monter sur le toit de **Fort Point** (B) (c'est gratuit). En regardant vers l'ouest, bousculé par le vent, le Pacifique à perte de vue, vous réalisez que San Francisco est réellement le bout du continent. Par beau temps, de nombreux surfeurs s'amusent dans les vagues à côté de Fort Point. C'est un spectacle à ne pas manquer.

Les joggeurs san-franciscains ont pris l'habitude de toucher une plaque affichant deux mains orange sur la clôture métallique, à côté du fort, à la toute fin de Marine Drive. Cette plaque, que l'on appelle **Hopper's Hands** (C), a été bricolée par un certain Ken Hopper, un monteur de charpentes métalliques qui s'occupe de la maintenance du Golden Gate.

Il avait observé pendant longtemps le rituel des coureurs qui consiste à toucher la clôture avant de rebrousser chemin. Il a eu l'idée de peindre deux mains grandeur nature en guise de *high five*. Une affiche plus petite, portant des pattes de chien, est accrochée un peu plus bas.

Après ma course, je m'arrête à **The Warming Hut** pour prendre une boisson chaude. Le café-boutique propose aussi plusieurs objets et livres qui ont trait à la ville [983 Marine Dr]. En sortant du café, allez saluer les nombreux pêcheurs de crabes et de saumons sur le quai (**Torpedo Wharf**) (D). Ils attrapent parfois de petits requins qu'ils exhibent fièrement aux curieux.

2D

2A 2B

Le palace
d'une autre époque

3 Endroit le plus romantique de San Francisco, le **Palace of Fine Arts** est un des derniers vestiges de l'Exposition universelle de 1915 (*Panama-Pacific International Exposition*). L'immeuble de style Beaux-Arts a miraculeusement survécu aux années. J'aime cet immeuble pour sa grande beauté, mais aussi parce que les San-Franciscains se sont battus pour le conserver. L'Expo n'était même pas encore terminée que déjà une pétition circulait pour qu'il ne soit pas démoli comme le reste des bâtiments.

De nouveau sauvé de la démolition dans les années 1950 grâce à de généreux dons, il a été complètement restauré dans les années 1960. Le bâtiment a été dessiné par l'architecte californien Bernard Maybeck, qui s'est inspiré de l'architecture classique grecque et romaine. Situé entre le quartier Marina et le Presidio, c'est aujourd'hui un lieu qu'affectionnent autant les touristes que les San-Franciscains. Plusieurs mariages y sont célébrés. La photo à prendre est celle du palace avec sa réflexion dans le plan d'eau, devant. Ouvrez l'œil ; en plus de nombreux cygnes, l'étang abrite tortues, grenouilles et canards (3301 Lyon St).

Le parc de
camions-cantines

4 Tous les jeudis soirs (de 17 h à 21 h) et les dimanches (de 11 h à 16 h) d'avril à novembre, le collectif de camions-cantines **Off the Grid** organise un grand pique-nique au Presidio, sur la plaine gazonnée appelée «Main Post». Une douzaine de *food trucks* et une vingtaine de kiosques de restaurants locaux s'installent. C'est l'endroit idéal pour goûter à ce que la ville a de mieux à offrir, avec une vue de rêve sur le Golden Gate. Vérifiez les dates sur offthegrid.com.

Se perdre au Presidio

5 Le **Presidio** est un lieu fascinant. Ce parc de près de quatre kilomètres carrés est une ancienne base militaire, implantée par les Espagnols en 1776. Il est si grand (presque deux fois plus grand que Golden Gate Park) que l'on peut facilement s'y perdre.

Plus de 3000 personnes y résident aujourd'hui, en pleine nature. Certaines familles vivent dans l'ancien hôpital de la Marine converti en appartements luxueux ou dans les anciennes résidences majestueuses des officiers. La liste d'attente est longue pour louer ces maisons. On y trouve aussi un restaurant aménagé dans un immeuble historique datant de 1903, le **Presidio Social Club** [563 Ruger St], 12 allées de quilles centenaires au **Presidio Bowling Center** [93 Moraga Ave], le charmant Bed & Breakfast de 22 chambres **Inn at the Presidio** [42 Moraga Ave] et le **Walt Disney Family Museum**. Fondé par la sœur de Walt Disney, le musée a ouvert ses portes en 2009 et expose les premiers croquis du créateur de Mickey, ainsi qu'une maquette de 3,6 mètres de Disneyland, tel que l'artiste l'avait imaginé. Les 10 galeries survolent toute sa carrière, jusqu'à sa mort en 1966. Tous ses trophées sont exposés dans le hall, dont l'Oscar honorifique qu'il a reçu pour *Blanche-Neige et les sept nains*, un gros Oscar suivi de sept Oscars minuscules. On apprend à connaître le personnage à travers une foule d'anecdotes, comme celle de son vieux chapeau. Un jour, sa femme a essayé de se débarrasser de ce chapeau, mais Walt l'a retrouvé et en a façonné la partie supérieure en forme de cœur, puis il le lui a offert en cadeau pour la Saint-Valentin. Le musée plaira autant aux enfants qu'aux adultes [104 Montgomery St].

6A

Les œuvres d'art plus grandes que nature

6 Ne manquez pas, ornant le parc du Presidio, les installations de l'artiste britannique **Andy Goldsworthy**. Il a confectionné quatre grandes sculptures à partir de troncs d'arbre : *Spire*, une flèche de 100 mètres de haut (Arguello Gate, à côté du stationnement du club de golf) ; *Wood Line*, une longue ligne sinueuse de 365 mètres sur le sol (quand vous traversez Presidio Gate, l'installation se trouve juste à gauche, sur le bord de Lover's Lane) ; *Tree Fall* dans un ancien dépôt de munitions [95 Anza Ave] ; et *Earth Wall* (A) sur un muret [50 Moraga Ave].

Yoda

7 Parmi les nombreuses entreprises qui ont élu domicile dans les anciennes installations militaires du Presidio, la plus renommée est le **Letterman Digital Arts Center** qui abrite le quartier général de Lucasfilm Ltd., la compagnie de George Lucas. On peut même visiter le hall où sont exposés plusieurs figurines, affiches, livres et objets reliés à la saga *Star Wars*, dont une statue grandeur nature de **Darth Vader** (assez intimidant du haut de ses deux mètres). Devant l'immeuble, une réplique exacte de **Yoda** (A) surplombe une fontaine. Il accueille les visiteurs, l'air de dire : « Que la force soit avec vous ! » Ouvert du lundi au vendredi de 9 h à 17 h [Building B courtyard, 1 Letterman Dr].

7A

Le cimetière de Fido et Noisette

Au nord-ouest du **National Cemetery** et ses 26 000 pierres tombales, un autre type de cimetière repose sous le viaduc menant au Golden Gate. Entourées d'une clôture blanche en bois, les petites pierres tombales peintes à la main portent des noms comme Heidi, Willie ou Mr. Iguana. Il s'agit d'un cimetière... pour animaux de compagnie, chats et chiens, mais on y trouve aussi des serpents, perroquets, canaris, lapins, hamsters, poissons rouges, rats et souris. Les plus vieilles pierres tombales datent de 1950, mais on dit que, déjà au XIXe siècle, les militaires de la base y enterraient les chiens de garde et les chevaux de l'armée. C'est sans doute pour cette raison que les pierres tombales imitent celles des cimetières militaires officiels, portant le lieu de naissance de l'animal, son nom de famille et même le rang de son maître. Comme dans les vrais cimetières, certaines tombes portent l'inscription « Animal inconnu ». Aujourd'hui, le petit cimetière est officiellement fermé. On peut tout de même l'observer depuis l'autre côté de la clôture [McDowell Ave].

Le lieu de naissance de Burning Man

9 Baker Beach est le premier endroit où j'ai posé les pieds à San Francisco. Les orteils dans le sable, baignée de la lumière dorée du soleil couchant, le Golden Gate et les maisons colorées du quartier Sea Cliff en arrière-plan, je suis tombée sous le charme. Une vraie vue de carte postale. Le festival Burning Man est né en 1986 dans la partie nord de cette plage publique. Les créateurs, Larry Harvey et Jerry James, ont eu l'idée, pour célébrer le solstice d'été, de construire un bonhomme de bois et de le brûler. L'idée spontanée a attiré une vingtaine de personnes. Ils ont recréé l'expérience les trois années suivantes. La quatrième année, la police s'est présentée, le party était terminé. C'est à ce moment que le festival s'est déplacé dans le désert, au Nevada. De 20 personnes en 1986, le festival a accueilli près de 66 000 personnes en 2014. Le tout premier bonhomme de bois ne faisait que deux mètres de haut. En 2014, il mesurait 32 mètres. Avis : on pratique le nudisme dans la section nord de la plage.

10

La plage secrète

10 Je préfère le calme de **China Beach**, la petite sœur de Baker Beach. En retrait des circuits touristiques, elle est moins fréquentée. On a l'impression d'avoir découvert une plage secrète en pleine ville. On peut l'atteindre en traversant le quartier Sea Cliff et ses maisons luxueuses accrochées au flanc des falaises. Vous pouvez les reluquer le long de Sea Cliff Avenue. C'est la vue la plus convoitée en ville. À l'époque de la ruée vers l'or (1848), China Beach était utilisée comme lieu de campement par plusieurs pêcheurs chinois qui travaillaient dans la région de la Baie.

9

Le cadeau d'Alma

11 Construit en 1924 au sommet d'une colline verdoyante surplombant l'océan Pacifique, le musée **Legion of Honor** (A) est un joyau de San Francisco. L'architecture est inspirée du palais de la Légion d'honneur à Paris. Les collections de ce musée des beaux-arts sont variées et regroupent des dizaines de sculptures de Rodin, le Salon Doré (une des salles de l'hôtel de La Trémoille à Paris, datant du XVIIIe siècle) et plusieurs œuvres de Monet, Degas, Renoir, Cézanne, Gauguin, Picasso, Dalí et Matisse, entre autres.

Une scène culte du film *Vertigo* d'Alfred Hitchcock a d'ailleurs été tournée dans la galerie numéro 6 où le personnage de Madeleine passe un long moment à regarder une peinture d'une jeune femme qui lui ressemble, le fameux *Portrait of Carlotta*. Vous ne la verrez pas aujourd'hui. Conçue spécialement pour le film, cette toile a été mystérieusement perdue après le tournage.

Les San-Franciscains ont reçu le musée en cadeau de la famille Spreckels. **Alma de Bretteville Spreckels**, philanthrope et *socialite*, a convaincu son mari, Adolph, de l'offrir à la ville. L'immeuble blanc de style néo-classique honore les 3600 soldats californiens morts sur les champs de bataille du nord de la France [100 34th Ave].

Je suis fasciné par le personnage d'Alma. La générosité de « Big Alma » (elle mesurait 1,83 mètre) lui a valu le surnom de « *The Great Grandmother of San Francisco* ». Fille d'immigrants danois, elle est née en 1881 dans le quartier Sunset. Issue d'une famille pauvre, elle a posé nue pour gagner un peu d'argent durant ses études. Elle a d'ailleurs servi de modèle pour la **statue de la déesse** (B) qui trône en plein cœur d'Union Square. C'est grâce à cette œuvre qu'elle a rencontré celui qui deviendrait son mari. Adolph Spreckels était le président du comité de sélection du monument. Le riche héritier l'a courtisée pendant cinq ans. Ils se sont finalement mariés en 1908. Elle avait

11A

27 ans, il en avait 51. Comme la famille de son mari a fait fortune dans l'industrie du sucre, elle a eu l'idée de le surnommer « Sugar Daddy ». Inutile de dire que l'expression a fait son chemin dans le langage populaire.

Dans le très huppé quartier Pacific Heights, le château de style Beaux-Arts qu'Adolph Spreckels a fait construire pour sa femme en 1912 est encore aujourd'hui la plus somptueuse demeure en ville. Alma y a résidé jusqu'à sa mort en 1968. La résidence de 55 chambres a plus tard été achetée par l'auteure à succès Danielle Steel. Depuis, la maison attire des hordes de touristes. Sise à l'angle de Washington St et d'Octavia St, elle est impossible à manquer à cause de son épaisse haie de neuf mètres de haut, détestée du voisinage.

11B

Le labyrinthe de pierres

12 Seul lieu encore à l'état sauvage de San Francisco, le parc **Lands End**, de loin mon endroit préféré dans toute la ville, est spectaculaire et mystique. Vous le trouverez à la pointe nord-ouest de la ville. La tribu amérindienne Yelamu, du peuple Ohlone, y a vécu avant l'arrivée des Espagnols en 1776.

Tout indiqués pour les longues randonnées, les sentiers du littoral, bordés de cyprès, rappellent les Cinque Terre italiennes des bords de la Méditerranée. On est pourtant à 20 minutes du centre-ville. Au pied des falaises, de vieilles épaves finissent de pourrir, et, si vous êtes chanceux, vous pourriez apercevoir des dauphins à l'horizon.

Lands End signifie le « bout du monde », et on a réellement l'impression d'y être, surtout à **Eagle's Point**, un plateau d'où la vue est imprenable sur le Golden Gate. Suivez les indications pour Eagle's Point en arpentant le Lands End Trail. Descendez l'escalier, mais au lieu de tourner à gauche, continuez tout droit. Vous découvrirez alors un **labyrinthe de pierres**. C'est un artiste de la région, Eduardo Aguilera, qui l'a installé en 2004 en guise de sanctuaire. L'amas de pierres est devenu un lieu de pèlerinage pour randonneurs et explorateurs.

Il a été détruit et vandalisé à au moins quatre reprises, mais, chaque fois, quelques San-Franciscains s'unissent pour le reconstruire, créant une chaîne humaine jusqu'à **Mile Rock Beach**, une cinquantaine de mètres plus bas, pour recueillir les galets. Le site est particulièrement populaire lors des équinoxes et des solstices ; les gens allument alors des lampions. La colonne rouge et blanche, à l'horizon, est un ancien phare, **Mile Rocks Lighthouse**, construit au début du XXe siècle après le naufrage de près de 300 navires dans les parages du Golden Gate.

12

13

Les piscines de M. Sutro

13 Il ne reste plus que quelques murets et escaliers de béton, un tunnel et un plan d'eau, mais il est facile de s'imaginer à quel point cet endroit devait être enchanteur. **Sutro Baths** (Bains Sutro) est un complexe de piscines intérieures imaginé par l'immigrant allemand Adolph Sutro, un millionnaire qui a fait fortune dans l'industrie minière et qui a été maire de San Francisco de 1894 à 1896. Il a eu l'idée de construire à Lands End un immense parc récréatif abordable et accessible à tout San-Franciscain. Il a même financé la construction d'un train à vapeur qui reliait le centre-ville au complexe (le trajet coûtait 5 ¢ à l'époque).

M. Sutro a construit le plus grand centre de bains couverts au monde. À marée haute, l'océan remplissait les piscines intérieures de 7600 m³ d'eau. Protégés des intempéries par un immense dôme de verre, les nageurs avaient le choix entre sept piscines (six d'eau salée et une d'eau douce), toutes à des températures différentes. Elles mesuraient 152 mètres de long et 77 mètres de large. En plus des bains, le complexe comprenait une patinoire, un musée d'histoire naturelle, un théâtre de 2700 sièges et un château de style victorien de huit étages, le **Cliff House**. Ce dernier a brûlé en 1907, mais a été reconstruit dans un style néo-classique. Le restaurant est aujourd'hui une destination prisée des touristes. Le complexe de piscines a aussi brûlé en 1966 et les ruines ont été laissées à l'abandon. J'aime aller m'asseoir sur un des murets en fixant l'océan, on a l'impression de découvrir un paradis perdu [680 Point Lobos Ave].

La précieuse caméra

14

Derrière le restaurant The Cliff House, ne manquez pas la **Camera Obscura** géante. Construit en 1946 par le propriétaire du restaurant, le petit cabanon a été conçu pour ressembler à un appareil photo 35 mm géant, avec sa lentille pointant vers le ciel. À l'intérieur, une table blanche parabolique trône au milieu de la pièce plongée dans le noir. La rotation de la lentille fait quatre arrêts en six minutes ; on observe donc l'océan scintillant, les rochers du littoral, les pélicans et Ocean Beach. L'image sur la table est nette et lumineuse. Dans les années 1970 et en 1999, la caméra a failli disparaître par manque de fonds pour l'entretenir, mais, chaque fois, une grande campagne publique l'a sauvée de la destruction. Le 23 mai 2001, l'appareil photo a été ajouté au registre national des lieux historiques et sera préservé à jamais. Ouvert tous les jours de 11 h à 17 h, sauf quand il pleut ou qu'il y a du brouillard. Il en coûte 3 $ [1096 Point Lobos Ave].

Petit déjeuner avec vue

15

« *More coffee, honey ?* » Voilà une phrase que l'on entend souvent chez **Louis' Restaurant**. Fondée en 1937, l'institution familiale a conservé son authenticité. Considéré comme un des meilleurs casse-croûtes en ville, c'est la vue qui rend cet endroit si unique. Perché au-dessus des ruines de Sutro Baths, le restaurant est entouré de baies vitrées. On prend place sur des banquettes de cuir brun, l'océan en arrière-plan. Le restaurant est géré par les petits-enfants, neveux, nièces, cousins et cousines de la famille de Louis et Helen Hontalas qui ont immigré de la Grèce au début du XXᵉ siècle. Les photos de la famille tapissent les murs. Louis' est reconnu pour ses omelettes et œufs bénédictine, de même que pour ses hamburgers et fish & chips [902 Point Lobos Ave].

Le gardien des urnes

16 Logé au bout d'un cul-de-sac, le **Columbarium** de San Francisco est un endroit mystérieux, à la fois d'une grande beauté et un peu morbide. L'architecture néoclassique et le grand dôme de cuivre de l'immeuble tranchent avec les maisons aux couleurs pastel du quartier.

Emmitt Watson est le gardien des lieux depuis plus de 30 ans. Le peintre d'une soixantaine d'années connaît l'histoire de chaque personne reposant au Columbarium. Il a supervisé le long processus de restauration du bâtiment qui avait été laissé à l'abandon pendant des décennies. Pour parler des espaces où sont conservées les urnes, il utilise les mots « condos » ou « appartements », une façon de prolonger la vie des disparus.

Les alcôves décorées pour les citoyens de San Francisco témoignent de l'histoire de la ville depuis les années 1890, du tremblement de terre de 1906, en passant par l'assassinat d'Harvey Milk (l'homme politique et militant pour les droits des homosexuels a sa propre alcôve avec des effets personnels) et les terribles ravages de l'épidémie de sida.

Les milliers de San-Franciscains qui y reposent sont chanceux d'être restés dans leur ville. Construit en 1898 comme lieu de repos pour l'élite de la ville, le Columbarium a survécu à une loi de 1901 qui interdit les nouvelles sépultures dans les limites de la ville. Depuis, les San-Franciscains sont enterrés à Colma, petite ville au sud de San Francisco, non loin de l'aéroport. Une grande partie de cette ville étant occupée par des cimetières, on surnomme l'endroit la « ville des morts » [1 Loraine Ct].

16

Sushis chez Nobu et Yoshimi

17 Endroit culte pour les amateurs de sushis, on sert chez **Tekka** le poisson le plus frais en ville. Le petit restaurant d'à peine 11 places est tenu par un vieux couple de Japonais, chef Nobu et sa femme, Yoshimi. Y manger est une expérience unique et obtenir une table relève de l'exploit. Premièrement, il est impossible de réserver et le restaurant est fermé les week-ends. Les clients font donc la file à partir de 17 h 30. Yoshimi ouvre la porte à 19 h, compte 11 personnes dans la file et avertit les autres qu'elles devront revenir à 21 h 30 pour le second service. Une fois à l'intérieur, les heureux élus doivent suivre une série de règles inscrites sur une affiche : pas de fourchettes, pas de cartes de crédit, pas de boissons gazeuses, pas de tempura, pas de teriyaki, pas le droit de se plaindre, pas de service rapide, pas de commandes pour emporter. Ici, le sushi, c'est du sérieux, Chef Nobu travaille en silence, concentré comme un moine, pendant que sa femme s'occupe des clients. Le plat à commander est le combo de sashimis. Les portions de poisson sont généreuses, voire gigantesques. Le poisson de Tekka fond littéralement dans la bouche. On dit que chef Nobu, vu son âge avancé et son expérience, a l'avantage sur la sélection du poisson au marché [537 Balboa St].

19A

Faire les boutiques rue Clement

19 Avant de commencer, allez chez **Eats**, réputé pour ses brunchs copieux, frais et délicieux. Je vous recommande le plat de Huevos Rancheros, les crêpes aux bleuets ou les œufs brouillés caprese [50 Clement St]. Chez **B* Star**, le menu du brunch est des plus éclectiques avec des influences japonaises, chinoises, californiennes, mexicaines et indiennes. Tout le monde y trouve son compte [127 Clement St]. On propose aussi un excellent sandwich aux œufs sur pain brioché à l'épicerie fine **Village Market** [4555 California St].

Après vous être bien rassasié, il est temps de découvrir les boutiques du quartier. Chez **Park Life** (A), un magasin d'articles design, se côtoient une grande variété de magazines spécialisés en art, des beaux livres de photographie, des articles pour la maison, des affiches en édition limitée, des bijoux et quelques vêtements. Un excellent endroit pour dénicher un cadeau inusité [220 Clement St]. Juste à côté, la boutique de vêtements **Seedstore** propose une belle sélection de manteaux et sacs de cuir, de couvertures, de chapeaux et d'accessoires pour hommes et femmes. Vous trouverez dans ce magasin le parfait uniforme du San-Franciscain [212 Clement St]. **Foggy Notion** a toute une gamme d'accessoires, de produits de beauté et d'articles décoratifs faits par des artisans locaux [275 6th Ave].

La librairie parfaite

18 **Green Apple Books**, une librairie de plus de 160 000 livres neufs et usagés, est une destination en soi. Le magasin, vieux de 50 ans, est aménagé sur plusieurs étages dans un immeuble centenaire. Les planchers craquent sous vos pieds et ça sent les vieux bouquins. On y trouve un grand éventail de livres sur l'art, la cuisine, des livres pour les enfants et des ouvrages de collection. En plus, il y a une grande section papeterie [506 Clement St].

18

21A

Le maître du thé

20 J'aime m'arrêter à la boutique de thés **Aroma Tea Shop**. Prenez place au petit comptoir et le sympathique propriétaire, Haymen Daluz, vous fera goûter gratuitement à toutes sortes de thés. C'est un passionné et un sacré farceur. Il se rend en Chine avec sa femme et ses enfants chaque année pour faire sa sélection. Les grandes jarres de thé sur les tablettes sont décorées d'étiquettes à saveur humoristique. Par exemple, la jarre du thé English Breakfast arbore une photo de la reine d'Angleterre ; et celle du thé à la vanille, une photo de Vanilla Ice [302 6th Ave].

Bien manger pour quelques dollars

21 On trouve dans Richmond District des restaurants fantastiques où l'on peut bien manger sans se ruiner. **Good Luck Dim Sum** (A), un petit comptoir qui ne paie pas de mine, sert d'excellents dumplings (trois pour 2 $) dans de jolies boîtes roses pour emporter [736 Clement St]. **My Tofu House** se spécialise en soupes de tofu, bols *bibimbab* et crêpes aux fruits de mer. À noter, on n'y sert pas d'alcool [4627 Geary Blvd]. Pour la cuisine vietnamienne, **PPQ Dungeness Island** est un des favoris dans le quartier. L'endroit est reconnu pour son plat de crabe à l'ail [2332 Clement St]. Pour les dims sums, le restaurant chinois **Hong Kong Lounge** est LA destination. Essayez leur canard de Pékin et leurs *pork buns* [5322 Geary Blvd]. Ne vous fiez pas à la façade de **Halu**, on sert à l'intérieur de ce minuscule restaurant d'excellentes soupes ramen et *yakitori*, des brochettes de viande grillée [312 8th Ave].

20

L'église du Web

22 Dans Richmond District, avenue Funston, non loin du Presidio, se dresse un grand temple blanc de style néo-grec aux colonnes corinthiennes. Derrière les doubles portes de laiton du monument qui abritait jadis l'église de Science Chrétienne se cache une bibliothèque bien spéciale, **Internet Archive**.

L'organisme à but non lucratif se consacre à l'archivage du Web, une tâche monumentale entreprise il y a plus de 20 ans par l'informaticien Brewster Kahle, un diplômé du MIT qui a fait fortune en vendant des systèmes informatiques. S'inspirant de la plus grande bibliothèque du monde antique, il a voulu recréer la bibliothèque d'Alexandrie, version 2.0.

C'est de loin l'endroit le plus étrange que j'ai visité à San Francisco. Au deuxième étage, les bancs d'église et l'autel ont été conservés et une centaine de statues de 90 centimètres, représentant les employés de l'organisation, ont été placées dans les rangées. On peut entendre le léger bourdonnement des disques durs empilés jusqu'au plafond. Ces serveurs, qui clignotent sans arrêt, contiennent les données de plus de 472 milliards de pages Web. C'est ce qu'on

appelle la *Wayback Machine* (la « machine à revenir en arrière »), qui stocke et indexe tout ce qui se trouve sur le Web – la durée de vie moyenne d'une page Internet est de 70 jours avant qu'elle soit modifiée. On peut consulter les versions antérieures de sites Internet datant des débuts du Web. De deux à trois millions d'utilisateurs consultent le site chaque jour. Pour assurer la protection des données, des copies des serveurs sont conservées en Égypte, à Amsterdam et près d'Oakland.

En plus de l'archivage du Web, au sous-sol, une équipe de plus de 50 ingénieurs, programmeurs, archivistes et bénévoles s'affaire à scanner et à archiver une vaste collection de livres, films, chansons, émissions de télévision et de radio. Des équipes dans huit autres pays font la même chose. Jusqu'à maintenant, on a numérisé plus de trois millions de livres en 184 langues. En 2020, Brewster Kahle aura 60 ans. Son but est qu'il y ait alors assez de livres archivés pour qu'on puisse éduquer gratuitement un enfant jusqu'à l'âge adulte. Vous pouvez visiter les lieux le vendredi, de 13 h à 15 h. Qui sait, vous aurez peut-être la chance d'avoir comme guide M. Kahle en personne [300 Funston Ave].

22

Le comptoir des héros locaux

23 Ouvert depuis 1959, le casse-croûte **Bill's Place** est une institution dans le quartier. Les hamburgers portent le nom de vedettes locales, comme le célèbre chroniqueur du *San Francisco Chronicle*, Herb Caen, ou le guitariste Paul Kantner, et sont servis avec une généreuse portion de frites maison. Le décor kitsch n'a pas bougé depuis les années 1950 [2315 Clement St].

24A

Le joyau de Little Russia

24 Allez jeter un coup d'œil à l'intérieur de la magnifique église orthodoxe russe **Holy Virgin Cathedral** (A) [6210 Geary Blvd]. Elle est impossible à manquer avec ses dômes recouverts d'or 24 carats. Les murs intérieurs sont couverts de mosaïques et d'icônes éclairées par un grand lustre. Un endroit d'une beauté à couper le souffle. L'entrée est gratuite et les photos sont permises. L'église se trouve au cœur du quartier **Little Russia**. Dans certaines épiceries du boulevard Geary, on se sent réellement transporté en Russie.

La pizzeria de quartier

25 Située dans une rue résidentielle du Richmond District, **Pizzetta 211** est un adorable restaurant de quartier d'à peine 20 places. Les pizzas artisanales sont garnies de produits locaux et le menu change chaque semaine. Essayez celle aux pommes de terre et chair de saucisse, ou leur Margherita. L'attente est moins longue durant le jour, mais l'endroit déploie tout son charme en soirée. Des petites ampoules illuminent l'arbre devant le restaurant et le propriétaire offre un verre de vin et une couverture aux clients qui attendent une table les soirs de brouillard [211 23rd Ave].

Un saut en Birmanie

26 Je suis tombée amoureuse de la cuisine birmane... à San Francisco. La plus grande diaspora birmane aux États-Unis (selon le recensement de 2010) vit dans la région de la Baie. On compte pas moins d'une trentaine de restaurants consacrés à cette gastronomie, un heureux mélange des cuisines thaï, indienne et chinoise. Je salive encore en pensant à la soupe de poulet au lait de coco et à la salade de thé fermenté (Lap Pat Dok) de **Burma Superstar** [309 Clement St]. Le plat composé de laitue, tomates, cacahuètes, lentilles grillées, graines de sésame et jus de citron est une explosion de saveurs. Gardez-vous de la place pour leur pudding de riz noir au lait de coco.

Chez **Mandalay** (A), la propriétaire, Sherry Dung, vous accueille comme si vous étiez un membre de la famille. Cette institution du Richmond District, avec sa façade jaune serin, fut le premier restaurant birman en sol américain. Il a pignon sur rue depuis 1984. Dès le seuil franchi, vous tomberez sur une table d'offrandes devant une réplique d'un temple doré birman. Dans la salle, quelques hipsters se mêlent aux familles et aux habitués. À essayer : la soupe Samusa, le poulet à la mangue, et leur plat de nouilles au cari. Divin [4348 California St].

26A

Le poumon vert de San Francisco

27 **Golden Gate Park** est le joyau de San Francisco. Le parc de 4,5 km^2 (20 % plus grand que Central Park) n'était fait, à l'époque de sa construction, que de dunes de sable à perte de vue, inaccessibles et inhabitables. Cette zone de la ville était surnommée «Outside Lands» (c'est d'ailleurs le nom d'un populaire festival de musique qui a lieu, en août, au Golden Gate Park). Au début de la ruée vers l'or, en 1850, San Francisco comptait à peine 35 000 habitants. Vingt ans plus tard, sa population avait grimpé à 149 000. À l'époque la dixième ville des États-Unis, San Francisco méritait de se doter d'un espace vert digne de ce nom. L'architecte paysagiste William Hammond Hall a dû redoubler d'imagination pour arriver à dompter les dunes fouettées par le vent du Pacifique. Après plusieurs essais et erreurs, Hall s'est rendu compte que l'orge était la solution pour stabiliser le sol. Près d'un million d'arbres poussent maintenant à Golden Gate Park. J'aime ce parc parce qu'il est en grande partie à l'état sauvage, on s'y perd facilement, et il ne cesse d'étonner. Je le décrirais comme le grand frère hippie de Central Park.

La visite commence au **Conservatory of Flowers** (A), la grande serre blanche de style victorien située dans le coin nord-est du parc. Il s'agit d'une réplique de la serre des palmiers des jardins de Kew, à Londres. On y retrouve près de 1700 espèces, dont plusieurs orchidées, plantes aquatiques et tropicales. Ouverte en 1879, la serre a été détruite à trois reprises par le feu et une fois par une tempête hivernale historique en 1995. En 1998, une grande campagne de financement a permis de collecter 25 millions de dollars pour la restaurer [100 John F. Kennedy Dr].

Je me dirige ensuite vers le **musée De Young**, mon favori à San Francisco. Le musée met en valeur l'art américain, du XVIIe au XXe siècle, et l'art contemporain international, les textiles et les costumes. Fondé en 1895, ce musée des beaux-arts a été entièrement reconstruit en 2005 (il avait été endommagé par le tremblement de terre de 1989). La structure actuelle, aux allures de forteresse blindée, ne fait pas l'unanimité chez les San-Franciscains. Entièrement recouverte de panneaux de cuivre, elle s'oxydera et, comme la statue de la Liberté, deviendra verte avec le temps, pour mieux se fondre dans la forêt d'eucalyptus qui l'entoure. C'est du moins l'effet souhaité par les architectes. Après avoir fait le tour des galeries, dirigez-vous vers la **tour d'observation** (B) du musée. Haute de 44 mètres, la plate-forme vitrée offre une vue à 360 degrés sur la ville [50 Hagiwara Tea Garden Dr].

Juste en face du musée, de l'autre côté de la place **Music Concourse**, il y a un autre sommet à visiter, le **toit vert** du musée d'histoire naturelle **California Academy of Sciences** (C). Le jardin vallonné de plus de 10 000 mètres carrés sert de sanctuaire pour les oiseaux et les papillons, mais sa fonction première est de tempérer l'immeuble. Les plantes ont été choisies parce qu'elles nécessitent peu d'arrosage et résistent bien au vent et aux embruns marins. Les hublots dans les collines donnent des airs de Comté du *Seigneur des anneaux* à ce toit en pleine ville. L'idée de l'architecte italien Renzo Piano était de «soulever» le parc et de mettre le musée en dessous. Chaque jeudi, le toit est ouvert pour les soirées **NightLife** (D). De 18 h à 22 h, on déguste cocktails et bières en profitant d'une vue de rêve sur le parc. Le prix d'entrée est de 15 $ et le programme musical change chaque semaine [55 Music Concourse Dr].

27A

27B

27C 27D

Le chef-d'œuvre de mosaïque

28 San Francisco compte plusieurs escaliers en mosaïque, souvent très achalandés et peuplés de touristes. Mais celui qui mène au Lincoln Park, dans le quartier Inner Richmond, a le luxe d'être peu fréquenté ; il est donc idéal pour les séances photo. L'escalier **Lincoln Park Steps** date du début des années 1900 et était jusqu'à tout récemment en piteux état, mais un groupe communautaire a amassé des fonds pour le restaurer et le couvrir de petites tuiles décoratives. L'artiste Aileen Barr s'est inspirée de photos d'archives des Sutro Baths et des pavillons de l'Exposition universelle de 1915 pour en concevoir les motifs [32nd Ave et California St].

Prendre le thé au jardin japonais du XIXe siècle

29 À cinq minutes de marche du musée De Young, arrêtez-vous pour prendre le thé au **Japanese Tea Garden**, l'endroit le plus zen en ville et le plus vieux jardin public japonais aux États-Unis. Les cerisiers sont en fleurs de mars à avril, les meilleurs mois de l'année pour visiter le jardin conçu par l'architecte paysagiste Makoto Hagiwara en 1894. L'immigrant japonais a entretenu le jardin jusqu'à sa mort, en 1925. Il y aurait servi pour la première fois aux États-Unis les célèbres biscuits chinois (*fortune cookies*). La tradition perdure dans la maison de thé qui donne sur un étang, tout près de l'entrée du musée. Commandez un thé vert et un mochi, le gâteau traditionnel à base de riz gluant [75 Hagiwara Tea Garden Dr].

Bisons de ville

30 À l'extrémité ouest du parc, non loin de l'océan, allez saluer les **bisons**. Oui, des bisons ! Le Golden Gate Park les héberge depuis 1892 ; un premier paddock a été construit en 1899. À l'époque, ces animaux étaient menacés de disparition et la Ville de San Francisco a voulu faire sa part pour les aider à se reproduire en captivité. En 1984, le mari de la mairesse Dianne Feinstein a acheté un nouveau troupeau comme cadeau d'anniversaire à sa femme. Les six bisons que vous verrez dans le paddock sont des descendants de ces animaux [1237 John F Kennedy Dr].

Pêche à la mouche urbaine

31 Juste en face du paddock des bisons, de l'autre côté de la route, repérez le chemin Golden Gate Equestrian Center. Au bout du chemin, empruntez le sentier à droite. Quelques mètres plus loin se trouvent, cachés dans la forêt, les **Casting Pools**, mon endroit préféré du parc. Ces trois grands bassins bleus servent de lieu d'entraînement pour les amateurs de pêche à la mouche. La cabane de bois du Golden Gate Angling & Casting Club a été construite en 1933. Certains membres donnent des cours gratuits aux visiteurs, mais je préfère m'asseoir sur un des bancs qui entourent cet endroit paisible, lire un livre et savourer l'impression d'avoir découvert une société secrète [1232 John F Kennedy Dr].

Marina District et Pacific Heights

Dans les hauteurs de Pacific Heights, où les rues bordées d'arbres centenaires croisent des escaliers vertigineux, les plus somptueuses demeures de la ville ravissent les amateurs d'architecture. Au niveau de la baie, les environs de la Marina font la joie des friands de shopping, de bonnes tables et de plein air.

Marina District et Pacific Heights

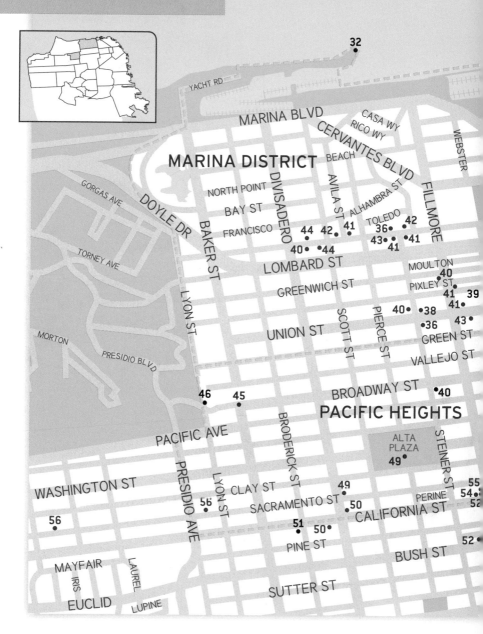

32

YACHT RD

MARINA BLVD

CASA WY
RICO WY

CERVANTES BLVD

BEACH

WEBSTER

MARINA DISTRICT

AVILA ST

ALHAMBRA ST

FILLMORE

GORGAS AVE

DOYLE DR

NORTH POINT

DIVISADERO

BAY ST

FRANCISCO

TOLEDO

44 42 41

36 42

BAKER ST

40 44

43 41

40

TORNEY AVE

LOMBARD ST

MOULTON
40

LYON ST

GREENWICH ST

PIXLEY ST

41 39

41

MORTON

SCOTT ST

PIERCE ST

40 38

43

PRESIDIO BLVD

UNION ST

36

GREEN ST

VALLEJO ST

46 45

BROADWAY ST

40

PACIFIC HEIGHTS

PACIFIC AVE

BRODERICK ST

STEINER ST

ALTA
PLAZA
49

WASHINGTON ST

PRESIDIO AVE

LYON ST

CLAY ST

49

55
54
52

56

56

SACRAMENTO ST

50

PERINE

CALIFORNIA ST

51 50

BUSH ST

52

PINE ST

MAYFAIR

IRIS

LAUREL

SUTTER ST

EUCLID

LUPINE

La musique de la baie

32 **The Wave Organ** est une sculpture sonore, un orgue hors du commun situé dans Marina District (quartier qu'on appelle aussi « The Marina »), tout au début de Crissy Field. Au bout de la petite péninsule, après être passé devant le prestigieux St. Francis Yacht Club dont les membres ont gagné à peu près toutes les courses de voile dans le monde, vous tomberez sur ce qui ressemble aux ruines d'un temple romain. En y regardant de plus près, on découvre une série de tuyaux qui émergent de gros blocs de granite. Il s'agit de l'œuvre des artistes Peter Richards et George Gonzales, réalisée en 1986. Les sons mystérieux qui jaillissent sont créés par le mouvement des vagues qui entrent et sortent des tuyaux. Appuyez l'oreille pour mieux entendre, comme vous faisiez, enfant, pour écouter la mer dans un coquillage. L'orgue fonctionne mieux à marée haute et le meilleur moment pour s'y rendre est un soir de pleine lune. Marchez jusqu'au bout de la jetée qui entoure la marina [1 Yacht Rd].

Brunch sur l'eau

33 **Fort Mason Center** est une ancienne base militaire située sur le bord de la baie, entre The Marina et Russian Hill. Elle a servi de port d'embarcation pour l'armée américaine pendant près de 100 ans. Aujourd'hui, les hangars ont été convertis en commerces, centre de recherche, théâtre et studios d'artistes. Chaque dimanche, une quarantaine de fermiers installent leurs étals de produits biologiques dans le coin nord-ouest du fort, à l'angle de Marina Boulevard et de Laguna Street (de 9 h 30 à 13 h 30). C'est le prétexte idéal pour pique-niquer et se mêler aux résidents du quartier. Le kiosque de poulet rôti est particulièrement populaire. Les vendredis, de 17 h à 22 h, les camions-cantines envahissent le même espace pour les soirées Off the Grid (voir raison n° 4).

Le restaurant **Greens** gagne la palme du brunch où la vue est la plus belle. Le grand restaurant vitré donne directement sur la marina et le Golden Gate, et ses fenêtres à carreaux laissent entrer la brise de la baie. Institution de Fort Mason depuis 1979, ce restaurant végétarien, tenu par le Centre Zen de San Francisco, fait dans la haute gastronomie. Tous les ingrédients viennent de leur ferme du comté de Marin, au nord de la ville. La chef Annie Somerville puise ses idées dans les cuisines du monde et élabore des plats comme la tarte de champignons sauvages, le cari rouge de légumes-racines, les rouleaux de printemps et le chili au quinoa. Je vous recommande le plat d'œufs pochés et légumes du marché et le pain aux bananes et beurre de noix [2 Marina Blvd].

Roger, le maître sushi

35 Tenez-vous-le pour dit : si vous n'aimez que les rouleaux californiens, cet endroit n'est pas pour vous ! Mais si vous voulez goûter à des poissons exotiques dont vous ignorez même l'existence, ajoutez **Zushi Puzzle** à votre liste d'incontournables. Cet endroit est le restaurant de sushis que je fréquente le plus souvent à San Francisco, à cause de Roger Chong, le sympathique maître sushi derrière le comptoir. Chemise fleurie, queue de cheval, on l'imaginerait fouler les plages d'Honolulu plutôt que de diriger la cuisine d'un restaurant réputé. D'origine chinoise, il a appris l'art du sushi à Osaka et a ouvert son restaurant en 2002 dans la rue Lombard. Le décor n'a rien d'extraordinaire, mais c'est ce qui fait le charme de l'endroit. On a l'impression de faire partie d'un petit club sélect d'initiés qui savent que c'est ici que l'on mange le meilleur poisson en ville. Réservez une des six places au bar pour voir le chef à l'œuvre. Demandez la formule omakase (le choix du chef) et laissez Roger vous surprendre avec ce qu'il a trouvé au marché. Il respecte les goûts de chacun et s'enquerra d'emblée des choses que vous n'aimez absolument pas. Il propose un vrai menu omakase, puisqu'il se base sur les préférences de ses invités. Chaque fois, il me pousse à être un peu plus aventurière ; lors de ma dernière visite, il a sorti un os énorme et m'a servi de la moelle... de thon. Son enthousiasme est palpable, il est fier de ce qu'il fait. Oh ! et il ne vous laissera pas repartir sans avoir goûté ses sorbets maison [1910 Lombard St].

Cocktails savants

34 Juste à côté du restaurant Greens, le bar **The Interval** sert d'excellents cocktails dans un décor qui ressemble au laboratoire d'un savant fou. Le bar est aménagé dans les locaux de la fondation The Long Now, un organisme à but non lucratif qui s'intéresse à des projets culturels à très long terme, comme la construction d'une horloge qui durera 10 000 ans...

La spécialiste des cocktails, Jennifer Colliau, a glané son inspiration à travers les pays et les époques, certaines recettes trouvant leurs racines au milieu du XIXe siècle. Les ingrédients sont d'une grande qualité et Jennifer prépare elle-même tous les sirops. Le bar abrite aussi une bibliothèque inusitée. On peut consulter les 3000 livres qui jonchent les tablettes et qui traitent de mathématiques, de voyages dans l'espace, d'agronomie, de métallurgie, du travail des sages-femmes, de construction, etc. Le but d'une telle bibliothèque est de constituer un « manuel de la civilisation », un genre de mode d'emploi pour reconstruire notre monde dans l'éventualité d'une catastrophe...

Les sandwiches de Q, Paul et Linda

36 Institution familiale depuis 1929, **Lucca Delicatessen** sert parmi les meilleurs sandwiches de toute la Baie. Paul Bosco et sa sœur Linda tiennent aujourd'hui le petit commerce italien fondé par leur grand-père Mike. Ils connaissent le nom des clients et leur sandwich préféré par cœur. Le tableau affiche 19 choix, mais vous pouvez composer votre propre sandwich. Le #1 Italian Combo est le plus populaire (salami, jambon, mortadelle, provolone, tomates et poivrons marinés), mais j'ai un faible pour le sandwich Caprese, simple et délicieux, composé de mozzarella fraîche, tomates, basilic et huile d'olive. Installez-vous sur le banc devant le *deli* pour manger et observer la faune urbaine du quartier. C'est un de mes petits plaisirs [2120 Chestnut St].

Quatre coins de rue vers le sud, rue Union, **Marina Submarine** (A) est un autre favori du quartier depuis 1975, et ce, pour une simple et bonne raison : les sandwiches y sont délicieux et gargantuesques. Ne vous laissez pas décourager par la file d'attente. Le propriétaire, Q, confectionne chaque sandwich lui-même : le voir couper un avocat est un spectacle en soi. Le pain est grillé à la perfection ; et que dire de sa sauce secrète ? Je vous recommande le sandwich aux boulettes de viande et sauce tomate maison, ou le sous-marin à la dinde [2299 Union St].

Le plus petit pub

37 Avec ses 12 mètres carrés, **Black Horse London** est le plus petit bar de San Francisco. Le coloré propriétaire, James « Big Dawg » King, a un permis d'alcool de dépanneur (ce qui explique l'enseigne « The Black Horse London Deli » au-dessus de la porte) ; il ne peut donc servir que des bouteilles de bière qu'il garde derrière le bar, dans une baignoire sur pattes remplie de glace. Le choix des bières dépend de ce qu'il a déniché à l'épicerie. Si vous voulez entendre les histoires du quartier, c'est le bon endroit ! On n'y accepte que l'argent comptant [1514 Union St].

38

Petit déjeuner pizza

38 Pour vous prélasser en terrasse devant un grand bol de café au lait, direction **Rose's Café**, fréquenté par les habitués du quartier. Le menu est d'inspiration italienne et la terrasse rappelle les cafés parisiens. Leur spécialité est la pizza petit déjeuner, une pâte mince et craquante garnie de saumon fumé, crème fraîche et œufs brouillés (à 18 $, mieux vaut la partager, elle est énorme). Les pâtisseries, pains, sorbets, confitures et desserts sont faits sur place [2298 Union St].

Les San Franciscains utilisent l'application Uber pour aller partout, c'est souvent plus efficace que le transport en commun. L'option Uber Pool (vous partagez le trajet avec d'autres passagers) vous permet d'aller à l'aéroport pour à peine 15 $. C'est aussi le meilleur moyen pour faire des rencontres. Le nom Uber est même utilisé comme un verbe : « Je vais uber jusqu'à destination… ».

La maison sacrée

39 En plein cœur du quartier Cow Hollow et ses demeures victoriennes, une étrange maison couleur lavande, coiffée de tourelles rouges, détonne dans le paysage. Ce petit bijou est considéré comme le premier temple hindou de l'hémisphère Ouest. L'architecture du **Old Vedanta Temple**, construit en 1905, est un amalgame des styles britannique et asiatique. La Société Vedanta de Californie du Nord a été fondée par le maître spirituel Swami Vivekananda qui a introduit l'hindouisme en Amérique en 1893. Il a personnellement choisi l'emplacement et a recueilli les fonds pour la construction du temple qui a été entièrement restauré en 2015. Les tours sont censées symboliser l'harmonie entre les religions [2963 Webster St].

40B

Les bonnes tables de la Marina

40 De l'autre côté de la rue, la propriétaire de Rose's Bakery, Laurie Thomas, possède aussi le restaurant **Terzo**, un endroit convivial au décor tout en bois et aux grandes tables communes, idéales pour accueillir les groupes. Le menu méditerranéen est composé d'une panoplie de petits plats apprêtés avec les produits les plus frais. Essayez les calmars grillés, la mozzarella di bufala, les boulettes de viande et polenta, ainsi que le hummus et les pitas au zaatar. Absolument exquis [3011 Steiner St]. Le restaurant est situé à trois coins de rue de la superbe **maison du film Mrs. Doubtfire** (A) [2640 Steiner St, à l'angle de Broadway]. Depuis la mort de Robin Williams en 2014, les galets devant la maison sont couverts de messages de sympathie, un mémorial improvisé par les fans.

Mon resto italien préféré en ville, idéal pour dîner en amoureux, est **Capannina**. Il n'est pas sur le radar des hipsters et des foodies. La qualité est toujours au rendez-vous et le personnel d'origine italienne est d'une grande attention. Les pâtes sont faites maison et la sélection de vins et fromages italiens est vaste. Essayez le risotto aux fruits de mer, l'escalope de veau au citron ou le plat de pappardelles avec champignons et ragù de sanglier. De 17 h à 18 h, le repas trois services coûte 25 $ [1809 Union St].

Autre excellent restaurant italien, **A16** (B), du nom de l'autoroute qui relie Naples à Canosa dans les Pouilles, est réputé pour ses pizzas napolitaines, ses antipasti, ses plats et nombreux vins du sud de l'Italie. La sommelière et propriétaire, Shelley Lindgren, est reconnue pour dénicher des vins méconnus. Les pizzas cuites au four à bois sont irréprochables (je vous recommande la Romana), mais si vous préférez autre chose, sachez que le plat de pâtes Maccaronara est un favori. Pour profiter de cet endroit à moindre coût, optez pour le repas trois services du midi, à 20 $ [2355 Chestnut St].

Si votre budget n'a pas de limites, réservez une table à l'**Atelier Crenn**, le temple de la gastronomie moléculaire à San Francisco. La chef Dominique Crenn, Française d'origine aux bras tatoués, est la première femme en Amérique du Nord à obtenir deux étoiles Michelin. Sa cuisine, qu'elle décrit comme de la poésie culinaire, fait de chaque plat une œuvre d'art. Le menu dégustation coûte 220 $ par personne, auquel il faut ajouter 150 $ pour l'accompagnement de vins, sakés ou bières [3127 Fillmore St].

40 B 40 A

41A

Bio, local, végé, sans gluten et compagnie

41 Tout le monde a l'air au sommet de sa forme dans Cow Hollow et The Marina, à nous en donner presque des complexes! Le samedi matin dans Union Street, les filles déambulent en pantalons de yoga, un gobelet de jus vert à la main. Elles sortent d'un cours de Pilates, de Bar Method ou de Soul Cycle; les autres reviennent de jogger ou de faire du vélo à Crissy Field. C'est le quartier des sportifs. Pas étonnant que l'on retrouve, dans Union Street et Chestnut Street, les deux artères principales, plusieurs restaurants santé et bars à jus fraîchement pressés. La boutique **Rapha Cycle Club** (A) est un lieu de rassemblement populaire chez les fans de cyclisme et de café. Un vieux fourgon Citroën (Type H), converti en miniparc, trône juste devant le commerce [2198 Filbert St].

Seed + Salt est un coup de cœur. Je ne me lasse pas des salades, sandwiches, soupes et gâteries de ce petit comptoir végétalien, bio et sans gluten. Essayez leur sandwich petit déjeuner ou leur falafel au quinoa (où l'on a troqué le pita pour une grande feuille de chou vert) et leur brownie au « Nutella », version maison de cette tartinade, sans produits laitiers [2240 Chestnut St]. **The Plant** est un autre endroit où je retourne souvent pour le bol de quinoa et légumes, les salades nourrissantes et les smoothies frais. Tous les ingrédients sont bios et proviennent de fermes de la région [3352 Steiner St]. Pour les jus fraîchement pressés, mon cœur balance entre **Urban Remedy** [1957 Union St] et **Pressed Juicery**, dont les prix sont plus abordables [2162 A Union St]. **Blue Barn**, un concept de *fast food* où tous les produits proviennent de fermes environnantes, se spécialise en paninis, grilled cheeses et soupes, mais ce sont leurs 11 copieuses salades qui font courir les foules [2105 Chestnut St].

Bouffe sur le pouce, sans compromis

42 **Roam Artisan Burgers** n'utilise que des produits bios et se décrit comme un restaurant éco-responsable. Les hamburgers sont tout simplement délicieux. On commande au comptoir et on mange à une des tables communes. Choisissez d'abord votre boulette (bœuf, dinde, bison ou végé) et ensuite le style de burger. Le Sunny Side est un must (œuf, cheddar vieilli, oignons caramélisés, tomates), tout comme le French and Fries (frites au parmesan et aux truffes, gruyère, avocat, oignons caramélisés, cresson et moutarde de Dijon). Terminez le tout avec un de leurs milk-shakes. Celui au caramel salé est renversant [1785 Union St].

Chez **Tacolicious** aussi, tous les ingrédients sont bios. Choisissez parmi leurs nombreuses entrées californiennes et mexicaines, puis passez aux tacos : carnitas, chicken mole ou à la morue. Si vous préférez une option végé, la salade de chou frisé, quinoa et pamplemousse est aussi surprenante que réussie. Au dessert, vous serez comblé avec leurs churros à tremper dans la sauce au chocolat [2250 Chestnut St]. Pour une expérience plus typiquement française, le bistrot **Le Marais** (A) sert d'excellents croque-monsieur, quiches, tartines au saumon fumé, et parmi les meilleurs croissants en ville [2250 Chestnut St].

42 A

Les bars à vin de quartier

43 Endroit parfait et sans prétention pour commencer la soirée, le bar de quartier **West Coast Wine • Cheese** est idéal pour découvrir les bonnes bouteilles de l'ouest des États-Unis (Californie, Oregon et Washington). La carte propose 24 vins au verre et 720 bouteilles, toutes accrochées sur l'impressionnant *wine wall*. Prenez place au comptoir et commandez leur plateau de charcuteries et fromages. La burrata fouettée vaut le détour [2165 Union St].

Chez **California Wine Merchant**, le propriétaire, Greg O'Flynn, se fait une joie de partager sa passion pour les vins de la Californie. Il a ouvert son commerce en 1974, une boutique de vins qui est aussi un bar à l'atmosphère décontractée. Spécialisé en petits producteurs, Greg propose jusqu'à 50 vins au verre. Les prix vont de 3,5 $ à plus de 25 $ le verre [2113 Chestnut St].

La *hora feliz*

44 Pour un *happy hour* animé, rendez-vous à l'excellent restaurant mexicain **Mamacita**. En semaine, de 17 h 30 à 18 h 30, les tacos coûtent 6 $ pour deux (essayez ceux au canard confit) et le pichet de Margarita, 4 $, tout comme les mojitos et verres de sangria [2317 Chestnut St].

Chez **Causwells**, bistrot américain au décor industriel aménagé dans le superbe cinéma Art déco Presidio, on peut choisir parmi 20 vins au verre et 22 marques de bière, à boire accompagnés d'un plat de *deviled eggs* ou de leur ricotta maison. L'endroit est aussi reconnu pour son burger fait de deux galettes de bœuf croustillantes et pour le dessert de pudding au pain préparé avec des beignes [2346 Chestnut St].

La ruée vers l'or

45 Pacific Heights est le quartier le plus fortuné de San Francisco. On a surnommé un tronçon de la rue Broadway **Billionaire's Row** (la rue des milliardaires). D'autres surnomment ce quartier *The Gold Coast* (la Côte dorée). Pour observer comment vit le gratin, marchez sur Broadway et Pacific Avenue, entre les rues Broderick et Lyon.

Perché au plus haut point au-dessus de la baie, ce quartier est convoité à cause de la vue sur la ville, sur le Presidio et le Golden Gate, mais aussi à cause de ses maisons (dans certains cas, plutôt des châteaux) dessinées par des architectes emblématiques du XXᵉ siècle comme William Wurster et Willis Polk. Polk a conçu la maison de style Tudor achetée par Jonathan Ive, chef de l'équipe responsable du design des produits chez Apple [Broadway, à l'angle de Broderick St, du côté nord-ouest de la rue].

Gordon Getty, héritier du pétrole, et sa femme, Ann, ont combiné trois maisons adjacentes pour agrandir leur manoir [Broadway, entre Broderick et Baker St]. Ils ont même fait construire une école maternelle sur la propriété pour leurs petits-enfants et les enfants de l'élite du quartier.

Pacific Heights est une enclave pour l'aristocratie de San Francisco. Les enfants des grandes familles fréquentent tous les mêmes écoles privées. Stuart Hall, Cathedral et Town pour les garçons ; Convent of the Sacred Heart, Hamlin et Burke's pour les filles.

La haute société est encore bien vivante ici, contrairement à ce qu'on observe dans plusieurs autres grandes villes des États-Unis. Deux illustres familles font la loi, les Getty et les Traina. L'élite technologique a toutefois sa place au soleil dans le quartier depuis que plusieurs milliardaires (comme Mark Pincus de Zynga et Larry Ellison, cofondateur d'Oracle) y ont acheté des maisons, ces dernières années.

Le jardin dans l'escalier

46 La maison de la sénatrice et ancienne mairesse de San Francisco, Dianne Feinstein, impressionne le plus parce qu'elle est bâtie en plein milieu des **Lyon Street Steps** (A), un magnifique escalier qui relie Pacific Heights à The Marina. L'escalier de 244 marches est très populaire chez les sportifs qui le montent et le descendent pour s'entraîner, surtout la fin de semaine. L'escalier est bordé de jardins et de haies manucurées. Vous pouvez le descendre jusqu'au Palace of Fine Arts (voir raison n° 3). Devant la maison de Mᵐᵉ Feinstein, remarquez la sculpture en forme de cœur doré, qui porte le nom de **_Migrant Heart_** (B). Il s'agit de l'une des 130 sculptures en forme de cœur disséminées à travers la ville. Réalisées par divers artistes, ces œuvres à hauteur d'homme sont vendues aux enchères annuellement dans le cadre de « Hearts in San Francisco », au bénéfice de la fondation de l'Hôpital général de San Francisco.

46B

46A

Retour à l'époque victorienne

47 Seule résidence de l'époque victorienne ouverte au public, le musée **Haas-Lilienthal House** nous offre une rare occasion de voir l'intérieur d'une fastueuse demeure et d'imaginer le train de vie des gens riches de cette période. La maison n'a jamais été rénovée et reste l'un des rares exemples de son époque dans le quartier. Le mobilier est d'origine et le décor comprend plusieurs objets du XIXe siècle. Les pièces sont sublimes, mais la magnificence de la maison se révèle dans les détails des moulures, des foyers, des rampes et des poignées de porte. Construite en 1886 par des immigrants juifs, ce bijou de style Queen Anne a miraculeusement survécu aux tremblements de terre de 1906 et de 1989.

Après la mort de son mari, Samuel Lilienthal, en 1957, Alice Haas Lilienthal a vécu dans la maison jusqu'à la fin de ses jours, en 1972. Ses héritiers ont alors fait don de la maison à San Francisco Heritage (une société de protection du patrimoine architectural). Les portes sont ouvertes au public les mercredis et samedis de midi à 15 h, et le dimanche de 11 h à 16 h. Le prix d'entrée est de 8 $. Chaque dimanche à 12 h 30, le musée propose aussi de fascinantes visites guidées (8 $) de deux heures, au cours desquelles on peut admirer l'architecture de Pacific Heights. Il n'est pas nécessaire de réserver [2007 Franklin St].

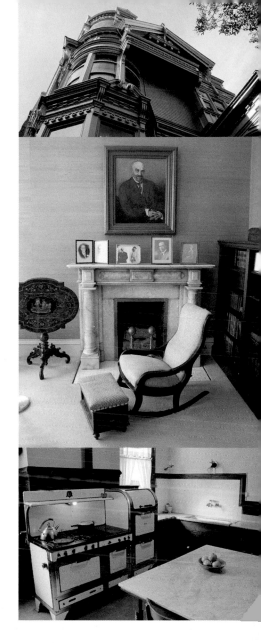

Soyez toujours prudent quand vous ouvrez une portière de voiture, regardez bien tout autour de vous. Dans 99 % des cas, un vélo passe au même moment...

La collection de voitures anciennes

48 L'Academy of Art University, fondée en 1929 par Richard A. Stephens, abrite une galerie bien spéciale à la disposition de ses étudiants en design, galerie qui renferme une collection de voitures anciennes évaluée à plus de 70 millions de dollars. M. Stephens, un grand fan de voitures, a commencé sa collection dans les années 1920, et sa petite-fille, Elisa Stephens, aujourd'hui présidente de l'université, a repris le flambeau. On y exhibe une cinquantaine de voitures, datant de 1920 à 1965, en impeccable condition. Il y en a pour tous les goûts, de Buick à Cadillac en passant par Ford, Packard, Mercedes-Benz, Rolls-Royce et plusieurs autres. La collection de la famille compte près de 250 automobiles, ce qui signifie qu'elles sont en rotation dans la galerie. L'**Academy of Art University Automobile Museum** est ouvert au public le mardi de 11 h à 13 h, et le jeudi de 14 h à 16 h. Pour réserver votre place : academyautomuseum.org. Le prix d'entrée est de 10 $ et les profits sont versés à des associations caritatives [1849 Washington St, entrée sur Van Ness Ave].

Les parcs panoramiques

49 Pacific Heights a le privilège d'avoir les deux parcs publics les plus propres de la ville. **Lafayette Park** (A) [Gough St et Washington St] est verdoyant et vallonné. Les familles l'aiment à cause de la grande aire de jeux. Il a servi de campement pour les réfugiés du tremblement de terre de 1906, tout comme **Alta Plaza Park** [Jackson St et Steiner St]. Aménagé en quatre terrasses, ce parc est traversé par un escalier sur son versant sud, qui, depuis le sommet, offre une vue panoramique embrassant le centre-ville et même Alcatraz. Les chiens peuvent s'y promener sans laisse, et le premier dimanche de chaque mois les propriétaires de *pugs* (carlins) s'y rassemblent en après-midi pour un pique-nique. L'étrange tradition est devenue très populaire. Certains dimanches, on compte près de 75 chiens.

Pour prendre un verre juste à côté du parc, on se sent chez soi au **Lion Pub**. Difficile de croire qu'un bar se cache derrière cette façade sans affiche, couverte de vignes. À l'intérieur, un feu de foyer réchauffe la pièce, de grands fauteuils confortables nous tendent les bras, plusieurs plantes vertes égaient le décor, et les clients s'amusent à enjamber une sculpture de lion le temps d'une photo. Au-delà du décor, on y retourne surtout pour les cocktails faits de jus fraîchement pressés [2062 Divisadero St].

Les croissants dignes de Paris

50 Pour vous rassasier à trois coins de rue du parc, **b. patisserie** sert viennoiseries et tartines (essayez celle aux champignons sauvages). Leurs croissants et macarons sont légendaires. L'odeur dans ce commerce est indescriptible [2821 California St]. De l'autre côté de la rue, **b on the go** sert d'excellents sandwiches de viandes et légumes rôtis sur pains maison. Essayez le Chicken Grec ou le grilled-cheese accompagnés de la soupe du jour [2794 California St].

La mosaïque végétale

51 L'école secondaire privée **Drew School** a comme façade, rue Broderick, un grand mur de végétaux de 160 mètres carrés, créé par le botaniste français Patrick Blanc. Près de 5000 plantes, représentant plus de 100 espèces indigènes de la Californie, sont accrochées au mur de trois étages, et elles forment une grande courtepointe de plusieurs tons de vert, à son plus beau durant la saison estivale. Succès garanti sur Instagram [2901 California St].

Les cantines courues de Fillmore Street

52

Pour un plat de pâtes original, **SPQR** est LA référence dans le quartier. Les pâtes sont faites à la main et les saveurs sont créatives, par exemple le spaghetti au cacao, canard sauvage, courge musquée et fromage Piave. Les ingrédients sont d'une grande qualité et les vins proviennent tous de petits producteurs d'Italie. Le jeudi, on propose un menu dégustation de pâtes (59 $ par personne); et, le midi, le repas trois services coûte 35 $ [1911 Fillmore St].

Pour la pizza, je suis fidèle à **Delfina**, pizzeria napolitaine toujours aussi populaire. Arrivez tôt, sinon il faut inscrire son nom sur la grande ardoise, dans l'entrée, et patienter sur le trottoir. Je vous recommande la pizza au prosciutto, celle au brocoli-rave (*broccoli raub*), celle aux palourdes et celle aux quatre fromages. Laissez-vous également tenter par les antipasti et les légumes grillés [2406 California St].

Out The Door (A) élabore une cuisine vietnamienne contemporaine dans un espace épuré et moderne. La cuisine à aire ouverte permet de voir les cuisiniers à l'œuvre. J'ai un faible pour les places assises au long comptoir. Je commande les rouleaux de printemps, la salade de papaye verte et les nouilles au crabe. La tarte à la crème au chocolat et beurre d'arachides crée une dépendance [2232 Bush St].

Chez **DOSA**, on sert une cuisine du sud de l'Inde réinventée. L'endroit est populaire pour les dosas, ces grandes crêpes de riz et lentilles, fines comme du papier, garnies de divers chutneys. Les cocktails sont infusés aux épices indiennes [1700 Fillmore St].

52A

Capsule historique

53

Je suis passée plusieurs fois devant ce passage sans le remarquer. C'est tout à fait typique d'une promenade à San Francisco où l'on fait toujours la découverte d'une rue, d'un escalier, d'une maison – c'est d'ailleurs la raison pour laquelle j'aime tant cette ville. Dans Bush Street, entre Fillmore et Webster, s'ouvre un passage de briques bordé de maisons victoriennes. **Cottage Row** est un miniquartier figé dans le temps. La plupart des 22 maisons du passage sont inscrites au registre national des lieux historiques. Magnifiquement conservées, elles ont été construites par l'architecte William Hollis dans les années 1860 et 1870. Elles montrent un bref aperçu de l'ère pré-séisme de San Francisco. Vous trouverez au bout du chemin un petit parc avec plusieurs bancs, un endroit accueillant pour pique-niquer.

54A

Crème glacée pour *nerds*

54 **Smitten Ice Cream** (A) est un comptoir de crème glacée pas comme les autres. On dirait plutôt un laboratoire. Ici, la crème glacée est préparée sur mesure et sous vos yeux. La propriétaire, Robyn Sue Fisher, a inventé une machine (appelée « Brrr » !) qui permet de faire de la crème glacée individuelle avec de l'azote liquide. Le résultat est prêt en 90 secondes. La texture est plus onctueuse et plus dense que pour la crème glacée traditionnelle, et les saveurs sont plus concentrées. Smitten n'utilise que des produits locaux et saisonniers [2404 California St]. Pour une option moins riche, le comptoir **Fraîche**, tout près, dans Fillmore Street, sert des yogourts glacés *(fro-yo)*, bios et sans sucre, que l'on peut garnir de compotes maison, de fruits frais, de chocolat ou de noix [1910 Fillmore St].

Café chouchou des « laptoppeurs »

55 **Jane** est le café chouchou du quartier. Il se remplit dès 7 h de clients accros à leur café Stumptown, leur croissant au chocolat et zeste d'orange, leur panini petit déjeuner, leur pain grillé à l'avocat, leur pudding au chia, leur smoothie vert... ou au wifi gratuit. J'entretiens personnellement une dépendance au renversant pain aux bananes de Jane. Endroit très populaire pour le lunch, tout y est délicieux et le menu compte plusieurs options sans gluten et végétaliennes. Il y a toujours un chien mignon attaché dehors, prêt à divertir la file d'attente [2123 Fillmore St]. De l'autre côté de la rue, **Grove** (A) est un autre endroit populaire pour le lunch ou le brunch, ou pour se prélasser au soleil sur la terrasse. Le décor est rustique avec ses grands fauteuils de cuir, son foyer et ses bancs de bois ornés de généreux coussins. Le menu alterne plats réconfortants et plats sains. Tout le monde y trouve son compte et les prix sont modérés. Essayez le pâté au poulet, le macaroni au fromage, les tacos petit déjeuner, le sandwich de saumon fumé et fromage de chèvre, le chili ou le grilled cheese [2016 Fillmore St].

55A

Les bijoux de restaurants

56 Lieu de haute gastronomie au décor sans prétention, le bistrot **Nico** (A) propose un menu carte blanche. On s'en remet au choix du chef français Nicolas Delaroque qui a fait ses classes au Manoir Richelieu, dans la région de Charlevoix, au Québec. Il improvise un nouveau menu chaque soir, au gré des produits de saison. Le repas cinq services (65 $) ou trois services (55 $), servi par un personnel attentionné, est une aubaine dans ce quartier de la ville, compte tenu de la qualité de la nourriture et de l'étoile Michelin. Au bar, il est aussi possible de commander le menu du soir à la carte [3228 Sacramento St]. Après vous être rempli la panse, pourquoi ne pas aller voir un film au cinéma juste à côté? Le **Vogue** (B), une des plus vieilles salles de projection de la ville, a ouvert ses portes en 1910 et n'a pas perdu son look rétro. [3290 Sacramento St].

Octavia fut pour moi une révélation. J'adore la cuisine californienne de la chef Melissa Perello, d'un grand raffinement, mais accessible et rustique. Ici, une simple salade est élevée à un tout autre niveau. L'étoilée Michelin sert dans ce restaurant de 55 places un menu qui change selon ses trouvailles au marché. Cependant, certains plats y figurent toujours parce que les clients ne peuvent s'en passer, comme le Deviled Egg, un œuf dur servi sur un lit de poivrons Fresno et garni de flocons de chili et graines de sésame. Un plat tout simple, mais parfaitement exécuté. Les pâtes froides à l'encre de seiche avec vinaigrette crémeuse à l'huile de citron et purée de fenouil, et le plat de pâtes à la morue salée, sont aussi des incontournables [1701 Octavia St].

Élégant et sophistiqué, **Spruce** plante le parfait décor des grandes occasions. Situé dans le chic quartier Presidio Heights, juste à l'ouest de Pacific Heights, ce restaurant attire riches retraités et gens d'affaires le jour, couples et groupes d'amis le soir. La cuisine du chef Mark Sullivan est californienne et moderne, et 80 % des produits proviennent d'une ferme de la région. Le hamburger est réputé. Si vous voulez y manger sans vous ruiner, le brunch est une bonne option, les plats coûtent autour de 15 $. Le bar est très agréable durant le 5 à 7, et un petit café à l'avant propose biscuits, paninis et salades pour emporter [3640 Sacramento St].

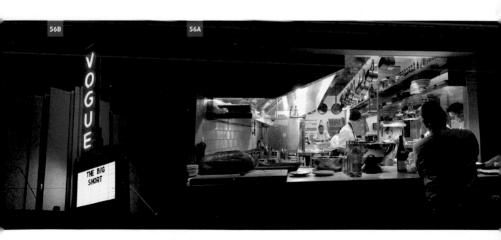

56B — 56A

Western Addition

Japantown, Alamo Square et Hayes Valley

Laissez-vous séduire par l'architecture victorienne aux couleurs pastel d'Alamo Square, par les salles de concert, les petites boutiques et les restaurants indépendants de Hayes Valley, et par l'exotisme de Japantown où vous vous sentirez instantanément *lost in translation*.

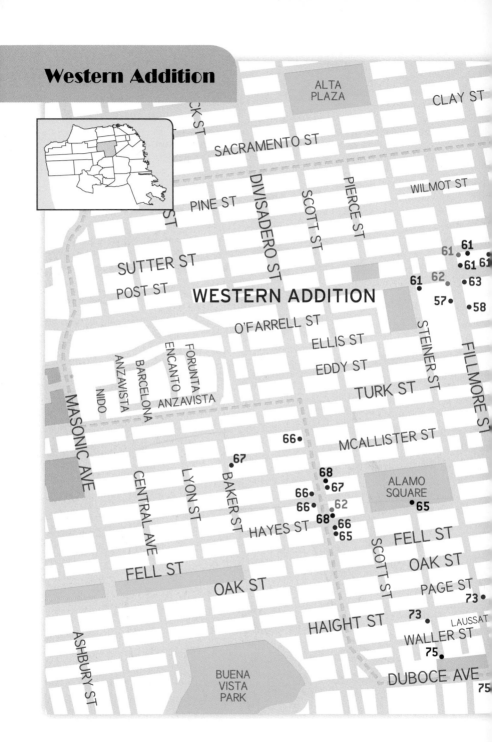

Western Addition

ALTA PLAZA

CLAY ST

SACRAMENTO ST

CK ST

PINE ST

DIVISADERO ST

SCOTT ST

PIERCE ST

WILMOT ST

SUTTER ST

POST ST

WESTERN ADDITION

61 • 61
61 •
• 61 • 61
61 • 62 • 63
57 • • 58

O'FARRELL ST

ELLIS ST

EDDY ST

FORUNTA
ENCANTO
BARCELONA
ANZAVISTA
NIDO
ANZAVISTA

TURK ST

STEINER ST

FILLMORE ST

MASONIC AVE

CENTRAL AVE

LYON ST

BAKER ST

66 •

MCALLISTER ST

67 •

68 •
66 • • 67
66 • • 62
68 • • 66
• 65

ALAMO SQUARE
• 65

HAYES ST

FELL ST

OAK ST

SCOTT ST

FELL ST

OAK ST

PAGE ST
73 •

ASHBURY ST

HAIGHT ST

73 •

LAUSSAT

WALLER ST

75 •

BUENA VISTA PARK

DUBOCE AVE

75

LAFAYETTE SQUARE

CALIFORNIA ST

PINE ST

OCTAVIA

59●

FERN ST

USH ST

●60

HEMLOCK

POLK ST

CEDAR

60●

●61

61

POST ST

GEARY BLVD

MYRTLE ST

O'FARRELL ST

OLIVE ST

LAGUNA ST

CLEARY

ELLIS ST

WILLOW

ELLIS

WILLOW

EDDY ST

POLK ST

GOUGH ST

ELM

GOLDEN GATE AVE

FRANKLIN ST

●73

FULTON ST

GROVE ST

IVY

71

72

HAYES ST

69

OCTAVIA ST

69

IVY ST

71

70

69

●69

WEBSTER

LINDEN ST

73

73

74

●73

FELL ST

HICKORY

HICKORY

●64

HICKORY

OAK ST

LILY ST

71

BUCHANAN

ROSE ST

HAIGHT ST

MARKET ST

11TH ST

●3

73

●75

PLUM

HOWARD ST

KISSLING

●75

ERMANIA

HERMAN ST

DUBOCE

WOODWARD

CLINTON PARK

● Voir + photographier
● Boire + manger
● Shopping + brocante
● Arts + culture
● Activités + promenades

Aventure culinaire sur mesure

57 Si vous ne deviez essayer qu'un restaurant à San Francisco, ce serait **State Bird Provisions**, une adaptation moderne du concept du dim sum préparé avec des ingrédients locaux californiens. Les serveurs circulent entre les tables avec des plateaux ou des chariots remplis de petits plats tous plus délicieux les uns que les autres, et les convives choisissent ce qu'ils ont envie de goûter. Le chef, Stuart Brioza, et son épouse pâtissière, Nicole Krasinski, accueillent les clients comme s'ils venaient dîner à la maison. Leur passion pour la cuisine est palpable.

Lors de mon passage, je me suis délectée d'huîtres garnies de choucroute de chou-rave et sésame, de pieuvre grillée avec sauce tomate et poivre de Kampot, d'une salade de cœurs de palmiers hawaïens frais avec huile de tahini et chili, de pain à l'ail et burrata servie dans une minipoêle en fonte, et d'un filet de truite rouge arrosé d'une vinaigrette de noisettes grillées, mandarines et sauce de poisson romaine !

Leur plat signature est la caille (l'oiseau officiel de la Californie) servie comme du poulet frit, avec des copeaux de parmesan. Leurs minicrêpes sont aussi une spécialité.

Toutefois, on ne mange pratiquement jamais la même chose deux fois chez State Bird Provisions !

Heureusement, la moitié des 60 places est « réservée » pour les clients sans réservation, qui commencent à faire la file bien avant l'ouverture du restaurant à 17 h 30. Il faut arriver tôt pour avoir une place au premier service, sans quoi il faut patienter jusqu'au second service, à 19 h. L'attente fait partie de l'expérience ; on sert des chocolats chauds aux gens dans la queue, dehors [1529 Fillmore St].

Stuart et Nicole sont aussi propriétaires de l'excellent restaurant **The Progress**, à la porte d'à côté. Décor industriel et grand bar qui peut accueillir ceux qui attendent une table. On y propose le même genre de cuisine californienne inventive, mais la formule est différente. Ici, les plats sont servis comme dans un repas de famille, à partager. On présente aux convives un menu de 17 plats (menu qui change tous les soirs) et la table décide collectivement des six plats qu'elle souhaite commander, créant ainsi un repas sur mesure. Le repas de six services coûte 65 $ par personne [1525 Fillmore St].

Les glaces de Tom

58 Paradis des plaisirs de l'enfance, **Miyako Old Fashion Ice Cream Shop** est un comptoir de crème glacée à l'ancienne et un magasin de bonbons situé sur un tronçon peu attrayant de Fillmore Street. À l'intérieur, vous serez accueilli par Tom, un vieil homme aux yeux bleu ciel, charmant, poli, patient, une perle rare. Propriétaire du commerce depuis près de 22 ans, il prend plaisir à faire découvrir de nouvelles saveurs à ses clients et il ne lésine pas sur les quantités. Sa boutique propose une centaine de glaces d'artisans locaux. En plus des saveurs traditionnelles, Tom en propose des inusitées, par exemple avocat, patate douce pourpre (*ube*), chocolat mexicain, eau de coco. C'est le genre de commerce que j'aime encourager : authentique, abordable et plein de charme [1470 Fillmore St] !

Le temple du son

59 Seul théâtre du genre aux États-Unis, **The Audium** plonge l'auditoire dans le noir et le bombarde de sons pendant une heure. Le spectateur est d'abord conduit à travers un labyrinthe sonore avant d'atteindre l'espace de la représentation, une salle ronde meublée de 25 chaises rouges disposées en cercles concentriques. Dans cette enceinte permettant une obscurité totale, plus de 170 haut-parleurs sont intégrés dans les murs, le plancher, le plafond et sous les sièges. Stimulé par le seul sens de l'ouïe, le spectateur se laisse transporter par le compositeur Stan Shaff qui joue en direct. M. Shaff, qui a ouvert le théâtre en 1975, qualifie ses compositions contemporaines de « sculptures sonores » parce que les sons sont modulés selon leur direction, leur vitesse, leur intensité et leur réaction dans l'espace. Ici, le son devient un élément en trois dimensions. L'expérience est à la fois bizarre et méditative. Il est rare, de nos jours, de ne faire qu'une seule chose à la fois, mais ce spectacle nous force à écouter sans être distrait par d'autres stimuli, à voir en quelque sorte avec nos oreilles. Les vendredis et samedis à 20 h 30, le prix d'entrée est de 20 $ [1616 Bush St].

La dent sucrée... japonaise

60 Quartier historique d'à peine six pâtés de maisons [bordé par Geary Blvd au sud, Sutter St au nord, Fillmore St à l'ouest et Laguna St à l'est], **Japantown** n'est plus ce qu'il était à son apogée en 1940. Près de 5000 Nippo-Américains vivaient alors dans le quartier qui comptait près de 200 commerces japonais. Les premiers immigrants japonais sont arrivés à San Francisco en 1869, formant alors le premier quartier japonais des États-Unis. Après l'attaque de Pearl Harbor en 1941, la majorité des ressortissants d'origine japonaise ont été dépossédés, forcés de quitter la ville et envoyés dans un camp d'internement en Utah. Ils ont été libérés à la fin de la guerre. La moitié seulement est revenue dans Japantown en 1946. Triste chapitre de l'histoire de la ville.

Aujourd'hui, on y retrouve encore quelques commerces authentiques, dont la pâtisserie japonaise **Benkyodo Company** (A). En 1906, Suyeichi Okamura a ouvert son commerce de confiseries, un des premiers dans Japantown, mais il a été forcé de fermer boutique durant la Seconde Guerre mondiale. Son fils, Hirofumi, a repris possession de la pâtisserie dès 1951, la relocalisant quelques années plus tard à l'emplacement actuel. Ce sont aujourd'hui Ricky et Bobby, les deux fils d'Hirofumi, qui dirigent le commerce et accueillent chaque client avec le sourire. Le décor, rétro à souhait, semble n'avoir jamais bougé; on se croirait dans un *diner* américain typique des années 1950. On y vend une myriade de *manju* et de *mochi* (environ 1 $ chacun), ces petits gâteaux de riz gluant cuits à la vapeur et fourrés de pâte de haricots. J'adore la texture de ces desserts qu'on peut déguster sur place, au comptoir. Essayez le mochi au beurre d'arachides [1747 Buchanan St].

60 B

De l'autre côté de la rue, vous trouverez un autre havre des desserts dans l'épicerie japonaise Super Mira, le petit comptoir de gâteaux et tartes **Yasukochi's Sweet Shop** (B). L'octogénaire a ouvert la pâtisserie il y a 41 ans avec sa femme Hatsy. Son petit-fils travaille aujourd'hui à ses côtés et prépare la relève. Chaque jour, Thomas Yasukochi fait son célèbre « Coffee Crunch », qualifié par certains de meilleur gâteau en ville. Il en prépare une vingtaine qui s'envolent comme des petits pains chauds. Le jour de Thanksgiving, il en vend des centaines. Le secret de ce gâteau est le contraste des textures. Les trois étages de gâteau éponge léger comme l'air sont entrecoupés de crème fouettée et de sauce au café. Et le tout est recouvert généreusement de morceaux de tire-éponge infusée au café. La plupart des gens l'achètent entier, mais on peut aussi en acheter une tranche [1790 Sutter St].

Une journée dans Japantown

61 Commencez votre journée par une pause détente au **Kabuki Springs & Spa**. Favorite des San-Franciscains, cette oasis urbaine recrée l'expérience des *onsen*, ces bains thermaux japonais en plein air. On y trouve des bains chauds et froids, un sauna sec, un hammam et des douches. Les dimanches, mercredis et vendredis, seules les femmes sont admises. Les lundis, jeudis et samedis, c'est au tour des hommes. Il n'y a que le mardi que l'admission est mixte et le maillot de bain, obligatoire. Le thé, les produits de bain, les sels de mer et les débarbouillettes froides sont offerts. Le prix d'accès aux bains communs est de 25 $, et on peut rester aussi longtemps qu'on le souhaite. Le prix des bains est de 15 $ lorsqu'on réserve un traitement corporel aux herbes, un facial ou un massage (leur shiatsu est incroyable). Ici, les téléphones portables restent éteints en tout temps. Apportez un livre ou des magazines et prélassez-vous dans l'une des aires de détente. Il n'est pas nécessaire de réserver pour les bains [1750 Geary Blvd]. Si le Kabuki est complet, l'**Imperial Day Spa**, un établissement coréen situé de l'autre côté de la rue, propose des bons traitements à moindre prix. La séance d'acupression coûte 60 $ (pour 50 minutes), un soin idéal quand on prévoit marcher toute la journée [1875 Geary Blvd].

Après un bon massage, je m'arrête normalement au **YakiniQ Cafe** pour leur latté aux patates douces [1640 Post St]. Pour un grand bol de soupe ramen réconfortant, je vais chez **Ramen Yamadaya** pour leur délicieux bouillon Tonkotsu [1728 Buchanan St], ou chez **Suzu Noodle House** où l'on sert des nouilles japonaises ramen, udon ou soba avec diverses garnitures et de très bons tempuras. Le petit restaurant est situé dans le **Japan Center** (A). Faites le tour des étages, c'est dépaysant [1825 Post St]. Au deuxième étage, il y a mon bar à karaoké favori, le **Festa Wine & Cocktail Lounge**. Encore mieux qu'à Tokyo !

Toujours au Japan Center, j'aime m'arrêter chez **Kinokuniya** (B), impressionnant magasin de livres installé à San Francisco depuis 1969. La chaîne nipponne de librairies possède maintenant dix succursales aux États-Unis. En plus d'une grande collection de livres en japonais et autres langues asiatiques, la librairie vend plusieurs ouvrages en anglais. Je m'y rends pour plonger le nez dans leurs nombreux livres de design, de voyage, d'histoire et de cuisine, et dans leurs magazines de mode, d'architecture et de design. Cet endroit est un puits d'inspiration et une explosion de couleurs [1581 Webster St].

Je termine la journée à mon cinéma préféré, le **Sundance Kabuki**, où l'on peut réserver son fauteuil en ligne ou au guichet ; il n'est donc plus nécessaire d'arriver en avance. Il est permis de commander de l'alcool au bar et d'apporter son verre ou sa bouteille dans la salle lors des représentations pour les spectateurs de 21 ans et plus (il y en a plusieurs par jour). Pas de verres en plastique ici, mais de la vraie verrerie ! Quand vous commandez de la nourriture, on vous prête un téléavertisseur qui vous prévient lorsque tout est prêt. Ce qu'on y propose dépasse de très loin l'offre habituelle des grands cinémas, et les prix sont dérisoires. Vous pouvez choisir parmi une myriade d'amuse-gueules et de plats, comme l'assiette méditerranéenne, des pizzas gourmets, clubs sandwiches à la dinde ou hamburgers végétariens. On y sert aussi de la crème glacée locale de chez Humphry Slocombe [1881 Post St].

61A

61B

La salle de concert mythique

62 Voir un spectacle au **Fillmore** est une expérience intrinsèquement liée à l'histoire de la ville. À son ouverture en 1912, c'était une salle de bal. Lorsque le producteur de concerts Bill Graham a pris les rênes de l'établissement dans les années 1960, la salle de 1200 places est devenue l'épicentre de la scène musicale psychédélique et de la contre-culture hippie. Des artistes comme Pink Floyd, Janis Joplin avec Big Brother & the Holding Company, et Grateful Dead y ont fait leurs débuts. En décembre 2011, le groupe Metallica y a fêté ses 30 ans de carrière et ses débuts au Fillmore en 1981, avec une série de concerts pendant une semaine.

Attendez-vous à un accueil chaleureux. Et, à votre départ, on vous donnera une pomme rouge (tradition instaurée par Bill Graham, censée favoriser le « rétablissement » des gens qui auraient abusé de substances illicites pendant le spectacle...) et une affiche gratuite du spectacle de la soirée si l'événement était à guichets fermés trois semaines à l'avance.

Ne manquez pas la collection de photos d'artistes et d'affiches psychédéliques sur la mezzanine. Accrochées en ordre chronologique, elles témoignent de la riche histoire de cet établissement où les plus grands de la musique sont passés. Consultez le site Web pour l'horaire des spectacles : thefillmore.com/calendar [1805 Geary Blvd].

The Independant est une autre salle de concert populaire dans le quartier, où se produisent surtout des groupes émergents de tous les genres musicaux dans un contexte plus intime (la salle a une capacité de 500 personnes). La qualité du son y est incroyable. Arrivez tôt pour réquisitionner une des banquettes dans les sections en hauteur, le long de chaque mur. On consulte l'horaire des spectacles ici : theindependentsf.com [628 Divisadero St].

64

Le bar-bibliothèque

63 Pour boire un verre et grignoter quelque chose avant le spectacle, je vous recommande **The Social Study**, juste à côté du Fillmore. Ce bar propose une longue liste d'en-cas, comme des plateaux de fromages ou de charcuteries, salades et sandwiches. Mon préféré est le sandwich Veggie Dream. En plus de la carte des vins et bières, plusieurs cocktails éclectiques, comme le Wojito (sauvignon blanc, lime, menthe et eau pétillante), le Spicy Coke (porto, espresso, citron et Coca-Cola) ou le Chocolate Factory (bière Guinness, sirop de chocolat maison, espresso et copeaux de chocolat au lait) font le bonheur des plus aventureux. Le soir, un DJ s'installe sur la mezzanine, et le jour le bar se transforme en café. Plusieurs livres sont à la disposition des clients [1795 Geary Blvd].

Soirée disco à l'église

64 Trois soirs par semaine, l'église Sacred Heart, rue Fillmore, se transforme en salle de patinage à roulettes disco. Une centaine de patineurs, plusieurs portant des costumes à paillettes, envahissent les lieux et font des tours de piste à la lueur colorée des vitraux de la Vierge Marie. Construite en 1897, l'église de style roman a survécu aux tremblements de terre de 1906 et 1989, mais, en 2004, l'archidiocèse de San Francisco décide de la fermer parce que les réparations nécessaires s'élèvent à plus de 8 millions de dollars. Entre alors en scène David Miles Jr., le *godfather* du patin à roulettes de San Francisco. Il a l'idée d'utiliser l'église comme lieu de rassemblement pour les adeptes de son sport de prédilection. Chaque samedi depuis 1989, on peut apercevoir M. Miles qui fait le tour de la ville sur ses patins. Le reste du temps, il roule plutôt au Golden Gate Park. Après avoir retapé le plancher et suspendu une boule à facettes au plafond, il a rebaptisé l'église **The Church of 8 Wheels**. M. Miles choisit la musique et, derrière sa console de DJ, fait tourner les meilleurs hits de la musique funk. Ouvert le vendredi de 19 h à 23 h; le samedi pour les enfants de 15 h à 17 h, et pour les adultes de 19 h à 23 h. L'entrée coûte 10 $ et la location de patins, 5 $. Soirée inoubliable garantie [554 Fillmore St].

64

65 A

Pique-nique avec vue

65 Les **Painted Ladies** (A), célèbres maisons victoriennes en rangée, aux couleurs pastel, qui bordent Alamo Square à l'est [Steiner St], ont fait la renommée de ce parc. Si l'envie vous prend d'y faire un pique-nique, sachez que la vue sur la ville est sublime. Allez vous approvisionner chez **Bi-Rite Market** (B), une épicerie familiale située à un coin de rue du parc, petit paradis pour les épicuriens. Le comptoir de sandwiches et de salades est alléchant. Grande sélection de fromages, pains, chocolats, fruits et légumes bios [550 Divisadero St].

65 B

66 A

Manger à la frontière du brouillard

66 Divisadero Street est la « frontière du brouillard » (*fog line*) de la ville. Ce n'est pas une science exacte, mais tout le monde sait qu'à l'ouest de cette rue, San Francisco est souvent perdue dans le brouillard, alors qu'à l'est les quartiers sont ensoleillés. « Divis » (comme la surnomment les San-Franciscains) regorge de bons restaurants et cafés. Pour un brunch bien arrosé, **Nopa** est un incontournable. Mieux vaut arriver tôt ou réserver, mais j'ai toujours trouvé une place facilement au bar. On sert ici une cuisine bio, rustique et spécialisée dans la cuisson au feu de bois. Servis dans de belles assiettes en céramique, les plats sont préparés avec des ingrédients de saison provenant de producteurs locaux. C'est grand, il y a une mezzanine et une cuisine à aire ouverte. On a l'impression de manger dans un vaste loft. Essayez le pain doré avec crème anglaise, raisins et thym caramélisé ; le bagel grillé avec truite fumée, fromage frais à l'ail, oignons marinés et concombres ; ou les œufs brouillés avec poireaux, champignons, crème, lardons et croûtons aux fines herbes. Le restaurant est aussi reconnu pour ses cocktails artisanaux, mon préféré étant The Grapefruit Cocktail. Le soir, le restaurant ferme à une heure du matin, une rareté à San Francisco [560 Divisadero St].

Au **Bar Crudo**, un des premiers *raw-bars* de la ville, on ne sert que du poisson et des fruits de mer, et la plupart des plats sont crus. La pièce maîtresse est le bar à huîtres, coquillages, crabe et homard. J'aime surtout leurs combos de crudos (pensez *ceviche*). Pour 14 $, on peut choisir quatre types de poissons. Je rêve encore à leur salade de homard, betteraves, burrata, roquette et pistaches, et à leur pieuvre grillée. Une astuce pour alléger l'addition : allez-y entre 17 h et 18 h 30, alors que les huîtres coûtent 1 $ chacune et les bières, 4 $ [655 Divisadero St].

Pour le *comfort food*, j'ai trois endroits sur mon radar. **Brenda's Meat & Three** (A), le restaurant de la reine du *soul food*, Brenda Buenviaje. *Meat & Three* désigne un repas de viande avec trois plats d'accompagnement que le convive choisit dans une liste. Depuis les années 1930, les cafétérias et *diners* du sud des États-Unis ont leur propre tradition culinaire. Je préfère ce restaurant à l'heure du petit déjeuner et du déjeuner pour les sandwiches, œufs, pain doré et plat de *biscuits and gravy*. Leurs spécialités sont le sandwich à la mortadelle et la tarte *peanut butter ice box*. Il y a tout de même quelques options santé, comme la salade de chou et chicorée avec raisins, amandes grillées et feta, et plusieurs plats d'accompagnement végétaliens [919 Divisadero St].

Chez **4505 Burgers & BBQ** (B), on mange la meilleure viande fumée en ville. Le comptoir est tenu par le boucher Ryan Farr. Il n'achète que de la viande produite par des fermiers qui pratiquent un élevage convenable et le développement durable. Vous commandez à l'intérieur du cabanon et l'on vous apporte votre plateau à votre table de pique-nique, sur le patio ensoleillé. Au menu : assiettes de viandes fumées (poulet rôti, poitrine de bœuf, côtes levées, épaule de porc), sandwiches (barbecue, hot-dogs, et un des meilleurs cheeseburgers en ville). Oui, on y trouve quelques options végétariennes, mais vous êtes vraiment ici pour la viande [705 Divisadero St].

66 B

La rôtie parfaite

67

Chez **The Mill** (A), l'odeur du pain grillé se mêle aux effluves de café. L'établissement du boulanger vedette Josey Baker (il fait sa propre farine) sert la meilleure toast en ville. À 4 $ chacune, on l'a aussi surnommée la *hipster toast*. Le simple pain grillé semble avoir été élevé à un autre niveau. Le menu change chaque jour. On a le choix entre quatre sortes de pains : le pain de campagne ; celui au blé entier et graines de sésame ; le pain de seigle ; et le pain de la semaine qui change selon les saisons. Les tranches sont denses, épaisses et grillées à la perfection. Je choisis comme garnitures beurre d'amandes et confitures maison. Le beurre et la tartinade choco-noisettes sont aussi faits sur place. J'aime commencer ma journée dans cet immense espace de style scandinave, inondé de lumière naturelle, en lisant les journaux à la grande table commune. J'y fais toujours des rencontres intéressantes [736 Divisadero St].

Non loin de là, le café de quartier **Matching Half Cafe** vend de délicieuses « pop-tarts » maison. Les saveurs changent selon l'offre du marché (abricots, prunes, oranges, etc.). À déguster avec un bon cappuccino. Cet établissement est pourvu de grandes fenêtres qui laissent entrer une lumière dorée l'après-midi [1799 McAllister St].

67A

Trouver l'objet rare

68

Rare Device est une boutique d'objets inusités et d'articles pour la maison. Le choix est vaste : papeterie, chandelles, bijoux, sacs à main, tasses, calendriers, produits pour le bain, chocolats artisanaux, vêtements pour enfants, magazines, etc. Chaque objet a sa propre histoire et a été choisi par Giselle, la propriétaire. J'aime la fantaisie de cette boutique colorée qui fait partie intégrante de la vie du quartier. Chaque mois, la boutique organise une fête pour les enfants [600 Divisadero St].

The Perish Trust (A) modernise le concept de magasin général. Sur les tablettes cohabitent cadeaux, antiquités, vêtements vintage, livres de photos, vieilles machines à écrire, produits de beauté, poteries et couvertures de laine Pendleton. On se croirait dans la maison éclectique de *La Famille Tenenbaum*, célèbre film de Wes Anderson [728 Divisadero St].

67A 68A

Razzia shopping

69 **Hayes Street**, entre les rues Franklin et Laguna, abonde de boutiques indépendantes de vêtements et accessoires. Chez **Reliquary**, on a l'impression de faire un saut dans le sud-ouest des États-Unis. La propriétaire, Leah Bershad, est clairement influencée par cette région du pays dans sa sélection d'objets : couvertures de Santa Fe, bagues de motard, colliers bohémiens, bijoux amérindiens, foulards hippies, paniers colorés à pompons, tuniques brodées du Mexique et vestes en jean. Elle privilégie les marques de créateurs indépendants et les articles vintage pour créer une collection unique [544 Hayes St].

Boutique de vêtements pour hommes et femmes, **Rand + Statler** se spécialise dans le prêt-à-porter de marques de luxe, comme Acne Studios, A.P.C., Phillip Lim, Opening Ceremony ou Comme des Garçons. On y trouve aussi des bijoux, des produits de beauté et plusieurs accessoires vintage Chanel des années 1980 [425 Hayes St]. **Azalea** propose des vêtements tendance un peu plus abordables, pour hommes et femmes. J'aime leur sélection de chapeaux, sacs de cuir et lunettes soleil Illesteva [411 Hayes St]. Pour les vêtements de designers minimalistes comme Rachel Comey, Rick Owens, Public School, **Acrimony** est une bonne adresse [333 Hayes St]. Pour de la jolie papeterie et des accessoires décoratifs, vous trouverez votre compte chez **Lavish** [508 Hayes St].

Dans la rue Octavia, à l'angle de Hayes, ne manquez pas la boutique **Seldom Seen**. La charmante propriétaire, Natasha, a une super sélection d'accessoires, bijoux et vêtements de designers européens, mais aussi de plusieurs créateurs locaux. Cette boutique est un de mes incontournables [522 Octavia St].

Délices grecs

70 **Souvla**, petit restaurant aux murs ornés de portraits noir et blanc, est un de mes endroits préférés pour le lunch. Le menu y est simplissime : on choisit d'abord une protéine (agneau, porc, poulet ou végétarien) et ensuite l'option sandwich sur pain pita, ou l'option salade. Ne pas essayer leurs frites grecques (de grandes lanières de pommes de terre arrosées d'huile d'olive, de jus de citron, de persil et de fromage mizithra) serait une erreur monumentale. Le vin grec est servi dans de grandes chopes en cuivre et leur fameux yogourt glacé, dans le célèbre gobelet en carton Anthora aux couleurs du drapeau de la Grèce – celui que l'on voit dans tous les films – et sur lequel on peut lire « *We Are Happy To Serve You* ». Leur recette spéciale de yogourt est préparée dans une machine, à l'avant du restaurant. Le yogourt nature peut être garni d'huile d'olive et sel de mer, de miel, de morceaux de baklava ou de sirop de cerise. On fait la file sans broncher pour ce dessert divin [517 Hayes St].

Trio de bistrots nouveau genre

71 À l'extérieur, un néon en forme de renard au-dessus de la porte fait un clin d'œil au célèbre conte de Saint-Exupéry, *Le Petit Prince*. À l'intérieur, le décor est industriel et aéré. Les chefs Corey Lee et Jason Berthold, deux anciens du célèbre restaurant The French Laundry, ont ouvert le bistrot français **Monsieur Benjamin** (A) en 2014. Leur interprétation moderne des grands classiques de la cuisine française fait courir les foules depuis l'ouverture. Au menu, plateaux de fruits de mer, escargots, foie gras au torchon, confit de canard, tartare de bœuf, poulet rôti, un fameux steak-frites et même des cuisses de grenouilles. Au dessert, essayez le gâteau de crêpes ou le gâteau Marjolaine. Attention : l'addition ici est salée. Pour s'en sortir à moindre coût, commandez dans la section des entrées et petits plats. En prime, la cuisine ferme à une heure du matin [451 Gough St].

Autre bistrot, plus petit et plus modeste, mais pas moins délicieux, **Rich Table** mise sur des ingrédients locaux pour élaborer son menu qui change quotidiennement. Le couple de propriétaires, Evan et Sarah Rich, croit que manger au restaurant doit être une expérience détendue, amusante et excitante. Il est possible de commander à la carte, mais je recommande fortement leur menu dégustation [89 $ par personne] pour lequel sont créés tout spécialement certains des plats. N'oubliez pas de demander leur pain au levain cuit sur place [199 Gough St].

Petit Crenn est un bistrot français qui fait voyager. Pour réchauffer le décor tout blanc, de gros coussins jonchent les banquettes et invitent au confort. La chef Dominique Crenn propose une cuisine moderne d'inspiration bretonne, où les fruits de mer et les légumes sont à l'honneur. Le menu change tous les jours, selon les produits sélectionnés au marché. Le cinq services coûte 79 $ par personne (service compris, mais pas l'alcool). On peut aussi manger à la carte au bar, sans réservation [609 Hayes St].

71A

72

Wifi au jardin

72 Le principal attrait du charmant **Arlequin Cafe & Food To Go** est le grand jardin fleuri qui se trouve à l'arrière. Une oasis en pleine ville, populaire auprès des «laptoppeurs» qui veulent travailler dans un cadre enchanteur. Les spécialités sont les sandwiches grillés (le *grilled-cheese* est un délice), les salades et les desserts, que l'on accompagne de l'un des nombreux vins proposés au verre, le tout à prix raisonnable. Les condiments, chutneys, biscuits, biscottis et granolas sont tous des produits maison. Essayez le burrito petit déjeuner avec porc confit, et le beignet-brioche au thé *chai*. Miam ! [384 Hayes St]

Trinquer !

73 Hayes Valley est un des quartiers où l'on retrouve le plus grand nombre de bars à San Francisco. J'aime **Two Sisters Bar & Books**, un bar au charme européen avec cocktails à l'ancienne, plateaux de charcuteries, et une bibliothèque chargée de livres [579 Hayes St].

L'authentique restaurant bavarois **Suppenküche** se spécialise dans les bières d'importation allemandes, autrichiennes et belges. Au menu, des plats de porc sous toutes ses formes, pretzels, schnitzels et petites crêpes de pommes de terre avec compote de pommes [525 Laguna St]. Les propriétaires dirigent aussi le populaire **Biergarten** extérieur, à l'angle des rues Octavia et Fell. Prenez place à une des grandes tables de bois communes et commandez une bière allemande ou une bouteille de cidre à déguster avec un de leurs sandwiches à la saucisse servi sur pain pretzel. Ouvert l'été comme l'hiver, du mercredi au dimanche [474 Octavia St].

Autre endroit spécialisé dans les bières, **Black Sands Brewery** est un bar et une brasserie artisanale où l'on peut goûter la bière fraîchement sortie des cuves de fermentation et même repartir avec la recette et l'équipement pour la faire chez soi [701 Haight St].

Au resto-bar **Maven**, chaque plat du menu est accompagné d'un cocktail qui s'agence parfaitement aux saveurs. Essayez le cocktail 5 Spot (rhum, gingembre, lime, érable, basilic thaï et mélange de cinq épices) qui accompagne les miniburgers de canard laqué. Les cocktails sont préparés avec grand soin, même les glaçons sont des sphères parfaites. Si vous êtes un brin nostalgique, sachez qu'on y sert aussi la bière québécoise La Maudite [598 Haight St].

Pour le décor et surtout pour le rhum, **Smuggler's Cove** est dur à battre. Ce bar kitsch à souhait est un paradis polynésien en plein cœur de la ville et le meilleur bar tiki de San Francisco. Barils, lanternes, cordes et filets pendent du plafond comme dans la cale d'un bateau de pirates. Les cocktails, si grands qu'on pourrait nager dedans, sont servis dans un petit baril, une statuette polynésienne ou un crâne avec une flamme au milieu (attention aux cheveux !). La carte comprend plus de 70 cocktails et le bar propose plus de 500 sortes de rhums du monde entier. Essayez leur Banana Daiquiri ; la liqueur de banane est faite maison [650 Gough St].

Le **Toronado** est un pub sans prétention, fréquenté par les habitués du quartier depuis 1987. Vous aurez le choix entre une cinquantaine de bières artisanales en fût et une centaine de bières en bouteille. Les serveurs ont du caractère à revendre, mais c'est ce qui fait le charme de l'endroit. Il est notamment interdit de faire jouer les Grateful Dead sur le juke-box du bar. Prévoyez payer en argent comptant [547 Haight St]. Pour ne pas aller au lit l'estomac vide, les soupes d'**Iza Ramen** sont le remède parfait pour éviter la gueule de bois du lendemain [237 Fillmore St]. Terminez la soirée avec une glace chez **Three Twins Ice Cream**, le comptoir en face. Les crèmes glacées sont faites entièrement de produits biologiques [254 Fillmore St].

N'appelez jamais la ville « Frisco » ou « San Fran », sinon vous pourriez irriter les habitants. Le seul nom approprié est « San Francisco » ou l'abréviation « S.F. ».

Lunch en terrasse autour de Duboce Park

75 Les tables et les chaises en rotin devant le **Café du Soleil** (A) donnent des airs de bistrot parisien à ce charmant restaurant peu coûteux. La spécialité est la tartine (jambon et gruyère, poulet, fromage de chèvre, saumon fumé et crème fraîche, tomates, tapenade et feta ou hummus et légumes), servie avec une généreuse portion de salade. Le tout pour 8 $. Ils ont aussi plusieurs salades-repas à 8 $ et un excellent croissant aux amandes [200 Fillmore St]. À quelques pas du café, **Revolver**, une boutique de vêtements, accessoires et objets pour la maison, vaut le détour [136 Fillmore St]. Autre endroit populaire pour sa terrasse en bordure du parc, **Duboce Park Cafe** sert sandwiches grillés (essayez celui au thon), salades, pizzas, smoothies et jus fraîchement pressés. Tout est bio, on y mange pour une dizaine de dollars, et le wifi est gratuit [2 Sanchez St]. Ne manquez pas les belles maisons colorées de **Pierce Street** au nord du parc et au sud de Waller Street.

Le paradis des bonbons

74 **Miette** est la boutique la plus charmante d'Hayes Valley. Le décor de cette confiserie et pâtisserie est une explosion de couleurs pastel. Les murs sont recouverts de papier peint aux motifs floraux et de rangées de pots en verre remplis de bonbons colorés. Leur assortiment de bonbons à l'ancienne et de réglisses est impressionnant – plus de 20 variétés. Les sucreries viennent d'un peu partout dans le monde, mais Miette confectionne aussi ses propres spécialités, comme le Ballpark Brittle, un caramel au beurre avec arachides espagnoles, des loukoums (confiserie d'origine turque), des macarons et des cupcakes délicieux. Vous reconnaîtrez la mignonne boutique à sa façade rose bonbon. Miette tient aussi un comptoir au Ferry Building, dans le quartier The Embarcadero [449 Octavia St].

Russian Hill et North Beach

North Beach est un quartier sacré, qui semble avoir résisté au passage du temps. Ses bars et ses cafés abritent toujours quelques vieux beatniks. Avec ses figuiers touffus et ses cable cars, Hyde Street, dans Russian Hill, est la quintessence du charme san-franciscain.

Russian Hill et North Beach

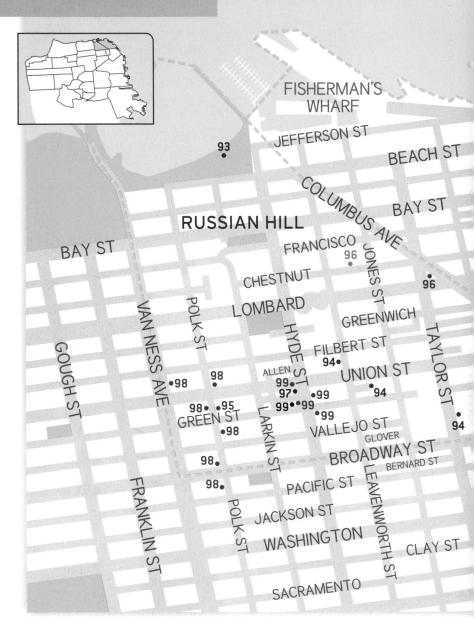

FISHERMAN'S WHARF

JEFFERSON ST

BEACH ST

93

COLUMBUS AVE

BAY ST

RUSSIAN HILL

FRANCISCO

96

JONES ST

96

BAY ST

CHESTNUT

LOMBARD

GREENWICH

POLK ST

VAN NESS AVE

HYDE ST

FILBERT ST

94

TAYLOR ST

GOUGH ST

ALLEN

99

UNION ST

98

98

97

99

94

98

95

99

99

99

98

GREEN ST

LARKIN ST

99

94

98

VALLEJO ST

GLOVER

98

BROADWAY ST

BERNARD ST

98

PACIFIC ST

LEAVENWORTH ST

FRANKLIN ST

POLK ST

JACKSON ST

WASHINGTON

CLAY ST

SACRAMENTO

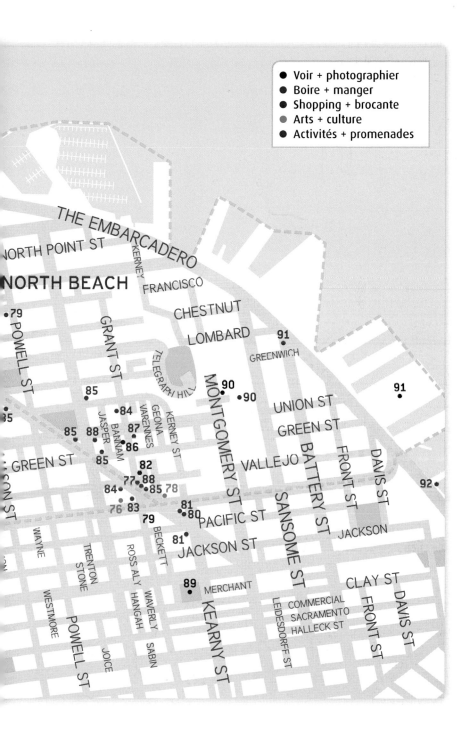

- Voir + photographier
- Boire + manger
- Shopping + brocante
- Arts + culture
- Activités + promenades

THE EMBARCADERO

NORTH POINT ST

KERNEY

NORTH BEACH   FRANCISCO

CHESTNUT

LOMBARD   91

GREENWICH

•79

91

POWELL ST

GRANT ST

TELEGRAPH HILL

90

•90

MONTGOMERY ST

UNION ST

GREEN ST

85

•84

GEONA

VARENNES

KERNEY ST

35

85   88

JASPER

BANNAM

87

86

85

82

77

88

GREEN ST

85 78

BATTERY ST

FRONT ST

DAVIS ST

VALLEJO

SANSOME ST

92 •

84•

76 83

81

•80

PACIFIC ST

79

81

JACKSON ST

JACKSON

BECKETT

WAYNE

TRENTON

STONE

ROSS ALY

HANGAH

WAVERLY

89   MERCHANT

CLAY ST

COMMERCIAL

SACRAMENTO

HALLECK ST

LEIDESDORFF ST

FRONT ST

DAVIS ST

WESTMORE

POWELL ST

JOICE

SABIN

KEARNY ST

Incursion dans les années 1920

76 Au sous-sol d'un ancien restaurant de dims sums, à la frontière entre North Beach et Chinatown, se trouve **The Speakeasy**, une expérience théâtrale interactive unique où l'on a recréé l'ambiance des boîtes de nuit illégales de l'époque de la prohibition, avec ses personnages typiques comme les *showgirls*, les *barflies*, les vétérans de la guerre ou les boss de la mafia. Un peu à la manière du spectacle à succès new-yorkais *Sleep No More*, le public est libre de se déplacer d'une pièce à l'autre et d'interagir avec les 35 acteurs du cabaret. On retrouve même quelques passages secrets. L'histoire n'est pas linéaire, si bien que certaines scènes peuvent se répéter plusieurs fois.

Les spectateurs sont invités à se vêtir de costumes des années 1920. Je vous recommande de le faire, car l'expérience est d'autant plus spéciale que la frontière entre spectacle et spectateur devient floue. À plusieurs moments au cours de la soirée, vous ne saurez plus qui autour de vous fait vraiment partie du spectacle... Les représentations ont lieu du jeudi au samedi à 19 h 30, et un dimanche sur deux à 17 h. On y sert de l'alcool. Consultez le site thespeakeasysf.com pour les billets [644 Broadway].

76

Le café des artistes

77 Peuplé de personnages excentriques qui sirotent leur café toute la journée, **Caffe Trieste** est une des dernières bulles bohèmes de San Francisco. C'est aussi le plus vieux café de la ville et le plus vieux bar à espresso de toute la côte Ouest. Fondé en 1956 par un immigrant italien, il sert depuis de club social aux écrivains, poètes et artistes. L'endroit me fait penser au Caffè Roma de Montréal. Les murs sont couverts de photos jaunies de familles et clients célèbres, dont Luciano Pavarotti et Lawrence Ferlinghetti. Francis Ford Coppola y a écrit en partie le scénario de *The Godfather*. Son portrait est accroché au-dessus de la table de mosaïque où il avait l'habitude de s'installer. Dans le fond du café, un vieux juke-box diffuse de la musique classique. Certains samedis, on y présente des concerts d'opéra et de folklore italien. Commandez un café glacé et mêlez-vous à la foule de bérets et fedoras qui refait le monde [601 Vallejo St].

77

Le gardien du Beat

78 On le surnomme le « maire de North Beach ». Dans ce quartier traditionnellement italien, où a éclos la Beat Generation dans les années 1950, tout le monde connaît **Jerry Cimino**, 61 ans, grand spécialiste de ce mouvement littéraire et artistique. « Ils ont changé le monde ! s'exclame-t-il. Ce quartier était le centre de l'univers à l'époque. »

Dans les rues de North Beach, des gens le saluent à chaque coin de rue. Véritable encyclopédie ambulante de la Beat Generation, il a des anecdotes à raconter à propos de chaque immeuble, de chaque bar, de chaque parc. Avec sa casquette et son sac portant l'inscription « Kerouac », il affiche ses couleurs.

On passe devant Washington Square Park. « Carolyn Cassady venait lire avec Jack Kerouac sur ce banc. » Sur Broadway, il pointe les nombreuses boîtes de strip-tease, comme le célèbre Condor et le Hungry. « À l'époque, c'étaient tous des clubs de jazz, Charlie Parker jouait ici. Kerouac aimait aller écouter du jazz, c'était la musique hip-hop de l'époque. Il s'est rendu compte qu'il pouvait apprendre des choses des musiciens de jazz. Il a changé sa prose pour le style fluide et spontané qu'on lui connaît et qui a fait le succès de *Sur la route*. »

Né à Baltimore, Jerry Cimino est arrivé en Californie en 1988 avec sa femme, Estelle. Il travaillait alors chez IBM. Sa véritable passion, cependant, a toujours été la littérature et la poésie, en particulier les écrits de Jack Kerouac et de Lawrence Ferlinghetti. « Je suis tombé dans leur poésie après une rupture amoureuse », rigole-t-il.

Trois ans plus tard, le couple ouvre une librairie à Monterey, qui se spécialise dans la littérature de la Beat Generation. Pour promouvoir la librairie, M. Cimino réussit à obtenir le numéro sans frais 1 800 KEROUAC; et, plus tard, le nom de domaine www.kerouac.com. Un flair de génie.

Lors d'un voyage à Amsterdam, il tombe par hasard sur le petit musée du chanvre, en plein Red Light District. « J'ai eu une révélation. Pourquoi San Francisco n'aurait-elle pas son propre musée de la Beat Generation ? »

Il transforme alors la librairie en « Beat Museum » et les gens commencent spontanément à lui apporter des objets reliés à cette époque. « Le jour de l'ouverture, un homme entre et me tend un vinyle rouge, première édition de Lawrence Ferlinghetti et Kenneth Rexroth. "Ça vaut au moins 300 $, monsieur", que je lui dis, mais je n'avais pas d'argent. Il me répond "Je ne veux pas d'argent, je veux que vous l'accrochiez sur votre mur". Ça n'a pas arrêté depuis. Le musée n'a pas de budget d'acquisition, mais beaucoup d'objets ont été donnés par des gens qui connaissaient certains beatniks.

En 2003, Jerry Cimino trouve un plus grand espace à l'épicentre du mouvement, à San Francisco, dans le quartier North Beach, à quelques pas du mythique City Lights Bookstore. Il hypothèque sa maison.

Le **Beat Museum** est né [540 Broadway]. Répartie sur deux étages, la collection comprend maintenant plus de 1000 photos,

des livres rares, des peintures, des affiches et des objets divers, par exemple une veste à carreaux ayant appartenu à Kerouac, la machine à écrire et l'orgue d'Allen Ginsberg, la chemise rayée de Neal Cassady. On peut même y admirer une Hudson 1949 brune, semblable à la voiture qu'ont utilisée Jack Kerouac et Neal Cassady lors de leur périple à travers les États-Unis. La voiture a été donnée au musée par le réalisateur Walter Salles après le tournage du film *On the Road* (2012).

Les visiteurs découvrent le contexte dans lequel la Beat Generation a émergé : la guerre froide, l'influence du jazz dans leur style littéraire, leur rejet du *statu quo* et leur influence sur la contre-culture des années 1960.

Le mouvement artistique de la Beat Generation a commencé dans l'Upper West Side de Manhattan, mais s'est déplacé à San Francisco vers la fin des années 1940. « La vérité, dit Jerry, c'est que Neal Cassady a suivi une fille, Carolyn, qui est plus tard devenue sa femme. Elle voulait faire sa marque à Hollywood comme costumière, mais elle a abouti à San Francisco. Jack Kerouac a suivi son ami Neal, et Allen Ginsberg a suivi son ami Jack. Ils sont tombés amoureux de la culture. Ils voulaient faire partie de cette scène, North Beach était *hip* à l'époque, c'était une enclave de penseurs, de poètes, d'ivrognes, de jazzmen et de fumeurs de cannabis. Tout ce que les gens considèrent comme normal aujourd'hui, les beatniks en parlaient il y a longtemps, comme le souci de l'environnement. C'était une bande d'écrivains blancs qui fréquentaient des Afro-Américains, des Hispaniques et des Asiatiques dans les années 1940. Ils les traitaient comme leurs égaux intellectuels, tout comme les femmes. Les gays et lesbiennes étaient les dirigeants du groupe. C'étaient des anticonformistes, des irresponsables, des sans-emploi – mais ce sont eux qui ont changé le monde. »

Le temple de la *Beat Generation*

79

Si vous ne deviez visiter qu'une seule librairie à San Francisco, ce serait celle-ci. Fondé par le poète Lawrence Ferlinghetti, **City Lights Bookstore** est un lieu de culte pour les nombreux pèlerins du San Francisco littéraire.

M. Ferlinghetti est un des pères de la Beat Generation. Le New-Yorkais est arrivé à San Francisco en 1951 et a ouvert, deux ans plus tard, une petite librairie et maison d'édition à l'angle de Columbus et Broadway, au beau milieu du quartier de North Beach, où battait le cœur artistique de la ville à cette époque.

Les plus grands poètes du moment, Jack Kerouac, William Burroughs et Allen Ginsberg ont adopté l'endroit. C'est Ferlinghetti qui a publié, en 1957, le poème *Howl* de Ginsberg, si controversé à l'époque. La première édition, tirée à 520 exemplaires, a été immédiatement saisie par la police. Ferlinghetti a été accusé de distribuer de la «littérature obscène». Le long procès a projeté la librairie sous le feu des projecteurs, et ce, dans le monde entier. Tout le monde voulait lire ce poème *dirty*.

La librairie occupe trois étages: au sous-sol, on trouve les essais et ouvrages d'intérêt général, dont plusieurs sur la contre-culture, et, au rez-de-chaussée, la littérature. Les nombreuses chaises invitent les clients à prendre leur temps. Les auteurs américains y sont bien représentés, mais aussi les auteurs étrangers. Il y a une salle de poésie à l'étage. De nombreux événements littéraires s'y tiennent chaque semaine [261 Columbus Ave].

Âgé de 97 ans au moment où j'écris ces mots, M. Ferlinghetti, né en 1919, habite toujours le quartier, arpente ses rues et fréquente son temple. Vous risquez de le croiser au **Cafe Francisco**, charmant café situé en retrait de la zone touristique de North Beach. Il s'y arrête pratiquement chaque jour. Idéal pour le lunch, on y sert de délicieuses salades, des sandwiches et des bagels au saumon fumé [2161 Powell St].

Le classique italien

80

Véritable institution, **Tosca Cafe** a ouvert ses portes en 1919. S'y sont retrouvés, au fil des décennies, l'auteur Hunter S. Thompson, le groupe Metallica, le journaliste Herb Caen, Mikhaïl Barychnikov, Bono et Lauren Hutton. Un vrai *dive bar* comme il n'en existe plus. La propriétaire, Jeannette Etheredge, traitait chacun comme un membre de sa famille. En 2012, le bar, au bord de la faillite, menaçait de fermer ses portes. À la demande de Sean Penn, un habitué, les chefs new-yorkais April Bloomfield et Ken Friedman (l'équipe derrière le populaire restaurant The Spotted Pig) ont repris l'établissement. Malgré la construction d'une cuisine à aire ouverte, ils ont su garder l'âme et l'esprit bohème de l'établissement, en conservant les banquettes de cuir rouge, les chandeliers, les murales de Rome et Venise, le plancher à carreaux, le vieux juke-box et ses airs d'opéra, et l'éclairage intimiste.

Le menu est assez cher, mais succulent, que ce soit la polenta grillée avec champignons, les pâtes lumaconi avec prosciutto, le Gemelli (un macaroni au fromage pour les adultes, relevé au poivre et au pecorino) ou les pommes de terre croustillantes au gras de canard. Elles ne figurent pas au menu, mais les boulettes de viande et focaccia maison méritent d'être commandées. La star de la table est le poulet rôti avec ricotta, noix de pin et sauce Marsala à partager (42 $). Il faut compter une heure, par contre, mais l'attente en vaut la peine. Commandez un cocktail Negroni en attendant, ils le préparent mieux que quiconque. Vous ne pouvez pas repartir sans avoir goûté à leur « Cappuccino » maison, un cocktail qui ne contient étrangement pas de café, mais un mélange d'armagnac, de bourbon, de ganache au chocolat et de lait. Je vous recommande de réserver à l'avance, ou alors allez-y très tard. Il y a toujours la possibilité de manger au bar. Les cuisines ferment à une heure du matin [242 Columbus Ave].

Les bars concept

81

Juste à côté de Tosca Cafe, vous trouverez **The Devil's Acre**, un bar concept qui vous transporte à l'époque de la ruée vers l'or. Durant cette période, les pharmaciens servaient des élixirs et remèdes à leurs clients durant le jour, et, le soir venu, leur commerce se transformait en saloon. C'est ce que les propriétaires ont voulu recréer. The Devil's Acre ressemble à la fois à une vieille pharmacie et à un saloon équipé d'un grand bar de bois et d'un piano droit. Des musiciens s'y produisent certains soirs. Des rangées de vieilles jarres de médicaments couvrent les murs et le menu se présente sous forme d'un almanach de 22 pages. Les barmen sont habillés comme les pharmaciens de l'époque et utilisent un mélangeur de cocktails à roulettes qui ressemble à un instrument de torture. Certains cocktails auraient des vertus médicinales et aphrodisiaques (une potion d'amour figure au menu), et l'un d'eux est même garni de poussière d'or. Pour une ambiance plus intime, il y a un autre bar, au sous-sol, qui s'appelle **Remedie Room** [256 Columbus Ave].

De loin un des plus beaux bars de San Francisco, **Comstock Saloon** (A) est aménagé dans un immeuble historique qui date de 1907 et qui a abrité le dernier des saloons de la « Barbary Coast », le nom que l'on donnait à ce quartier chaud durant la ruée vers l'or et jusqu'au début de la prohibition en 1920, à cause des nombreux bordels, clubs de jazz, salles de danse et de concert qui s'y trouvaient. On remonte dans le temps quand on franchit la porte du saloon. Un pianiste ou un quartet de jazz joue sur la mezzanine. Le ventilateur du plafond et le magnifique bar d'acajou datent du début du XXe siècle. Les barmen aux moustaches bien sculptées portent tous un nœud papillon ou une cravate, une chemise blanche immaculée et des bretelles. Ce sont aussi des historiens : chaque cocktail est accompagné d'une anecdote du barman. Essayez le Pisco Punch ou le White Lily [155 Columbus Ave].

Le *greasy spoon*

83 Après avoir fait la tournée des bars de North Beach, les San-Franciscains se rendent chez **Sam's**, un petit *diner* pas plus grand qu'un placard, qui ferme vers deux heures du matin. Pour un hamburger dégoulinant après une soirée bien arrosée, c'est l'endroit. Prenez place au comptoir (sur le téléviseur qui y fait face, on repasse habituellement de vieux épisodes de *Seinfeld*) et commandez un cheeseburger double avec frites. J'adore le décor rétro : rien n'a bougé depuis l'ouverture de Sam's il y a 50 ans, pas même la vieille caisse enregistreuse orange [618 Broadway].

Le tailleur des artistes

82 Al Ribaya est un de ces iconoclastes qui font de North Beach un quartier si authentique. Sa boutique, **Al's Attire**, est une caverne d'Ali Baba de vêtements vintage, de tissus, d'écussons, de chaussures et de tailleurs sur mesure. Né dans Mission District, Ribaya a ouvert sa première boutique de bottier à l'âge de 18 ans. Il est le spécialiste des bottes de cuir, mais on fait appel à lui pour fabriquer à peu près n'importe quoi, du manteau de cuir de rêve jusqu'au blouson sportif avec broderies, en passant par la robe de mariée unique. Il confectionne même les casquettes des policiers du poste de quartier. Il compte parmi ses clients fidèles des artistes comme Carlos Santana, Win Butler d'Arcade Fire et Herbie Hancock. Passez le voir et dites bonjour à son adorable petit chien, Vegas [1300 Grant Ave].

Les San-Franciscains raffolent de l'alcool italien Fernet-Branca. On en consomme ici plus que partout ailleurs aux États-Unis. Boire un verre de cette boisson au goût amer est un rite de passage.

Le plus vieux *deli*

84 Une visite à San Francisco n'est pas complète si vous n'allez pas manger un sous-marin chez **Molinari Delicatessen** (A), un des plus vieux *delis* des États-Unis. P. G. Molinari, un immigrant de la région du Piémont en Italie, a ouvert son commerce en 1896. Ce sont ses descendants qui le tiennent aujourd'hui, et l'endroit respire toujours l'Italie. Joe DiMaggio, la star des Yankees, aimait tant cet établissement qu'il avait spécifié dans son testament que Molinari serait le traiteur lors de ses funérailles (en 1999). « *Hi, howareya? What can I getcha?* » vous lancera un des employés derrière le comptoir. Prenez un numéro, allez choisir votre pain dans le bac, puis un sandwich sur l'ardoise au-dessus du comptoir. Molinari en propose 36 variétés dont les prix varient de 6,75 $ pour le « Molinari Special Italian Combo » à 10 $ pour le « Luciano Special » fait de jambon de parme, coppa, mozzarella, tomates séchées, oignons et laitue sur focaccia grillée. À déguster avec une limonade italienne pétillante, assis à une des tables devant le commerce [373 Columbus Ave].

Les sandwiches de **Little Vine** (B), petite épicerie fine, sont aussi de vrais délices. Chaque jour, deux options sont disponibles : une végétarienne et l'autre avec viande. Vous y trouverez également tout le nécessaire pour un pique-nique de haute voltige [1541 Grant Ave].

Les bonnes tables autour de Washington Square Park

85 Juste en face du parc, **Mario's Bohemian Cigar Store Cafe** sert des sandwiches sur pain focaccia cuits au four (mon favori est celui aux boulettes de viande), des paninis et quelques salades. Ne vous fiez pas au nom du commerce : on n'y vend plus de cigares depuis les années 1970. C'est le genre d'endroit empreint de l'histoire de North Beach, où se retrouvent les résidents du quartier pour discuter autour d'un espresso ou d'un verre de chianti. J'aime m'attabler dehors pour observer le bal des passants, presque à l'ombre des magnifiques clochers de Saints Peter and Paul Church, de l'autre côté de Washington Square Park [566 Columbus Ave].

Pour le brunch ou un petit déjeuner à toute heure de la journée, **Mama's** (A) est un incontournable. Tout est préparé sur place, de la confiture aux pâtisseries. Pour avoir le bonheur de goûter à leurs légendaires omelettes, pains dorés et œufs bénédictine, il faut toutefois être prêt à faire la queue. Déjouez la popularité de ce restaurant de quartier en vous présentant tôt, ou un jour de semaine. Le commerce appartient à la famille Sanchez depuis plus de 50 ans. Des exemplaires des menus à travers les époques sont affichés sur les murs [1701 Stockton St].

Pour une soirée romantique, **Da Flora** vous fournira la meilleure ambiance. Peintures rococo, menu écrit à la main, murs rouge vif, épais rideaux et lustre en verre de Murano complètent le décor de cette *trattoria* excentrique. Ce petit restaurant propose des interprétations créatives de la cuisine vénitienne, mais les habitués reviennent surtout pour les gnocchis de pommes de terre douces et pour la focaccia qu'on vous sert à votre arrivée et qui disparaît des assiettes en quelques secondes. Tout est fait à la main [701 Columbus Ave].

Pour le meilleur plat de fruits de mer du quartier, allez chez **Sotto Mare** et commandez la Cioppino, une énorme soupière débordant de pattes de crabe, moules, crevettes, poisson blanc et palourdes dans un bouillon savoureux de tomates, ail et vin. Le restaurant fournit les bavettes et suggère de partager la Cioppino à deux, mais c'est assez consistant pour nourrir quatre personnes. Ce plat est né dans la région au XIXe siècle, au sein de la communauté des pêcheurs italiens qui remplissaient un chaudron avec tout ce qui restait de la pêche du jour. Saluez au passage le propriétaire, Rich Azzolino, un homme fort sympathique [552 Green St].

Pour un parfait mariage entre les cuisines asiatique et américaine, **The House** est un endroit chéri de North Beach depuis le début des années 1990. Du sandwich BLT au thon grillé et mayo de wasabi jusqu'au plat signature de bar grillé à la sauce de gingembre et soya, la cuisine fusion inventive du couple Larry et Angela Tse séduit à tout coup [1230 Grant Ave].

85 A

La boutique à voyager dans le temps

86 Jim Schein est le maître des cartes de San Francisco. Sa boutique, **Schein & Schein**, se spécialise en cartes anciennes, gravures, atlas et autres bibelots historiques. Du sol au plafond, les étagères sont chargées de précieux documents à manier avec délicatesse. Jim, un vétéran de l'industrie de la musique (pendant des années, il a accompagné en tournée des artistes comme Metallica et les Rolling Stones), est fasciné par les cartes depuis l'enfance. Les ayant dénichées lors de ses nombreux voyages, il les collectionne depuis des décennies. Et il a décidé, il y a quelques années, de partager sa passion avec le public. Sa collection comprend des spécimens des XIXᵉ et XXᵉ siècles, surtout des cartes de San Francisco et de la Californie, mais aussi du monde entier. C'est un bon endroit pour trouver un cadeau original ; il y en a pour tous les budgets, de 5 $ à 5000 $ [1435 Grant Ave].

Les soufflés de Jacqueline

87 Juste en face, **Cafe Jacqueline**, avec ses airs de petit bistrot français aux tables décorées de roses fraîches, promet de vous transporter à Paris le temps d'un repas. La propriétaire, Jacqueline Margulis, est une légende dans le quartier. Elle a créé un des restaurants les plus singuliers de San Francisco, spécialisé en soufflés sucrés et salés. Depuis 1979, elle prépare chaque soufflé à la main, un à un, au rythme des commandes. Le menu propose en entrée des salades et une délicieuse soupe à l'oignon gratinée. Quant aux soufflés, il y en a une vingtaine de sortes. J'aime particulièrement le soufflé champignons et prosciutto, et, pour dessert, celui au citron. Chaque soufflé est à partager [1454 Grant Ave].

Le temple de la pizza

88 La queue peut parfois être longue, mais la pizza de Tony Gemignani, propriétaire de **Tony's Pizza Napoletana**, vaut l'attente. Tony est le premier Américain à avoir remporté le titre de « meilleure pizza Margherita » à la coupe du monde de pizza, à Naples, en 2007. Il perfectionne son art depuis des années et son restaurant est un véritable musée des styles de pizzas du monde. Il en propose douze : New York, St. Louis, Sicilienne, Napolitaine, Barcelone, etc. Elles sont cuites dans sept fours différents (bois, charbon, gaz, électrique), à des températures différentes. Si vous avez envie d'essayer quelque chose de singulier, commandez la Romana, une grande pizza rectangulaire divisée en trois zones de garnitures représentant une entrée (prosciutto, roquette et parmigiano reggiano), un plat principal (boulettes de viande à la ricotta et à l'ail) et un dessert (dattes, pacanes, tranches de pomme, Nutella, miel et gorgonzola). À partager [1570 Stockton St].

J'aime aussi la pizza d'**Il Casaro**, garnie de mozzarella maison. Le restaurant au décor moderne sent comme la cuisine d'une grand-mère italienne. [348 Columbus Ave].

L'homme qui a sillonné toute la ville

89 Il y a quelques années, l'auteur et journaliste **Gary Kamiya** s'est donné la mission un peu folle de sillonner chaque rue de San Francisco, question d'approfondir ses connaissances sur cette ville qu'il aime tant.

Il a appelé l'exercice *Doing the Knowledge*, inspiré de l'expression utilisée par les chauffeurs de taxi londoniens qui doivent connaître les rues par cœur pour réussir leur examen. Ayant lui-même été chauffeur de taxi à San Francisco pendant sept ans au début de sa carrière, il a des histoires à raconter jusqu'à la fin de ses jours (un client, entre autres, lui a planté le canon d'un revolver derrière la tête).

« Si l'on divisait la ville en une grille d'environ mille carrés, je pourrais honnêtement dire que j'ai mis le pied dans chacun d'eux », dit l'éditeur du *San Francisco Magazine*.

Né à Oakland en 1953, Gary a grandi à Berkeley et a passé toute sa vie d'adulte à San Francisco. Ce pèlerinage à travers sa ville lui a pris plus d'un an et il porte aujourd'hui fièrement le chapeau d'encyclopédiste ambulant. Vous pouvez d'ailleurs vous laisser transporter par la voix réconfortante de Gary en téléchargeant l'application ***Detour*** (www.detour.com/detours/san-francisco/cool-gray-city). Il est le narrateur d'une visite guidée fascinante de North Beach et Chinatown.

Ses recherches et découvertes l'ont poussé à écrire *Cool Gray City of Love : 49 Views of San Francisco*, une de mes œuvres préférées sur la ville. Dans chaque chapitre, il vous fait découvrir un lieu à travers des anecdotes personnelles et historiques. « À cause de la topographie unique, chaque quartier a développé son propre "terroir". » Gary utilise les prismes de l'histoire, de la géologie et de la topographie pour vous faire découvrir la ville autrement. L'expression *cool gray city of love* vient du poète George Sterling.

Pourquoi 49 lieux ? « Le nombre quarante-neuf est symbolique à San Francisco. Il rappelle l'année de la ruée vers l'or (1849). C'est pour ça qu'on appelait les chercheurs d'or les *Forty-Niners*. Il y a aussi la *49-Mile Scenic Drive*, la route touristique qui traverse la ville. » Aujourd'hui, Forty-Niners (49ers) est aussi le nom du club de la NFL qui représente San Francisco.

Gary Kamiya me donne rendez-vous dans un café de North Beach, tout près de chez lui. Un quartier qu'il décrit comme une vallée heureuse entourée des jolies collines de Telegraph Hill, Russian Hill et Nob Hill. « Historiquement, c'est le *ground zero* de San Francisco. Durant la ruée vers l'or, ce quartier était le cœur de la ville, en particulier **Portsmouth Square** (A) à la frontière de Chinatown. C'est ici qu'on a construit la première école. »

Il aime San Francisco, « une ville empruntée à la mer », pour la beauté européenne des lieux, le climat méditerranéen, le fait qu'il peut se rendre à pied partout. Il affectionne particulièrement les rues de Downtown, entre Union Square et Nob Hill, à cause de l'architecture des années 1930. « Ce quartier respire la nostalgie. »

J'écouterais parler Gary pendant des heures. Son amour pour sa ville est

« Vous pouvez dire que vous êtes San-Franciscain si vous arrivez ici ouvert à vivre des expériences. Ce n'est pas la durée qui compte. Être San-Franciscain est un état d'esprit », résume Gary Kamiya.

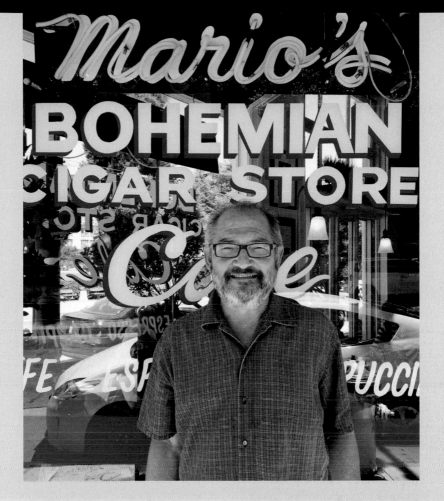

contagieux. « C'est une ville où l'on peut laisser sortir son côté un peu fou et bizarre, c'est une ville de non-conformistes, nous ne marchons pas au rythme de New York, nous avons notre propre rythme. »

Après toutes ces années, la ville continue de l'émerveiller, jour après jour. « J'ai passé une grande partie de ma vie à explorer San Francisco. Mais peut-être qu'il vaut mieux ne pas tout voir, pour laisser un petit mystère, pour savoir que quelque part en bas, là où les vagues se fracassent au pied des falaises, il y a un rocher que je n'escaladerai jamais », écrit-il en conclusion de son ouvrage.

89 A

90 B

90 A

Les perroquets de Telegraph Hill

90 À cause de ses nombreuses collines, San Francisco possède de nombreux escaliers et «passages secrets» formant une autre grille urbaine, une autre façon de circuler qui rend le quotidien plus ludique, plus aventureux. Certaines rues se transforment en escaliers et certains escaliers forment une rue entière. Il y en aurait près de 600 et ils ont tous une personnalité distincte, ce qui entretient un constant état d'émerveillement. C'est selon moi le plus grand attrait de cette ville. **Filbert Steps** (A), un escalier de 400 marches, vous mène de Sansome Street, au niveau de la baie, à Coit Tower, 84 mètres plus haut. Cette tour, érigée en 1933 grâce à un don d'argent de l'excentrique héritière Lillie Hitchcock Coit, est une merveille. Le long escalier de bois est bordé de maisons colorées, de fuchsias, de citronniers, de palmiers, de cyprès et de magnolias. Perpendiculairement à l'escalier s'ouvrent deux passages faits de planches de bois, Napier Lane et Darrell Place, bordés des plus vieilles maisons de la ville.

Soyez attentif : des dizaines de perroquets sauvages (des conures à tête rouge d'Amérique du Sud) vivent en ces lieux enchanteurs. On ignore comment ils ont abouti à Telegraph Hill. Une des hypothèses évoque un propriétaire d'animalerie qui, dans les années 1990, aurait laissé les oiseaux s'échapper. Lors de votre montée, à l'angle de Montgomery Street, repérez à gauche le superbe **Malloch Building** (B), un immeuble d'habitation Art déco construit en 1937 dans le style «paquebot». Ces appartements ont la meilleure vue sur la baie [1360 Montgomery St].

91A

Le pont de brouillard

91 Pour rendre hommage au célèbre brouillard de San Francisco, le musée **Exploratorium** propose une installation plutôt originale : une passerelle étroite, de 45 mètres de long, reliant les *piers* (quais) 15 et 17, est baignée dans un épais brouillard artificiel engendré par 800 gicleurs à haute pression. Sur la passerelle, enveloppé dans un nuage blanc, on est complètement désorienté. Cette installation de l'artiste japonais Fujiko Nakaya s'intitule **Fog Bridge #72494** (A). La visite est gratuite. Sur place, ne manquez pas les expositions, pour la plupart interactives, à l'intérieur de l'Exploratorium, un des plus importants musées des sciences du XXᵉ siècle [Pier 15 à la hauteur de Green St]. Arrêtez-vous ensuite chez **Fog City** (B), un *diner* qui donne sur l'Embarcadero. La plupart des plats sont cuits au four à bois. Les huîtres coûtent 1,50 $ l'unité, de 16 h à 19 h, du lundi au vendredi. Les enfants se régaleront du macaroni au fromage ; et les frites sont très populaires (1300 Battery St).

Tapas sur l'eau

92 Pour des tapas de grande qualité, le restaurant du chef vedette Michael Chiarello, **Coqueta**, propose une grande sélection de petits plats espagnols à partager, dont un excellent plateau de jambons et fromages ibériques et une paella qui vaut le détour. Le restaurant se trouve directement sur le bord de l'eau. On dispose quelques tables dehors. La vue sur la baie, le soir, est sublime. Gardez-vous de la place pour leurs beignes (churros) à tremper dans le chocolat et pour leur tarte aux pommes [Pier 5, The Embarcadero].

91B

Nager dans la baie

93

Chaque jour, beau temps, mauvais temps, environ 200 personnes se baignent dans les eaux glaciales de la baie de San Francisco. Certains nagent même jusqu'à Alcatraz. La plupart sont membres d'un club bien spécial, **The Dolphin Club**, un îlot d'authenticité en plein cœur de la zone la plus touristique de la ville, Fisherman's Wharf, un peu l'équivalent de Times Square à San Francisco (à éviter à tout prix!).

J'ai découvert ce club par hasard, en me promenant aux abords d'Aquatic Park, un petit bout de plage publique dans North Beach. Un nageur a attiré mon attention. Seth Katzman, 69 ans, portant seulement un Speedo bleu et un bonnet de bain orange, s'apprêtait à sauter dans la baie. Il avait l'air de sortir tout droit du film *The Life Aquatic*.

L'eau, ce jour-là, était à 17 °C. Et votre combinaison, monsieur? «Les vrais nageurs de San Francisco n'en mettent pas. À la dure!» M. Katzman nage au club de trois à cinq fois par semaine, depuis plus de 16 ans.

L'immeuble de bois blanc et bleu a été construit en 1877 par des immigrants allemands qui voulaient avoir un club sportif dans leur ville d'adoption. Le club de nage et de bateaux à rames comptait 25 membres à son ouverture; on en compte plus de 1500 aujourd'hui. Il s'agit d'un club privé, mais les curieux peuvent visiter les lieux. Sonnez à la porte et quelqu'un viendra vous ouvrir; demandez ensuite à parler au concierge, il vous fera visiter les installations.

La visite est fascinante. Des portraits en noir et blanc de nageurs couvrent les murs d'acajou, dont celui de Jack LaLanne qui, en 1974, enchaîné et menotté, a tiré à la nage une chaloupe d'Alcatraz jusqu'au club en moins de 90 minutes. À l'étage, les nageurs lisent les journaux dans la salle de repos, bien calés dans de grands fauteuils capitaines, pendant qu'un des membres prépare un grand repas dans la cuisine.

Dans un des ateliers, Julia, 25 ans, construit un bateau de bois. Ses parents sont membres honoraires du club. Elle a grandi au club et aujourd'hui elle construit leurs bateaux reluisants. Elle a étudié à la Northwest School of Wooden Boat Building, une école réputée près de Seattle, où l'on enseigne l'art de construire ces petits bijoux nautiques. Certains valent 200 000 $. Le club les sort dans la baie lors des grandes occasions.

Si jamais vous voulez tenter l'expérience de nager dans la baie et si vous n'avez pas peur d'avoir les lèvres bleues, le club donne accès aux installations du mardi au samedi (frais de 10 $), de 10 h à 18 h. Une expérience inoubliable [502 Jefferson St].

95

Les enclaves boisées

94 Passage piéton pavé de pierres, **Macondray Lane** est le genre d'endroit féerique où l'on rêve tous d'habiter. Situé entre les rues Union et Green dans le quartier Russian Hill, le passage se prolonge sur deux pâtés de maisons. Certaines de ces maisons datent de 1850 et ont hébergé au fil des décennies plusieurs artistes, poètes et écrivains. L'entrée se trouve rue Taylor. Une fois que vous aurez grimpé le grand escalier de bois, vous découvrirez là-haut une forêt miniature, dense et luxuriante ; il y a des eucalyptus, des lits de fougères, une fontaine et une statue de Bouddha. La végétation étouffe le tumulte de la ville. **Havens Street** est un autre passage fleuri situé tout près. L'entrée de l'escalier se trouve rue Leavenworth, entre Filbert et Union. Ne manquez pas, aussi dans le quartier, l'**Ina Coolbrith Park** (du nom de la célèbre poétesse américaine et grande dame de San Francisco), un parc fleuri sur plusieurs paliers avec vue sur le Bay Bridge et Coit Tower. On y voit parfois des perroquets en liberté. L'entrée se trouve à l'angle des rues Vallejo et Taylor.

Le saint café

95 Ce ne sont pas les cafés qui manquent à San Francisco, mais j'ai une affection particulière pour **Saint Frank Coffee**. Le nom de l'établissement est un hommage à saint François d'Assise qui a donné son nom à San Francisco. Le café au design scandinave et minimaliste est le bébé de Kevin Bohlin, un ancien professeur d'école secondaire pour qui le café s'est transformé en obsession et en carrière. Au fil de ses voyages, il a noué des relations très étroites avec les cultivateurs de café du Honduras, du Guatemala, de la Bolivie, du Kenya et de l'Inde. Il nous fait découvrir l'histoire de ces planteurs et parle avec affection de l'origine de chaque boisson tout en préparant ses espressos. Il a eu l'idée de dissimuler les machines à café sous le comptoir et d'abaisser la hauteur de ce dernier, rendant les discussions plus fluides entre baristas et clients. À essayer : le café au lait d'amandes et noix de macadam fait maison ; et le Kaffe Tonic, un mélange surprenant et rafraîchissant d'espresso et d'eau pétillante, servi sur glace. La mezzanine accueille les laptops [2340 Polk St].

La murale de Diego Rivera

96 Le **San Francisco Art Institute** est l'une des plus vieilles et plus prestigieuses écoles d'art contemporain du pays. Fondée en 1871, elle a occupé plusieurs immeubles avant de s'établir à l'emplacement actuel en 1925. Cette université privée est ouverte au public ; les galeries, la bibliothèque et le toit valent le détour. De style espagnol et coiffé d'un grand clocher, l'immeuble a été construit par Arthur Brown Jr., l'architecte à qui l'on doit aussi l'hôtel de ville de San Francisco, Coit Tower et le War Memorial Opera House. Les visiteurs entrent d'abord dans une cour intérieure ; une fontaine coule au centre et des œuvres d'art d'étudiants sont accrochées tout autour, sur les murs. Dans la pièce à gauche, l'espace galerie, on peut admirer la grande murale de Diego Rivera, haute de plusieurs étages, intitulée *The Making of a Fresco Showing the Building of a City*. L'artiste mexicain l'a peinte en 1931.

Le toit de l'annexe de béton, derrière le bâtiment principal, offre une vue panoramique sur la ville. Le café sur le toit est aussi ouvert au public. Plusieurs grands noms de la photographie et du cinéma ont étudié entre ces murs, dont Annie Leibovitz qui a commencé à prendre des photos pour le magazine *Rolling Stone* en 1968, alors qu'elle était encore étudiante. Ansel Adams y a fondé le département de photographie en 1945 [800 Chestnut St]. **Caffe Sapore**, juste à côté, sert des soupes, des salades et d'excellents sandwiches sur bagels [790 Lombard St].

Perles rares

97 Pour des bijoux uniques et raffinés, j'aime visiter la boutique **No. 3**. La propriétaire, Jenny Chung, a un style impeccable et un flair évident pour dénicher des pièces de designers émergents. Vous n'aurez qu'à regarder les nombreux anneaux à ses doigts pour le constater. Si vous cherchez une bague de mariage originale, c'est l'endroit. Lors de mon dernier passage, l'ardoise devant la boutique portait l'inscription « *Put a ring on it* » ! [1987 Hyde St]

Tour du monde culinaire

98 Polk Street ne fait normalement pas partie des circuits touristiques, mais pourtant on y retrouve des cafés, des bars, des boutiques indépendantes et plusieurs restaurants où l'on peut apprécier des cuisines du monde entier. Voici les endroits où j'aime casser la croûte dans Russian Hill.

Pour un saut dans les Alpes, je vais chez **Leopold's**. L'ambiance chaleureuse, kitsch et humoristique de ce restaurant vous transporte directement dans un *gasthaus* (chalet) en Bavière. Les murs jaunes sont ornés de photos de famille, de peintures à l'huile anciennes, de trophées de chasse et de têtes de cerf empaillées, coiffées de chapeaux de feutre. Même les serveurs portent l'uniforme traditionnel des paysans des Alpes et les serveuses ressemblent aux demoiselles des étiquettes de la bière St. Pauli Girl. Les assiettes de schnitzel et choucroute garnie sont généreuses et la bière coule à flots. Essayez les tagliatelles à la courge musquée, la soupe au poulet, la truite à la pancetta et le strudel aux pommes au dessert [2400 Polk St].

Pour une pizza à la new-yorkaise, mettez le cap sur **Gioia Pizzeria**, une entreprise familiale. Essayez la pizza Rosa Bianca (olives, oignons rouges, mozzarella, marjolaine, tomates) ou la Julian (chair à saucisses, brocoli-rave, ricotta, câpres et pecorino). On y mange aussi de très bonnes salades saisonnières en entrée [2240 Polk St].

Aux Delices est un des meilleurs restaurants vietnamiens en ville, parfait pour une soupe pho au bœuf ou au poulet. La plupart des plats coûtent moins de 12 $ [2327 Polk St].

Ne vous laissez pas influencer par le décor dépassé de **Dim Sum Club** : la cuisine y est savoureuse et pas chère du tout. Commandez les « Shanghai soup dumplings » et les aubergines farcies aux fèves noires. Un véritable banquet pour une poignée de dollars [2550 Van Ness Ave].

Autre endroit au décor douteux (murs rouge vif, lustres de cristal, boule disco, piñata de Bob l'éponge...), **Nick's Crispy Tacos** est particulièrement populaire les soirs de matchs sportifs grâce aux nombreux écrans de télé accrochés au plafond. L'endroit sert de boîte de nuit le soir (d'où le décor douteux) et de taqueria le jour. Essayez les tacos au poisson frit et l'entrée de chips guacamole. Environ 4 $ par taco et l'on ne paie qu'en argent comptant [1500 Broadway, à l'angle de Polk St].

Pour d'excellents sandwiches, l'épicerie fine **Cheese Plus** dispose d'un comptoir pour emporter, idéal pour vous approvisionner pour un pique-nique. Les sandwiches portent le nom des différents quartiers ou de célèbres citoyens de San Francisco. Essayez le Willie Brown Bird (en l'honneur de l'ancien maire de la ville) fait de tranches de canard fumé, provolone et chutney de figues [2001 Polk St].

Soirée romantique dans Hyde Street

99 Hyde Street est une des rues les plus romantiques en ville, bordée d'arbres et de bons restaurants avec quelques tables sur les trottoirs. Les *cable cars* montent et descendent la colline et les touristes émerveillés sourient et font bonjour de la main. Un vrai San Francisco de carte postale. Commencez votre soirée chez **Union Larder** (A), un ancien garage converti en bar à vin aux grandes fenêtres qui donnent sur la rue. Ils se spécialisent dans les plateaux de fromages et charcuteries, mais proposent plusieurs autres petits plats à partager — raclette, fondue, huîtres [1945 Hyde St].

Allongez le cou, car juste à côté du bar à vin, la maison sise au **29 Russell Street** a accueilli l'auteur Jack Kerouac en 1951 et 1952. Ses amis Neal et Carolyn Cassady y vivaient et avaient accepté de l'héberger. C'est dans le grenier de cette petite maison de bois grise que Kerouac a écrit *Visions of Cody*, *Doctor Sax* et son plus grand succès, *On the Road*.

L'ambiance feutrée et intime du bistrot de quartier **Frascati** le rend idéal pour les rendez-vous amoureux. Le menu d'inspiration méditerranéenne change régulièrement, mais certains plats sont des incontournables, comme les gnocchis à la courge musquée, les pâtes fraîches, le risotto et le pudding de pain au chocolat noir et blanc [1901 Hyde St].

De l'autre côté de la rue, un autre charmant bistrot de quartier, **Stones Throw**, se spécialise dans la cuisine néo-américaine, tirant ses influences d'un peu partout dans le monde. Essayez les boules de pommes de terre soufflées, les pâtes à l'encre de seiche, la poitrine de canard, le pâté de canard et les beignes au beurre d'arachides et confiture. Le tout accompagné de leur cocktail Pimm's Cup. Vous allez vouloir revenir pour le brunch le lendemain [1896 Hyde St].

Pour une soirée très décontractée, allez chez **Za Pizza**. Buzzy Campisano, le sympathique et coloré propriétaire, installe quelques tables sur le trottoir en pente. Y manger est un bon exercice d'équilibre, mais ça fait partie du charme de l'endroit. Les grandes pizzas ont une croûte mince et craquante. J'aime la Popeye the Greek (épinards et feta) et la Vincent Van Dough (tomates Roma, basilic et ail). Les murs de l'établissement sont couverts de dessins des enfants du quartier, que Buzzy a vus grandir [1919 Hyde St].

Elephant Sushi se trouve juste en face de Za Pizza. L'espace est petit et très populaire, vous devrez peut-être attendre un peu, à moins d'y aller tôt. Les clients reviennent pour l'originalité du chef, Tom Tamir, et parce que manger chez Elephant Sushi est un spectacle en soi. Le poisson cru est servi sur un bloc de sel rose de l'Himalaya. Le maki de loup de mer, enveloppé dans une feuille d'aluminium, arrive enflammé à table. Un de leurs sushis porte le nom de Beastie Boy. Bref, cet endroit est rock & roll. À la fin du repas, les clients écrivent leurs commentaires sur un bout de papier blanc que le restaurant affiche ensuite dans l'entrée [1916 Hyde St]. Quelques portes plus loin, un autre restaurant possède une fidèle clientèle, **Okoze Sushi**. Le menu est plus traditionnel et le poisson, toujours frais [1207 Union St].

Terminez votre soirée avec une glace chez **Swensen's Ice Cream** (B), un comptoir qui a pignon sur rue depuis 1948. Son fondateur, Earle Swensen, a appris à faire de la crème glacée dans l'armée durant la Seconde Guerre mondiale. Il a élaboré plus de 150 parfums. La crème glacée est encore faite sur place, selon les recettes originales de M. Swensen. Commandez la « Sticky Chewy Chocolate » et dégustez votre cornet sous l'enseigne au néon *Ice Cream Sherbet*, devant le commerce. Fermé le lundi [1999 Hyde St].

Nob Hill, Chinatown et Financial District

Nob Hill impressionne avec ses côtes abruptes, sa cathédrale néo-gothique, ses grands hôtels et ses résidences cossues à flanc de colline. En contraste total avec « Snob Hill », un Chinatown exotique, avec son grand marché dans Stockton Street, garantit le dépaysement au bas de la côte. Poumon économique de la ville, le Financial District se distingue par ses immeubles de style Beaux-Arts et ses jardins sur les toits.

HOBART BUILDING

Nob Hill, Chinatown et Financial District

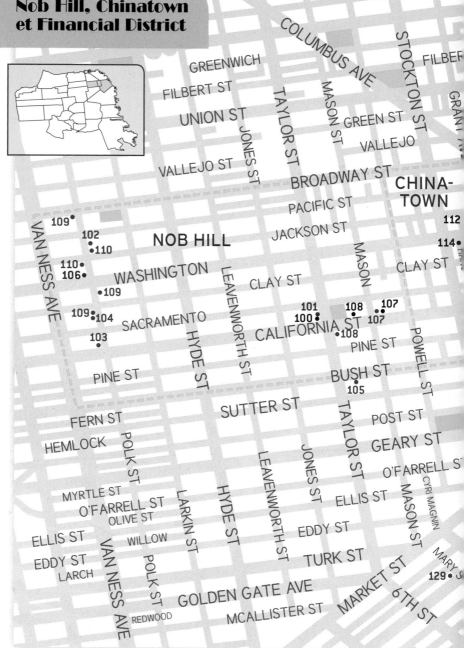

GREENWICH

FILBERT ST

UNION ST

VALLEJO ST

JONES ST

VAN NESS AVE

109

102
110

110
106

109

109 104

103

WASHINGTON

SACRAMENTO

PINE ST

FERN ST

HEMLOCK

POLK ST

MYRTLE ST

O'FARRELL ST
OLIVE ST

ELLIS ST

EDDY ST
LARCH

WILLOW

VAN NESS AVE

POLK ST

REDWOOD

COLUMBUS AVE

TAYLOR ST

MASON ST

STOCKTON ST

FILBER

GRANT

GREEN ST

VALLEJO

BROADWAY ST

PACIFIC ST

JACKSON ST

NOB HILL

CLAY ST

LEAVENWORTH ST

HYDE ST

CALIFORNIA ST

MASON

CLAY ST

CHINA-
TOWN

112

114

107
101
100
108
107
108

PINE ST

POWELL ST

BUSH ST
105

SUTTER ST

LARKIN ST

HYDE ST

LEAVENWORTH ST

JONES ST

TAYLOR ST

POST ST

GEARY ST

O'FARRELL S

CYRI MAGNIN

ELLIS ST

MASON ST

EDDY ST

TURK ST

GOLDEN GATE AVE

MCALLISTER ST

MARKET ST

6TH ST

MARY S

129

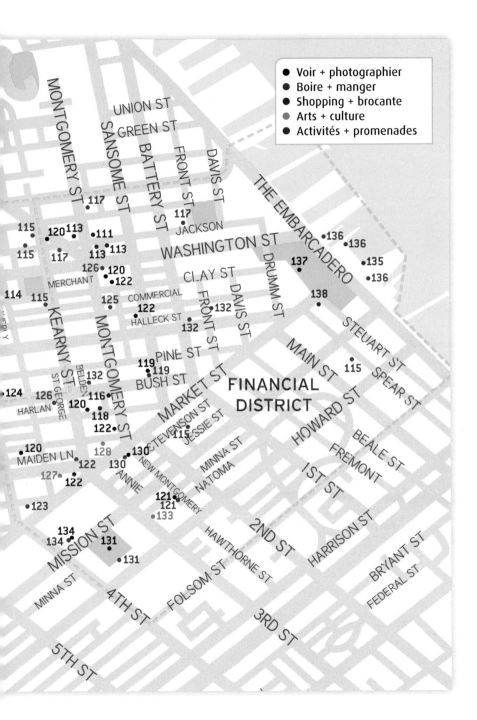

MONTGOMERY ST

UNION ST

SANSOME ST

GREEN ST

BATTERY ST

FRONT ST

DAVIS ST

THE EMBARCADERO

● Voir + photographier
● Boire + manger
● Shopping + brocante
● Arts + culture
● Activités + promenades

●117

●117
JACKSON

●115
●115

●120 ●113
●117

●111

●113 ●113

●136 ●136

137 ●135

●136

●138

WASHINGTON ST

DRUMM ST

●126
MERCHANT
●120
●122

CLAY ST

114

●115

●125
COMMERCIAL
●122
HALLECK ST

DAVIS ST

FRONT ST

●132

●132

KEARNY ST

●124

●126
HARLAN

BELDEN ST
ST GEORGE
●132
●116
●120
●118
●122●

MONTGOMERY ST

●119 PINE ST
●119
BUSH ST

MARKET ST

STEUART ST

MAIN ST
●115
SPEAR ST

FINANCIAL
DISTRICT

HOWARD ST

●120
MAIDEN LN
●122

●128

●130
●130

STEVENSON ST
●115
JESSIE ST

MINNA ST
NATOMA

BEALE ST

FREMONT

127●
●122

ANNIE

NEW MONTGOMERY

1ST ST

●123

●121
●121
●133

MISSION ST

134
●134
131

HAWTHORNE ST

2ND ST

HARRISON ST

BRYANT ST

FEDERAL ST

●131

MINNA ST

4TH ST

FOLSOM ST

3RD ST

5TH ST

111

Les sœurs de la Perpétuelle Indulgence

100 Je la vois au loin gravir California Street avec assurance, juchée sur ses talons hauts ; elle doit bien mesurer plus de deux mètres. Autour de son cou, un boa turquoise que le vent s'amuse à ballotter ; aucun doute, il s'agit bien de **sœur Roma**.

Je la rencontre sur le parvis de Grace Cathedral, dans Nob Hill. La drag queen habillée d'un legging de cuir et d'une veste à paillettes se pose comme un ovni dans ce quartier très huppé que l'on surnomme « Snob Hill ».

« Super ! On a besoin de plus de queens dans ce quartier », dit une résidente étonnée de voir sœur Roma dans cette partie de la ville. « On a été chassées par les familles qui envahissent Castro, on vient peupler Nob Hill, maintenant ! » lui répond sœur Roma à la blague.

Un jeune homosexuel s'approche. « Roma ! Je suis sobre depuis six mois », lui confie-t-il. « Félicitations ! » lui répond tendrement Roma.

Un groupe de touristes débarquent d'un car. Ébahis, ils sortent leurs caméras. « Bonjour tout le monde, nous sommes un ordre de sœurs depuis 35 ans, on va venir dans votre ville bientôt, prenez garde ! » leur lance Roma du tac au tac.

Sœur Roma est membre de l'ordre de la Perpétuelle Indulgence, mouvement militant LGBT né à San Francisco en 1979, dans le quartier Castro. L'ordre compte aujourd'hui des « couvents » dans une vingtaine de villes américaines et européennes. **Sœur Madelyne** vient nous rejoindre. « Je les observais depuis 1998 et j'ai finalement eu le déclic en 2013. Au début, je pensais que c'était une organisation secrète. »

Les sœurs utilisent l'image et l'habit des religieuses catholiques de façon festive et théâtralisée. Les noms que plusieurs d'entre elles adoptent sont tout aussi théâtraux : Sister Grand Mother Vicious Power Hungry Bitch, Sister Tina Noodle Cocktail, Sister Angelina Holi ou Sister Mina J'Trois.

Née Michael Williams au fin fond du Michigan, Roma s'est trouvé une vocation avec les sœurs quand elle a débarqué à San Francisco à la fin des années 1980. « Je me suis retrouvée dans leurs valeurs, dit Roma. J'avais 22 ans. Les sœurs m'ont sauvé la vie. Elles m'ont sorti de l'enfer de la drogue. »

Les sœurs militent contre l'homophobie, la transphobie, le racisme, la discrimination, le sexisme et l'itinérance. Elles ont amassé plus d'un million de dollars pour diverses causes sociales. Elles ont été à l'avant-scène de la lutte contre le sida dans les années 1980. Un des membres fondateurs, Bobbi Campbell (Sister Florence Nightmare), est devenu des visages du sida sur la couverture du magazine *Newsweek* en 1983.

« Quand j'ai commencé, on nous demandait si c'était l'Halloween », dit sœur Roma. Leurs pitreries leur ont valu une inscription sur la liste papale des hérétiques, en 1987, après la visite de Jean-Paul II à San Francisco. « Je connais quelques vraies sœurs et elles nous adorent ! » dit sœur Roma qui se costume au moins deux fois par semaine pour animer des événements caritatifs. Elle met plus de deux heures à se préparer. « Il n'y a pas de séparation entre ce que je suis et mon personnage », dit celle qui gagne sa vie comme directrice artistique d'un site de pornographie gay.

Les San-Franciscains sont très respectueux de l'organisation. « On a travaillé très fort pour gagner ce respect. Il n'y a qu'à San Francisco, ville la plus progressiste des États-Unis, qu'une telle organisation pouvait naître et se mêler dans le tissu culturel et politique de la ville. C'est la ville où un homme peut se déguiser en sœur et se maquiller pour amasser des sous pour sa communauté, et la population comprend. San Francisco a toujours été une ville où les gens veulent changer les choses, s'exprimer, adopter de nouvelles idées et cultures. »

Le labyrinthe de Grace Cathedral

101 Cathédrale épiscopale de style néo-gothique, **Grace Cathedral** a été achevée en 1964. La construction aura duré près de 115 ans. Son principal attrait est le labyrinthe aménagé dans le plancher de calcaire, près de l'entrée, une reproduction exacte du labyrinthe médiéval de la cathédrale Notre-Dame de Chartres. Ce parcours méditatif est une expérience à ajouter à votre carnet. Dans l'alcôve, à droite de la porte d'entrée, on peut voir une œuvre de Keith Haring dédiée aux personnes mortes du sida [1100 California St].

Dîner chez le boucher

102 **Belcampo Meat Co.** est le paradis des carnivores. L'entrée de l'établissement est un comptoir de boucher équitable auquel est annexée une salle à manger aux murs de bois et aux banquettes de cuir bleu. La tartine de steak tartare est une de leurs spécialités, tout comme le sandwich au rosbif et le hamburger d'agneau (avec feta, roquette et olives Kalamata). Toutes les viandes proviennent de leur ferme d'élevage, au pied du mont Shasta, dans le nord de la Californie [1998 Polk St].

Déjeuner chez le poissonnier

103 On s'installe au **Swan Oyster Depot**, petit comptoir d'à peine 20 places, pour commander huîtres, salade de crevettes, homard, pieuvre, sashimis de pétoncles, saumon fumé, chaudrée de palourdes, bol d'oursins, ou encore leur spécialité, le crabe de Dungeness. Les habitués savent qu'il faut aussi demander la carcasse (*crab back*) pour y tremper son morceau de pain au levain dans le gras délectable du crustacé. Les fruits de mer sont tous servis avec quatre sauces (cocktail, mignonnette, une au raifort et une autre à l'ail), une bouteille de tabasco, des tranches de citron et des craquelins. On déguste le tout avec un verre de sauvignon blanc et on se laisse imprégner du charme des lieux, on jase avec les sympathiques serveurs moustachus et on admire les nombreuses photos jaunies sur les murs. Il est rare de trouver endroit plus authentique. Ouvert depuis plus de 100 ans, cet établissement est toujours aussi populaire, alors attendez-vous à faire la file. Le comptoir ouvre de 10 h 30 à 17 h 30 six jours par semaine (fermé le dimanche). Plusieurs font déjà la queue à 10 h et apportent leur bouteille de vin pour rendre l'attente moins pénible. On n'y accepte que l'argent comptant [1517 Polk St].

105 104

Les beignes légendaires

104

« Une alimentation équilibrée, c'est un beigne au chocolat dans chaque main. » Voilà la devise de **Bob's Donuts**, institution familiale qui a ouvert ses portes en 1960. L'endroit est resté le même depuis, avec son comptoir de mélamine et ses tabourets de cuir brun. Ouverte 24 heures sur 24, la beignerie devient très populaire à la fermeture des bars. J'aime y aller tard le soir. Autour de minuit, on prépare un nouveau lot de beignes frais. L'endroit se transforme alors en théâtre urbain avec clients colorés en léger état d'ivresse. Si vous avez le cœur et l'estomac solides, commandez le Big Donut (8 $), un beigne aussi gros que votre tête. On vous met au défi de le manger en moins de trois minutes. Si vous y arrivez, vous gagnez un t-shirt et votre nom est inscrit dans leur « temple de la renommée ». Avouons-le, c'est un peu décadent [1621 Polk St] !

La pizzeria du peuple

105

Après votre visite de Grace Cathedral, arrêtez-vous chez **Del Popolo**. Certains vouent un véritable culte aux pizzas napolitaines du chef Jonathan Darsky. J'ai un faible pour sa pizza bianca garnie de mozzarella, ricotta, basilic et ail [855 Bush St].

Si l'attente est longue, allez prendre un verre au bar d'à côté, **Stookey's Club Moderne**. Le décor rappelle les paquebots des années 1930 [895 Bush St].

Trouvailles vintage

106

Pour dénicher le perfecto parfait, un blouson en nylon d'une équipe sportive, une veste en jean, des t-shirts rock'n'roll, un kimono magnifique, des robes fleuries et des chaussures de créateurs, on pousse la porte de la friperie **ReLove**. La propriétaire, Delila, femme au style impeccable, choisit chaque article avec soin et mélange habilement les vêtements vintage et les pièces de designers comme Yves Saint Laurent, Isabel Marant ou Jil Sander. Elle ajoute de nouveaux vêtements aux présentoirs presque chaque jour. L'ambiance intime de la boutique vous donne l'impression de fouiller dans la garde-robe d'une élégante amie [1815 Polk St].

Tempête dans un verre de punch

107 Prendre un verre au **Tonga Room & Hurricane Bar** est une expérience théâtrale. Le bar de style tiki est aménagé au sous-sol du luxueux hôtel Fairmont, sur le plus haut sommet de Nob Hill. L'ancienne piscine de l'hôtel, construite en 1929, a été convertie en 1945 en lagune sur laquelle se promène une barge portant un orchestre qui joue pour les convives. Toutes les 20 minutes, un faux orage éclate (avec éclairs et tonnerre !) et de la pluie tombe au milieu du restaurant. La piste de danse est faite avec des planches du *S.S. Forester*, une des dernières goélettes de bois qui a voyagé entre San Francisco et les îles des mers du Sud.

Pour ce qui est des cocktails, essayez le Mai Tai (créé à Oakland dans les années 1940), le Lava Bowl ou le Zombie, un mélange de trois rhums et de jus de fruits, à partager à deux ou à quatre personnes, à l'aide de pailles de 60 centimètres. C'est le paradis des petits parasols multicolores, des colliers de fleurs de plastique et des cocktails servis dans des bols ou des ananas.

Ce temple polynésien sert aussi des plats inspirés de la cuisine des îles du Pacifique Sud (poke de thon, dumplings hawaïens, tacos au crabe, salade de papaye verte, côtelettes de porc BBQ et mahi-mahi de Tahiti). Fermé les lundis et mardis [950 Mason St].

Ne manquez pas les jardins calmes et peu fréquentés sur le toit du Fairmont Hotel, situés au même niveau que le hall, à côté de la salle Pavilion. En plus des palmiers et des fontaines, vous verrez un jardin conçu pour attirer les abeilles. La ruche comprend près de 300 000 abeilles qui butinent des fleurs de lavande, de thym, de basilic, de ciboulette et de coriandre. L'hôtel fabrique son propre miel et brasse sa bière au miel.

A scotch in old San Francisco

108A

108
Pour prendre un verre dans une atmosphère très « old SF », je vous recommande **The Big 4**, le bar de l'hôtel Scarlet Huntington. Prenez place sur une des banquettes de cuir et laissez-vous transporter à une autre époque grâce à la musique du piano à queue dans l'entrée. Les murs sont couverts de photos historiques, d'objets d'époque et de souvenirs de l'histoire unique de la Californie. Le bar rend hommage aux « Big Four », le surnom que l'on a donné aux industriels Collis P. Huntington, Charles Crocker, Leland Stanford et Mark Hopkins, célèbres magnats des chemins de fer qui ont joué un rôle crucial dans l'histoire de San Francisco au XIXe siècle. Ils habitaient tous de somptueuses résidences dans le quartier [1075 California St].

Juste en face du bar, l'impressionnante demeure de grès brun, sise au 1000 California Street, appartenait aussi à un riche industriel, James C. Flood, qui a fait fortune dans les métaux précieux. La maison est considérée comme la première « brownstone » (en référence au type de pierre utilisé) à l'ouest du fleuve Mississippi. Avec l'hôtel Fairmont de l'autre côté de la rue, elle est la seule structure du quartier à avoir survécu au tremblement de terre de 1906. La maison est le siège du **Pacific-Union Club** (A), un club privé très sélect qui existe depuis plus de 125 ans. Seuls les hommes y sont admis. Les épouses doivent encore passer par la porte arrière si elles souhaitent dîner avec leurs maris...

Une soirée dans Polk Street

109
Commencez votre soirée au bar à vins **Amelie**. Propriété de deux Français, le petit bar illuminé aux chandelles offre une vaste sélection de vins français, mais aussi d'Afrique du Sud, d'Argentine, de Californie, du Chili, de Nouvelle-Zélande et d'Australie. Des musiciens de jazz jouent dans l'entrée. De 17 h à 19 h, le trio de verres de vin coûte 10 $. Le décor est éclectique : des barils servent de tables et d'anciens sièges de théâtre font office de chaises. Au bar, vous pourrez choisir entre toute une gamme de fromages, charcuteries et petits plats à partager [1754 Polk St].

Poursuivez la soirée à **Lord Stanley**, un restaurant de quartier qui sert une cuisine moderne aux influences britanniques. Le menu oscille entre plats rustiques mais raffinés (comme une épaisse tranche de pain d'épices grillée, garnie de tomates marinées et de fromage de chèvre) et d'autres plats plus complexes, par exemple une bouillabaisse décomposée. Le couple propriétaire a fait ses classes au Manoir aux Quat'Saisons, en Angleterre, et dans de grands restaurants new-yorkais. À noter : tous les prix comprennent le service, comme en Europe ; il n'est donc pas nécessaire de laisser un pourboire [2065 Polk St].

Terminez la soirée chez **Harper & Rye**, un bar de deux étages au décor rustique et industriel, avec une table de billard, un piano, de délicieux cocktails spécialisés et bols de punch [1695 Polk St].

Une glace comme nulle autre

110

Qu'ont en commun cannelle vietnamienne, fromage de chèvre, prosciutto et dattes, brie et fraises, eucalyptus, miel et wasabi, tequila et fraises, babeurre et concombres, piments jalapeño et beurre d'arachides ? Ce sont toutes des saveurs inusitées de glaces à l'italienne que vous pourriez avoir la chance de goûter chez **Lush Gelato** ! Le propriétaire argentin, Federico Murtagh, est le génie derrière ces créations. Chaque visite à son petit comptoir est une surprise, puisque l'offre change chaque jour. Federico fabrique sur place sa propre base de crème glacée, et tous les parfums sont infusés avec des ingrédients provenant de fermes locales. Une grande fenêtre permet de le voir à l'œuvre dans sa cuisine. Laissez-vous tenter par sa version du fameux sandwich à la crème glacée. Le biscuit est remplacé par... un beigne. Délectable [1817 Polk St].

Pour une option plus légère, j'aime les smoothies et bols de purée de baies d'açaï congelées de **Basik Cafe**, une chaîne originaire de Kona, à Hawaï. Essayez le bol Banyan (beurre d'arachides naturel, lait de noix de cajou et açaï, garni d'amandes, graines de chanvre, miel, granola et pollen). Onéreux mais fabuleux [1958 Polk St].

La Mecque des livres d'art

111

J'adore bouquiner chez **William Stout Architectural Books**, une de mes librairies préférées et une grande source d'inspiration avec ses 20 000 ouvrages sur l'architecture, l'art, l'urbanisme, le mobilier, l'architecture de paysage et les designs graphique, d'intérieur et industriel. Le propriétaire, William Stout, architecte de carrière, a fondé sa boutique il y a plus de 30 ans. Ses amis et collègues lui demandaient toujours de rapporter des livres de design et d'architecture lors de ses voyages en Europe. Il a accumulé au fil des ans une collection impressionnante, dont plusieurs exemplaires rares. Les livres sont empilés jusqu'au plafond [804 Montgomery St].

Faire ses propres biscuits chinois

112 Au milieu de la plus vieille ruelle de Chinatown, c'est en suivant les effluves de vanille que vous tomberez sur la fabrique de biscuits chinois **Golden Gate Fortune Cookie Company**. En affaires depuis 1962, la petite usine fabrique encore à la main les *fortune cookies* que l'on sert dans les nombreux restaurants de Chinatown. Il est possible pour les touristes de visiter les lieux et d'acheter des biscuits en sac ou à l'unité. Pour 1 $, on peut faire écrire son souhait sur une languette de papier qui est ensuite insérée dans un biscuit. Déposé dans une miniboîte à emporter, le cookie fait un joli souvenir.

À peine trois employés se chargent de la chaîne de production, dont Nancy Tom. Elle confectionne des biscuits depuis 39 ans. Les marques sur ses mains peuvent en témoigner. Assise devant une vieille presse à crêpes rotative, un plateau de biscuits en équilibre sur les genoux, elle attrape chaque disque de pâte encore chaud, y insère le petit bout de papier sur lequel est écrite une prédiction ou une maxime, et de sa main experte elle replie la pâte sur une tige métallique. Parce que le biscuit durcit instantanément, Mme Tom travaille vite, au risque de se brûler les doigts. Les retailles et les biscuits manqués sont déposés dans une boîte, à l'avant, pour les clients qui voudraient les grignoter [56 Ross Alley].

114A

Potions magiques

114

Pharmacie chinoise ouverte depuis 1922, **Great China Herb Co.** (A) est un endroit totalement dépaysant pour ceux pour qui la médecine chinoise n'est pas familière. La pharmacie appartient à la même famille depuis trois générations. On y parle à peine anglais. Dr Mary, l'acupunctrice et herboriste, prend d'abord votre pouls. Elle vous pose ensuite une foule de questions sur votre santé tout en rédigeant en mandarin une ordonnance pour régler tous vos maux. Vous portez ensuite le bout de papier au comptoir d'herbes où des pharmaciens fouillent dans des dizaines de bocaux et tiroirs de bois remplis de racines, de ginseng, de noyaux d'abricot, de baies de goji, de fleurs de chèvrefeuille, de chrysanthèmes séchés, etc. Moyennant quelques dollars, vous repartirez avec des sacs d'herbes méticuleusement pesés sur de vieilles balances. Votre addition est même calculée sur un vieux boulier de bois. Vous devrez faire bouillir chaque mélange dans de l'eau et boire l'infusion. Pour le goût, on repassera. L'herboriste est présente les mardis, jeudis et samedis [857 Washington St].

Les amateurs de thé aimeront **Red Blossom Tea Company**. Peter Luong et sa sœur, Alice, dirigent l'entreprise fondée par leurs parents. Passionnés, leur amour du thé est contagieux. Chaque année, lors des récoltes printanières, le duo parcourt la planète à la recherche de thés rares. On peut déguster dans leur petite boutique plus de 100 types de thés importés [831 Grant Ave].

Les boutiques design du quartier historique

113

Dans Jackson Square, un des plus vieux quartiers commerçants de San Francisco, la plupart des immeubles datent de l'époque de la ruée vers l'or, et les rues sont bordées d'arbres. J'aime m'y promener pour admirer les trésors des nombreuses boutiques de design et de mode, dont celle de la créatrice française **Isabel Marant** [455 Jackson St]. J'aime aussi m'arrêter à la boutique **Filson**, la marque emblématique fondée à Seattle en 1897. Le magasin propose une variété de sacs de voyage, sacs photo, accessoires de cuir et vêtements de plein air. La marque **Shinola** occupe le même espace avec ses produits (montres, vélos, articles en cuir) fabriqués à Detroit [722 Montgomery St]. Je passe ensuite à la boutique **Eden & Eden**. Rachel, la propriétaire, a toujours une sélection unique de vêtements vintage, d'accessoires, bijoux, chandelles, sacs et objets design à proposer [560 Jackson St].

Gueuleton chinois

115

Il n'y a rien de plus satisfaisant qu'un repas à **House of Nanking** (A), restaurant chinois de la famille Fang, où l'on sert des spécialités de Shanghai. Le décor est décontracté et il faut partager les grandes tables avec d'autres convives. Essayez leurs House Noodles (des nouilles fraîches aux œufs arrosées de sauce sésame, poivre et épices, et garnies de légumes grillés à l'ail), un plat tout simple dont vous vous souviendrez longtemps. À commander avec leur poulet au sésame, les pétoncles à l'ail, les petits plats de légumes verts parfumés au gingembre, plusieurs bouteilles de bière Tsingtao et une infusion de fleur de thé. Attendez-vous à un service autoritaire, ce qui fait curieusement le charme de l'endroit. Vous pourriez bien croiser un des habitués des lieux, Francis Ford Coppola [919 Kearny St].

Pour vous rassasier après avoir marché pendant des heures, **Hunan's Home Restaurant** est une bonne option. Les portions sont gargantuesques. Le restaurant familial au décor rose et vert se spécialise dans la cuisine du Hunan, une province méridionale de la Chine. Essayez leur soupe « Hot and Sour » et leur plat de bœuf et brocolis sautés dans une sauce aux huîtres [622 Jackson St].

Le dimanche après-midi, par temps froid, je n'ai qu'une envie, c'est de m'attabler chez **Yank Sing** qui se spécialise dans les dims sums. Le populaire restaurant a été fondé par Alice Chan en 1958 et est aujourd'hui dirigé par ses

115A

petits-enfants. Ceux-ci préparent chaque jour une centaine de variétés de dims sums. Dans ce restaurant toujours très animé, les serveurs circulent entre les tables avec des chariots débordants de dumplings. Vous aurez envie de goûter à tout. Je vous recommande leur spécialité, les Shanghai Dumplings, ou ceux au poulet et champignons, et leur canard laqué. Attention, le restaurant ferme à 16 h le week-end et les jours fériés; à 15 h les jours de semaine. Il y a deux adresses dans le Financial District [49 Stevenson St; 101 Spear St].

Si vous avez envie d'un festin de crabe, sachez que c'est justement la spécialité de **R & G Lounge**, restaurant de trois étages. Le crabe, choisi dans un aquarium à votre arrivée, est frit et servi simplement avec sel et poivre. Il faut compter une heure d'attente et une quarantaine de dollars, mais le plat à partager est exquis. Je vous recommande aussi leur plat de morue qui fond dans la bouche [631 Kearny St].

L'étiquette à suivre quand on prend le BART (le métro) est de se placer derrière les bandes noires sur le sol, le long du quai. Les portes de la rame s'ouvriront à cet endroit précis. Les San-Franciscains font sagement la file derrière ces bandes. Si vous prévoyez prendre les transports en commun à plusieurs reprises, achetez une Clipper Card (carte à recharger), valide sur tout le réseau.

116

La librairie en pièces détachées

116 Inspiré par les bouquinistes des quais de Seine à Paris, Rick Wilkinson a eu l'idée, en 2012, d'ouvrir un kiosque de livres dans une ruelle, en plein cœur du secteur financier. Il a jeté son dévolu sur trois vitrines vides qui appartenaient jadis à un grand magasin. Elles font à peine 4 mètres de longueur sur 0,5 mètre de profondeur. **G.F. Wilkinson** ne vend que des livres usagés, dont plusieurs sur l'histoire de la ville. La plupart des clients sont des travailleurs qui profitent de leur pause pour bouquiner. «J'aime l'interaction quotidienne avec les gens dans la rue», dit le grand barbu qui a été propriétaire d'une librairie dans le Tenderloin pendant plus de 30 ans. Il a dû fermer boutique parce que le quartier était devenu trop dangereux. Quand il s'assoit dans l'une de ses vitrines pour lire le journal, certains croient être témoins d'une sorte de performance artistique. Son kiosque est ouvert du lundi au vendredi, de 11 h à 16 h par beau temps [34 Trinity Pl].

Les bonnes tables de Jackson Square

117 Meilleur restaurant grec en ville, **Kokkari Estiatorio** peut aussi se vanter d'avoir le meilleur service, car le personnel se fait un devoir d'offrir l'hospitalité grecque! Ne vous surprenez pas si les propriétaires, barmen et serveurs se souviennent de votre nom dès votre deuxième visite. Dans ce restaurant à l'éclairage tamisé et au décor chaleureux, on se sent comme si on s'attablait chez un ami. Les grandes tables de bois sont garnies d'imposants bouquets de fleurs, les chaises sont habillées d'un coussin, et des casseroles de cuivre sont suspendues au plafond. Poulets et agneaux rôtissent dans le foyer de la salle à manger, et de grands paniers remplis de pains au levain sont déposés sur les bars. Dans la seconde salle à manger, à l'arrière, les convives peuvent voir les chefs à l'œuvre. Le menu fait honneur aux plats traditionnels de la mer Égée avec une touche moderne. Commandez la salade grecque classique (Horiatiki), la pieuvre grillée, les calmars fourrés au feta, fenouil et orange, les divines côtelettes d'agneau, les boulettes de viande et la moussaka. Un véritable festin [200 Jackson St].

Chez **Cotogna**, un des meilleurs italiens en ville, le décor est rustique, l'atmosphère est conviviale, et de grandes baies vitrées donnent sur les rues bordées d'arbres de Jackson Square. En plus des antipasti grillés à feu vif, des pizzas cuites au four à bois et des pâtes fraîches (essayez les Strozzapreti cacio e pepe ou les pappardelles avec ragoût d'agneau braisé), un menu spécial est proposé chaque dimanche soir, et un menu fixe de trois services (30 $) ravit ceux qui veulent manger au bar [490 Pacific Ave].

Un coin de rue plus loin, **Trestle** sert aussi un menu fixe différent chaque soir. Le repas gourmet de trois services ne coûte que 35 $, une aubaine dans le quartier [531 Jackson St].

Le barbier des années 1930

118 En entrant chez **Nicky the Barber**, on a l'impression de faire un saut de 100 ans en arrière, à l'époque où les hommes portaient tous des chapeaux et demandaient à leur barbier le style Pompadour ou Executive Contour.

Nicky Calvenese se spécialise dans les coupes de cheveux typiques des années 1890 à 1960. « L'âge d'or des barbiers, dit-il, avant que les Beatles n'entrent en scène et ruinent tout pour nous ! »

Il affectionne particulièrement le style des années 1930 et vit lui-même en totale immersion vintage, au travail comme à la maison. Ses nombreux tatouages sont d'authentiques designs d'avant la Seconde Guerre mondiale, et tous ses vêtements sont d'époque.

Son salon de barbier est rempli d'objets anciens, dont le tout premier séchoir à cheveux, mis en marché en 1923, et les premiers rasoirs et toniques pour hommes.

Il utilise même un livre de photos d'identité judiciaire de cette époque pour guider ses clients dans leurs choix capillaires. Il apprécie notamment le style d'Alvin « Creepy » Karpis, un gangster né à Montréal en 1907, qui a commencé sa carrière de criminel à l'âge de 10 ans pour finir à Alcatraz où il a croupi pendant 26 ans. « Il avait une coiffure impeccable. »

Pourquoi une telle obsession pour cette époque ? « Dans les années 1930, un mécanicien se rendait au travail en costume et coiffé d'un chapeau. On ne pouvait pas faire la distinction entre un homme d'affaires et un ouvrier. J'aime ce décorum. Je ne suis pas un barbier de hipsters, j'aime couper les cheveux du travailleur, de l'homme de la rue. »

Certains de ses clients fidèles viennent d'aussi loin que la Virginie et même de Londres. Il compte parmi eux l'ancien maire de la ville, Willie Brown, des joueurs de football des 49ers et la famille

Rockefeller. Il a créé les coiffures d'époque de la série *Boardwalk Empire* et il est le barbier officiel de l'Art Deco Society.

À 40 ans, Nicky a déjà 27 ans de métier dans le corps. Il coupe les cheveux de ses amis depuis l'âge de 11 ans. Enfant, il se faufilait dans les salons des barbiers italiens de sa Philadelphie natale. Ces derniers lui donnaient 50 ¢ pour qu'il balaie le plancher. « J'ai toujours su que je voulais être le gars derrière la chaise, dans une veste de barbier. J'aime l'atmosphère des salons, ce sont les derniers clubs sociaux. »

Le salon de Nicky se trouve à l'intérieur du magasin de vêtements pour hommes **Cable Car Clothiers**. On n'y vend pratiquement que des marques britanniques depuis les années 1930, dont une impressionnante sélection de chapeaux. Un endroit d'une époque révolue [110 Sutter St].

119

La murale cachée

119 Au 10e étage de la **Stock Exchange Tower** (un chef-d'œuvre Art déco), on peut admirer une immense murale de l'artiste Diego Rivera, la première qu'il a peinte à l'extérieur du Mexique, en 1930. À l'époque, le choix de Diego Rivera, un artiste aux convictions politiques de gauche, avait été contesté. Il s'agissait tout de même de peindre une murale dans la citadelle du capitalisme ! Intitulée *Allegory of California*, la fresque dépeint les richesses naturelles et les industries de la Californie [155 Sansome St].

Pour poursuivre dans la thématique années 1930, allez prendre un verre au bar **The Treasury**, situé juste à côté, dans l'immeuble historique qui abritait jadis le siège social de la Standard Oil. Les plafonds à eux seuls valent le détour [115 Sansome St].

Trésors architecturaux

120 J'ai toujours aimé l'élégance du Financial District de San Francisco et de ses nombreux immeubles de style Beaux-Arts. La plupart datent des années 1910 et certains sont à ne pas manquer. On se croirait, par endroits, sur le boulevard Haussmann à Paris.

À l'angle de Columbus Avenue et Kearny Street, vous pourrez photographier le **Sentinel Building** (A), l'immeuble vert (fait de cuivre oxydé) qui ressemble au Flatiron Building new-yorkais, avec en arrière-plan la **Transamerica Pyramid**. Les années 1907 et 1972 sur la même photo ! Malheureusement, la plate-forme d'observation, au 27e étage de la tour, est fermée depuis le 11 septembre 2001.

Le principal attrait du **Hallidie Building** (B), un immeuble de bureaux de sept étages, est sa façade vitrée (*glass curtain wall*). L'architecte Willis Polk a été le premier au pays à adopter cette technique de construction en 1917. Pour avoir une vue d'ensemble de l'immeuble, montez au 3e étage du centre commercial Crocker Galleria qui se trouve de l'autre côté de la rue [130 Sutter St].

Deux pâtés de maisons plus loin, au milieu de Maiden Lane, se dresse un grand immeuble de briques rouges, sans fenêtres, mais doté d'une porte en demi-lune. C'est le seul immeuble de San Francisco dessiné par le grand architecte américain **Frank Lloyd Wright** (C). À l'intérieur, la rampe en spirale rappelle celle du musée Guggenheim de New York. Construit en 1948, cet immeuble aurait d'ailleurs, aux dires de certains, servi de prototype au célèbre musée [140 Maiden Ln].

120B

120C 120A

Haute cuisine au PacBell

121 Autre trésor architectural du quartier, le **Pacific Telephone & Telegraph Building** possède un magnifique et reluisant hall Art déco au plafond couvert de licornes. Édifié en 1925, ce fut le premier gratte-ciel de San Francisco. En 1929, Winston Churchill y a fait le premier appel téléphonique transatlantique. La compagnie Yelp en est aujourd'hui le principal locataire, et il y a aussi deux excellents restaurants au rez-de-chaussée : **Mourad**, où j'ai mangé le meilleur poulet au citron et aux olives en ville ; et **Trou Normand** où l'on sert d'excellents plateaux de charcuteries (le salami est leur spécialité) et où l'on peut découvrir une grande sélection de cognacs. Chez Mourad, je vous recommande aussi la basteeya au canard (sorte de tarte marocaine), la pieuvre grillée et le cocktail Blue Suede Shoes [140 New Montgomery St].

Les jardins sur les toits

122 J'aime bien m'arrêter pour luncher sur l'une des terrasses haut perchées de la ville. Devant la mythique **Transamerica Pyramid** (le plus haut gratte-ciel de San Francisco), on retrouve une miniforêt de séquoias, dont certains mesurent plus de 100 mètres. Il y a aussi une fontaine en l'honneur du grand auteur américain Mark Twain. Attention, le parc est fermé le week-end [600 Montgomery St].

Un autre havre de paix se trouve au **343 Sansome Street**. Dans le hall, prenez l'ascenseur jusqu'au 15ᵉ étage où vous trouverez quelques tables, des bancs et des oliviers qui vous permettront de vous reposer à l'ombre. La vue sur les immeubles environnants est imprenable. Depuis la face sud de la terrasse, tentez d'apercevoir les trois statues de 12 pieds qui ressemblent à des goules sans visage, au sommet de l'immeuble sis au 580 California Street. Elles portent le nom de Corporate Goddesses.

Quelques coins de rue plus loin, un autre immeuble privé donne accès à son jardin d'où la vue sur le centre-ville est spectaculaire. **One Kearny Rooftop** (A) est ouvert de 10 h à 17 h, du lundi au vendredi. Il faut montrer une pièce d'identité au portier avant de prendre l'ascenseur jusqu'au 11ᵉ étage [l'entrée se trouve au 23 Geary St]. **Asha Tea House**, juste à côté, sert de délicieux thés pour emporter. Mon favori est le matcha latté au lait d'amandes [17 Kearny St].

J'ai aussi un faible pour le jardin sur le toit de la banque **Wells Fargo** (B), pour la vue sur Market Street et ses nombreuses sculptures [1 Montgomery St].

Repérez les plaques POPOS (Privately-owned public open spaces) sur les façades des immeubles privés du Financial District. Cela signifie qu'un parc, un atrium ou un jardin sur le toit est ouvert au public. Il y en a des dizaines !

122A 122B

Les petits plats bios de Sylvia

123 Pour un repas sur le pouce au centre-ville, j'adore l'ambiance et la nourriture saine du comptoir **Bio Cafe**, juste en face du magasin Macy's. On y sert d'excellents sandwichs, quiches, salades, chocolats et gâteaux. La plupart des plats sont sans gluten. La propriétaire, Sylvia, originaire de France, est fort sympathique [75 O'Farrell St].

La Petite France

124 Dans le Financial District, si vous remarquez des noms de rues français comme « Claude Lane », c'est que vous êtes en plein cœur de **Little France**. On compte environ 60 000 Français dans la région de la Baie, dont le quart travaillerait dans la high-tech. On retrouve encore quelques établissements français le long de Bush Street et dans les allées adjacentes à Belden Place (où l'on célèbre la fête nationale le 14 juillet). L'église **Notre-Dame-des-Victoires** [566 Bush St] donne toujours une messe en français le dimanche. Elle a été fondée en 1856 pour accueillir les chercheurs d'or, mais fut reconstruite après le tremblement de terre de 1906.

124

Apéro comme à Palm Beach

125 Avec son papier peint rétro à motifs de palmiers, ses meubles de rotin, ses fougères, ses banquettes de cuir et son grand bar de marbre, **Leo's Oyster Bar** a des airs de New York et de Palm Beach dans les années 1950. Le décor du bar à huîtres et à champagne est magnifique. Essayez leurs toasts aux oursins, leurs huîtres gratinées, leur délicieux lobster roll et leur sundae aux ananas. Le bar ouvre à 15 h en semaine [568 Sacramento St].

Omakase dans le district financier

126 Deux restaurants japonais valent le détour, si vous aimez le style omakase (sélection du chef). Chez **Kusakabe**, le repas de 11 services coûte 95 $. Chef Nori, originaire de Kyoto, commence par vous servir une tasse de thé au grand comptoir fait du bois d'un seul arbre, puis vous régale d'une succession de bouchées plus parfaites les unes que les autres : sashimis, soupe miso avec truffes, huîtres, tempuras et, pour terminer, un choix de thon gras (*toro*) ou de bœuf wagyu caramélisé à la torche. Le décor du restaurant est zen et éclairé par la lumière naturelle [584 Washington St].

Akiko's a un décor complètement différent, sombre, aux murs de briques, qui vous donne l'impression de manger dans une caverne. Le menu 15 services coûte entre 80 $ et 100 $ et favorise les poissons issus de la pêche durable. Ici aussi, le repas se conclut avec un morceau de bœuf wagyu parsemé de truffes. Terminez le tout avec leur dessert signature, une boule de crème glacée au sésame enveloppée de *mochi*, une pâte de riz gluant [431 Bush St].

125

La tour des galeries d'art

127 De l'extérieur, l'immeuble sis au **49 Geary Street** a l'air d'une banale tour de bureaux. Mais, à l'intérieur, on retrouve près de 24 galeries d'art ouvertes au public. Je m'y rends souvent pour voir les expositions de la galerie **Fraenkel** [local n° 450], spécialisée en photographie, qui abrite une impressionnante collection d'œuvres d'Irving Penn, Eugène Atget, Diane Arbus, Lee Friedlander et plusieurs autres photographes de renom. Le premier jeudi de chaque mois, les galeries restent ouvertes jusqu'à tard en soirée, tradition qui perdure depuis le début des années 1990 [49 Geary St].

La bibliothèque de la ruée vers l'or

128 J'ai été attirée par cet immeuble après avoir vu une photo de son grand escalier intérieur en colimaçon qui semble sorti tout droit d'un film d'Alfred Hitchcock. Pour mieux le photographier, montez au 4e étage et prenez la photo en plongée. Ce bâtiment historique de style Beaux-Arts, situé en plein secteur financier, abrite le **Mechanic's Institute Library and Chess Room**. Cette bibliothèque, la plus ancienne de la côte Ouest des États-Unis, a été fondée en 1854 pour répondre aux besoins des mineurs. Petite mise en contexte : avant la ruée vers l'or, San Francisco n'était qu'un village de 800 habitants. Mais après la découverte de filons d'or, la population a explosé, atteignant 35 000 habitants en 1852 et plus de 100 000 un an plus tard. La plupart des hommes ont quitté la ville pour aller faire fortune dans les mines d'or. Plusieurs ont déchanté en se rendant compte que le précieux métal était plus difficile à amasser que prévu. Ils sont revenus par milliers à San Francisco, épuisés, déprimés et sans emploi. L'institut a été créé pour leur permettre de s'instruire et d'accéder à des emplois qualifiés. Avec les années, la collection de livres s'est diversifiée. La bibliothèque à trois niveaux contient aujourd'hui plus de 175 000 volumes. N'importe qui peut entrer pour observer les lieux, mais la consultation des livres est réservée aux membres. L'abonnement est ouvert à tous. Il y a aussi une visite guidée sur l'architecture des lieux chaque mercredi à midi. Le 4e étage héberge le plus vieux club d'échecs des États-Unis, fondé en 1850. Des photos des victoires de ses membres au fil des décennies ornent les murs. Chaque vendredi, on y projette des films de répertoire, pop-corn compris ! Prix suggéré de 10 $ [57 Post St].

Le café à 20 000 $

129 Quand j'ai envie d'un bon café, **Blue Bottle Coffee** à Mint Plaza est un de mes endroits favoris. Aménagé dans un immeuble de 1912, le café est entouré de grandes fenêtres qui, en fin de journée, laissent filtrer une lumière ambrée. Leur équipement est des plus sophistiqués : une de leurs machines à café, la siphon bar, a été importée du Japon et vaut plus de 20 000 $. On peut commander quelques plats sur place, comme des sandwiches, un bol de chia, des salades et des gaufres belges. L'endroit idéal pour faire une pause [66 Mint St].

La cérémonie du thé au Palace Hotel

130 J'adore cet hôtel. Une belle façon de profiter des lieux à moindre prix consiste à prendre le thé dans le Garden Court, la salle à manger Beaux-Arts. Le temps d'un après-midi, vous pourrez goûter à l'opulence d'un temps révolu. Surplombée d'une verrière (composée de 70 000 panneaux de vitre) et de 20 immenses chandeliers en cristal autrichien, cette salle haute comme un hall de gare est d'une rare beauté. On a l'impression d'être dans la salle de bal du *Titanic*. On y sert le thé depuis le début des années 1900. Vous pouvez choisir des bouchées dans le menu à la carte ; sinon, la cérémonie coûte 68 $ et comprend thé, pâtisseries, petits sandwiches, scones maison et confiture aux pétales de rose. Pour 14 $ de plus, la cérémonie s'enrichit d'un verre de Veuve Clicquot. Le **Palace Hotel** a été construit en 1875 par un banquier américain qui voulait rivaliser avec les grands hôtels européens. Au fil des ans, les stars se sont bousculées à ses portes, de Charlie Chaplin à Sophia Loren, en passant par Oscar Wilde. Et c'est en ces lieux que s'est déroulé le grand banquet qui a inauguré l'Organisation des Nations unies en 1945 [2 New Montgomery St].

Thé côté jardin

131 Non loin du Palace Hotel, un autre endroit où j'aime beaucoup prendre le thé est le **Samovar Tea Lounge**. Perché dans les hauteurs des jardins **Yerba Buena Gardens**, on a une très belle vue sur le parc, ses nombreuses sculptures et ses fontaines, où les concerts symphoniques en plein air sont fréquents. Prenez place à une des tables de la terrasse extérieure ; le wifi est gratuit et il y a quelques prises de courant pour les laptops. Essayez leur Masala Chai ou leur mélange California Rose composé de thé noir, cardamone, écorces d'orange, pétales de rose, bergamote et jasmin. Le menu du lunch est original (dumplings de courge musquée, sandwich de poulet fumé au thé, pudding de chia, gaufre de quinoa, etc.). Yerba Buena, qui veut dire «bonne herbe» et désigne une plante indigène, est le nom qu'a porté San Francisco entre 1835 et 1846, alors simple village [730 Howard St].

Retour en 1849

132 Dès ma première visite, je suis tombée amoureuse de **Tadich Grill** (A), le plus vieux restaurant de San Francisco et de toute la Californie. Le décor nous ramène des décennies en arrière : long bar avec plusieurs tabourets pour les clients pressés, panneaux de bois sur les murs, grands miroirs, plancher de tuiles, lampes Art déco et une ardoise spéciale pour les habitués. Leur spécialité est le Seafood Cioppino (ragoût de poissons et fruits de mer qui se mange comme une soupe dans laquelle on trempe de gros morceaux de pain à l'ail), les huîtres Rockefeller et le Hangtown Fry, curiosité culinaire faite d'œufs brouillés, huîtres et bacon. Chaque jour de la semaine a aussi son plat spécial, comme le rôti d'agneau le lundi, la langue de bœuf le mardi, le corned-beef et chou le jeudi [240 California St].

Pour prendre un verre après, sans quitter le XIXᵉ siècle, tournez à gauche dans Front Street. De l'autre côté de la rue se trouve **Schroeder's** (B), un grand *beer hall* allemand qui a ouvert ses portes en 1893. Les femmes n'y ont accès que depuis les années 1970. Les lieux ont été entièrement restaurés en 2014, redonnant leur lustre d'antan au bar de bois et aux superbes murales de l'artiste Hermann Richter. Le menu traditionnel allemand a aussi été actualisé [240 Front St].

Autre cantine légendaire, **Sam's Grill & Seafood Restaurant** a pignon sur rue depuis 1867. La définition même de l'expression *old school*, cet établissement se classe parmi les cinq plus vieux restaurants des États-Unis. Il sert du lundi au vendredi (la clientèle habituelle étant les businessmen du secteur financier) poissons et fruits de mer dans un décor tout en bois. Une section du restaurant comprend des cabinets particuliers fermés par des rideaux. Commandez un Bloody Mary, le crab cocktail et leur poisson du jour avec épinards crémeux [374 Bush St].

Les San-Franciscains aiment se costumer plus que quiconque au pays. Toutes les occasions sont bonnes et chacun a dans sa garde-robe une section spéciale pour les paillettes et les boas de plumes. Leur plus grande fête est Bay to Breakers, une course de 12 kilomètres de la Baie jusqu'à l'océan Pacifique qui se déroule le troisième dimanche de mai. Les déguisements lors de cette journée sont légendaires.

134

Warhol et les sculptures sur le toit

133
En face de Yerba Buena Gardens, un autre incontournable : le **San Francisco Museum of Modern Art** (SF MoMA), le plus grand musée d'art contemporain aux États-Unis. Après des travaux de rénovation qui ont duré trois ans et qui ont plus que doublé sa superficie, il a finalement rouvert ses portes au printemps 2016. Pour admirer les Matisse, Jasper Johns, De Kooning, Pollock et Andy Warhol (plus d'une cinquantaine de ses œuvres s'y retrouvent), ainsi que plus de 18 000 photographies, c'est l'endroit. La majorité des œuvres provient de l'imposante collection d'art moderne et contemporain du couple Donald et Doris Fisher, les fondateurs de Gap. Ma partie préférée du musée demeure la terrasse extérieure de sculptures, au 5e étage, avec l'immense mur de végétaux composé d'espèces indigènes. Le musée est gratuit pour les personnes de 18 ans et moins [151 3rd St].

Cocktails avec vue

134
Le bar au sommet de l'hôtel Marriott Marquis, avec ses grandes baies vitrées en arches, offre une vue imprenable sur le centre-ville de San Francisco. Le meilleur moment pour y aller est en fin de journée, la lumière qui inonde alors la salle est tout simplement magique et les photos que vous ferez le seront tout autant. Le bar, qui porte le nom très approprié de **The View**, est ouvert à tous ; il n'est donc pas nécessaire d'avoir une chambre à l'hôtel pour aller se percher au 39e étage. Les cocktails coûtent une quinzaine de dollars chacun [780 Mission St].

Le marché fermier du samedi

135

Chaque samedi, de 8 h à 14 h, derrière le Ferry Building, un grand marché fermier débarque sur le bord de la baie, à côté des embarcadères des traversiers. Des dizaines de kiosques d'agriculteurs et de boulangers s'y installent, de même que des camions-cantines. Les tables débordent de produits frais. Promenez-vous entre les rangées pour goûter aux échantillons de pêches juteuses, d'amandes, de fromages, de pains, de confitures et de pâtisseries. Préparez-vous à un bain de foule, sinon mieux vaut y aller tôt le matin. Les San-Franciscains préfèrent d'ordinaire les petits marchés fermiers de quartier, mais le **Ferry Plaza Farmers Market** est une expérience qu'il faut vivre au moins une fois, ne serait-ce que pour la vue. Le marché s'installe aussi les mardis et jeudis, en version réduite, devant le bâtiment [1 Ferry Building].

Festin au Ferry Building

136

Construit en 1915, le **Ferry Building** accueillait dans les années 1930 jusqu'à 50 000 passagers par jour. Puis, à la suite de la construction du Golden Gate et du Bay Bride, le transport maritime a été délaissé. Aujourd'hui, l'immeuble de style Beaux-Arts abrite dans son immense nef arcades, cafés, boutique de vins, crèmerie, fromagerie, charcuterie et plusieurs restaurants, un peu à l'image du célèbre Chelsea Market de New York.

Mes kiosques favoris sont : **Cowgirl Creamery Cheese Shop** pour ses fromages et son comptoir de grilled cheese (le meilleur que j'ai mangé) ; **Acme Bread Company** pour son pain aux olives ; **Humphry Slocombe** pour la crème glacée artisanale ; et **Heath Ceramics** pour la poterie et sa collection de livres de cuisine.

Parmi les restaurants, **Boulettes Larder** propose un excellent brunch du dimanche sur la terrasse extérieure, avec vue sur la baie. Le menu change selon les saisons, mais les plats sont toujours aussi inventifs, comme leurs œufs pochés aux saveurs japonaise, coréenne ou sarde. Les beignets maison sont réputés. Les propriétaires, Amaryll et Lori, préparent les plats sur un four à gaz, au centre de la salle à manger ; on a l'impression de manger dans leur propre cuisine, à la maison.

The Slanted Door sert une des meilleures cuisines vietnamiennes en ville. Je commande toujours la même chose : les nouilles «cellophane» au crabe et sésame. Le grand restaurant possède un décor moderne, et les baies vitrées permettent d'admirer les lumières du Bay Bridge le soir. Magique.

Pour un festin d'huîtres, asseyez-vous à la terrasse de **Hog Island Oysters Co** (A). Ici aussi, on mange avec vue sur la baie. Les huîtres viennent de la ferme aquacole des propriétaires, à Tomales Bay, au nord de San Francisco. On peut les commander crues ou grillées. Le restaurant propose aussi d'autres fruits de mer, dont un excellent plat de moules-frites. Un bon endroit où s'arrêter en fin de journée.

Hard Water (B) élabore une cuisine qui rend hommage à La Nouvelle-Orléans et tient plus de 300 marques de whisky. Les bouteilles garnissent des étagères jusqu'au plafond. On y prépare aussi un des meilleurs poulets frits en ville, à déguster avec le cocktail Mint Julep [le restaurant se trouve au Pier 3, juste à côté du Ferry Building].

La fontaine du Québec

137

Juste devant le Ferry Building, au cœur de Justin Herman Plaza, la grande sculpture qui a l'air d'une araignée angulaire est une fontaine de béton réalisée par l'artiste québécois Armand Vaillancourt. Pendant la cérémonie de dévoilement de la fontaine en 1971, Armand Vaillancourt a peint à plusieurs endroits les mots « Québec libre » en lettres rouges sur la structure. Les graffitis ont plus tard été effacés, mais la fontaine a gardé ce surnom pour les San-Franciscains. Au moment où j'écris ces lignes, la **Vaillancourt Fontain** est malheureusement à sec à cause de la sécheresse historique des dernières années.

À Justin Herman Plaza, le dernier vendredi de chaque mois, des centaines de cyclistes et activistes se rassemblent pour la **Critical Mass**, un événement qui existe depuis 1992. Les vélos prennent d'assaut les rues de San Francisco vers 18 h, accompagnés de musique. Je vous préviens : certains cyclistes (surtout les hommes plus âgés) se présentent nus. Oui, oui, nus !

Quand vous voyagez en tram sur la F-Line, sachez que « Inbound » signifie que vous vous dirigez vers Fisherman's Wharf, et « Outbound », que vous allez vers le Castro.

Tramways à voyager dans le temps

138

The F-Line est ma ligne de transport en commun préférée à San Francisco. Inaugurée en 1995, elle ne comporte que des vieux tramways qui viennent d'un peu partout dans le monde et d'ailleurs aux États-Unis, par exemple Philadelphie, Zurich, Milan, Los Angeles et Bruxelles. Chaque tram au design et aux couleurs rétros porte le nom de sa ville d'origine. Certains datent du début des années 1920. Ils roulent sur 10 km le long de Market Street et de l'Embarcadero. Contrairement aux *cable cars*, dans lesquels ne montent que les touristes, les tramways de la F-Line sont réellement utilisés par les San-Franciscains, ce qui rend l'expérience d'autant plus authentique. Les trams passent toutes les 15 minutes environ et le passage coûte 2,25 $ (prévoyez avoir la monnaie exacte].

DAIRY PRODUCTS

CIGARS
LIQUORS
BEER-WINE

ONE WAY

Downtown (Civic Center) et SoMa

SoMa est l'épicentre des entreprises en démarrage. Les cafés sont peuplés de jeunes travailleurs en chemises à carreaux, qui bûchent pour élaborer les applications de demain. Les jours de match, les fans des Giants envahissent les rues. Le dôme doré de City Hall domine Civic Center, le cœur de la ville qui regroupe entre autres la grande bibliothèque et l'opéra.

WASHINGTON
JACKSON ST
LEAVENWORTH ST
TAYLOR ST
MASON
WESTMORE
CLAY ST
CLAY ST
CLAY ST
SACRAMENTO
SACRAMENTO
CALIFORNIA ST
POWELL ST
JOICE
MONROE
GRANT AVE
PINE ST
STOCKTON ST
BUSH ST
LARKIN ST
HYDE ST
SUTTER
147
•147

FERN ST
BUSH ST
SUTTER ST
144
143
145
142
HEMLOCK
POST ST
•145
GEARY ST
147
POST ST
CEDAR
142
JONES ST
146 •
O'FARRELL ST
GEARY BLVD
144
142
140
MYRTLE ST
DOWNTOWN
140
ELLIS ST
MASON ST
•148
CLEARY
•140
139
LEAVENWORTH ST
ELLIS ST
•152
HYDE ST
EDDY ST
148
EDDY ST
WILLOW
150 •149
TURK ST
VAN NESS AVE
LARCH
•142
GOUGH ST
POLK ST
GOLDEN GATE AVE 139 153
5TH ST
ELM
154 •
•153
MARY ST
FRANKLIN ST
MCALLISTER ST
STEVENSON ST
JESSIE ST
MINNA ST
NATOMA
155
LARKIN ST
155
FULTON
MARKET ST
MISSION ST
RUSS CT
TEHAMA ST
6TH ST
HARRIET ST
COLUMBIA SQ
•151
172
HARRIET ST
154 •
GROVE ST
IVY
NATOMA
171 •
160 • HAYES ST •157
8TH ST
HOWARD ST
7TH ST
MOSS ST
SHERMAN
157
154
JESSIE
•162
9TH ST
171 •
LANGTON ST
LAGUNA ST
FELL ST
WASHBURN
GRACE ST
TEHAMA
CLEMENTINA
•171
LANGTO
OCTAVIA ST
156
MINNA
CLEMENTINA
163
HICKORY
11TH ST
DORE ST
RINGOLD
OAK ST
•159
NATOMA
10TH ST
158 154
LILY ST
12TH ST
BRADY
170
ROSE ST 154 •
•
HAIGHT ST
HOWARD ST
169
9TH ST
8TH ST
BUCHANAN
WALLER
MCCOPPIN
KISSLING
170 •
172
DORE ST
ELGIN PK
172
PEARL
12TH ST
NORFOLK
S VAN NESS AVE
CENTRAL FWY
•173
BRANNAN
ERIE ST
14TH ST
ALAMEDA
SAN BRUNO AVE
FOLSOM ST
DIVISION
FLORIDA ST
15TH ST
16TH ST

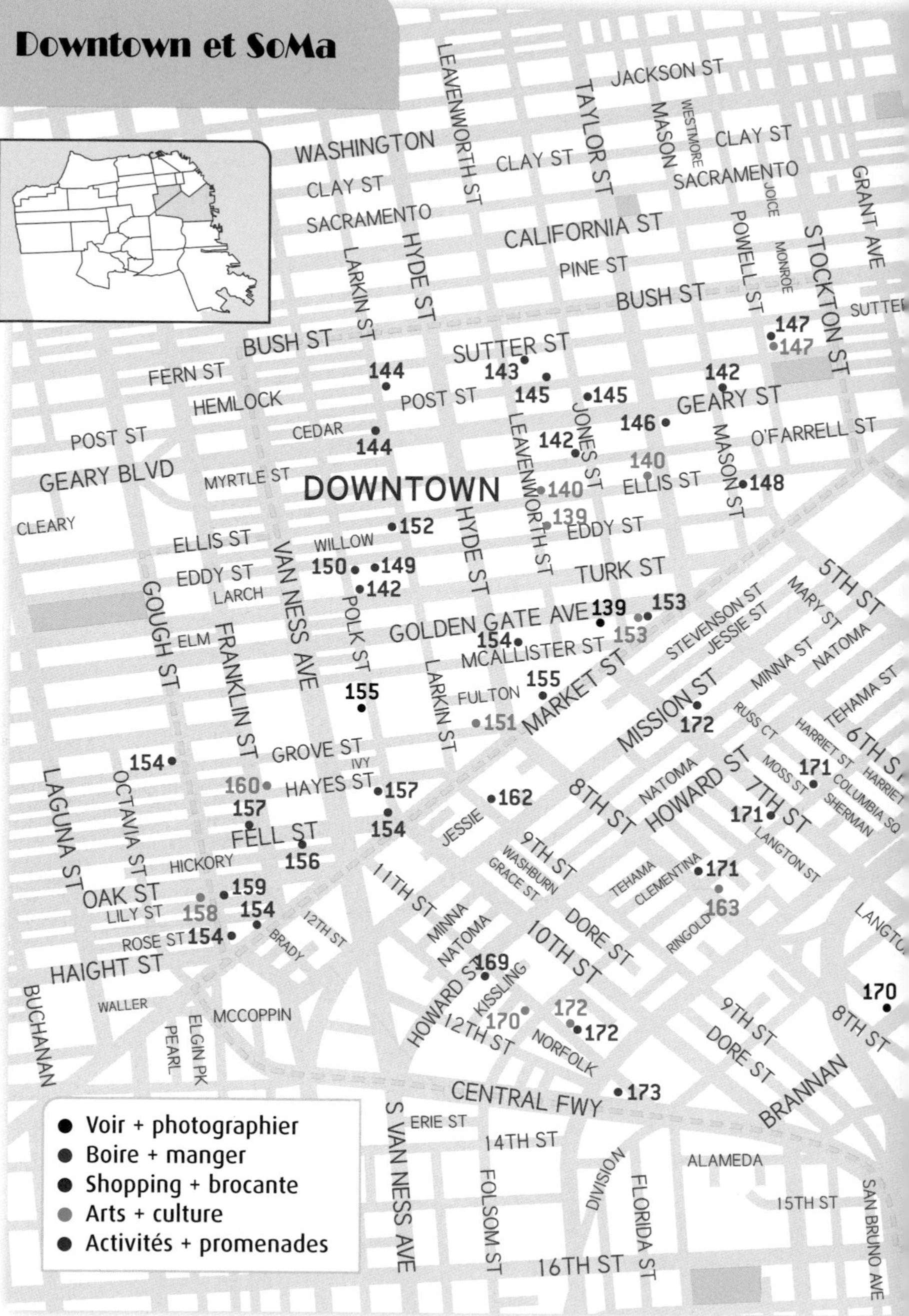

● Voir + photographier
● Boire + manger
● Shopping + brocante
● Arts + culture
● Activités + promenades

SOMA

Le maire du Tenderloin

139 Je suis déroutée par le Tenderloin, de loin le quartier le plus dérangeant de San Francisco. En plein cœur d'une des villes les plus riches de la planète, c'est un îlot de pauvreté et de misère peuplé d'itinérants, de toxicomanes, de vendeurs de drogue, de malades mentaux, de proxénètes et de prostituées. Le taux de criminalité y est 35 fois plus élevé qu'ailleurs en ville. Il n'est pas rare de trouver des seringues et des déchets humains sur les trottoirs ou un sans-abri intoxiqué étendu sur le capot de votre voiture. Comment est-ce possible, dans une ville aussi riche que San Francisco ? C'est la question que tout le monde se pose.

« Bienvenue sur l'autre versant du pays du vin ! » me lance à la blague **Del Seymour**, un ancien habitant du quartier, qui dirige aujourd'hui des visites guidées des principaux « attraits » du secteur.

Alors que dans toutes les grandes villes, ce genre de population se retrouve en marge, à San Francisco, elle vit à un pâté de maisons des boutiques luxueuses d'Union Square. Si vous tournez du mauvais côté en sortant de l'hôtel Hilton, vous vous retrouvez entouré de junkies. Les habitants du Tenderloin disent qu'ils habitent « derrière le Hilton », dans l'ombre du capitalisme.

Bref, c'est le genre de quartier qu'un guide traditionnel vous dirait d'éviter à tout prix. Je crois au contraire que le Tenderloin, une anomalie dans cette ville privilégiée, mérite d'être exploré, ne serait-ce que pour mieux connaître son histoire fascinante.

Grand d'environ 40 pâtés de maisons, le quartier est bordé par Van Ness Avenue à l'ouest et par les rues Mason à l'est, Geary au nord, et Market et McAllister au sud. L'épicentre est à l'angle des rues Turk et Taylor, où se trouvait la cafétéria Compton's, premier lieu des révoltes homosexuelles et transgenres au pays, en août 1966.

« Dans les années 1920, le quartier était le haut lieu du divertissement, du jeu et du vice avec ses nombreux théâtres, restaurants, hôtels, bordels, speakeasies et boîtes de nuit », m'explique Del en me faisant signe de cacher mon appareil photo pour ne pas m'attirer des ennuis.

Point d'entrée de plusieurs immigrants qui arrivent à San Francisco, le Tenderloin se distingue par le nombre très élevé de « SRO » (*single room occupancy*) qu'il abrite, des hôtels-résidences subventionnés par le gouvernement. « Les chambres coûtent de cinq cents à mille dollars par mois pour un peu moins de six mètres carrés », souligne Del. Et c'est précisément à cause de ces SRO que le Tenderloin résiste encore à l'embourgeoisement, contrairement à d'autres quartiers comme The Mission. Plusieurs lois ont été adoptées par la mairie dans les années 1980, qui freinent tout changement.

Les développeurs ne peuvent pas convertir ces SRO en hôtels touristiques sans remplacer les unités pour les citoyens à faible revenu. Ils ne peuvent pas non plus construire des immeubles de plus de 13 étages. Plusieurs organismes de bienfaisance qui aident les sans-abri sont aussi propriétaires d'immeubles dans le quartier.

Personne ne connaît mieux ces rues que Del Seymour, vétéran de la guerre du Vietnam. Après une faillite personnelle, il a abouti dans la rue, a été chauffeur de taxi, toxicomane, vendeur de crack, proxénète. « J'ai aussi été marié pendant 15 minutes, dit-il, mon mariage hollywoodien ! »

Sobre depuis plusieurs années, il propose aujourd'hui des visites guidées et aide les jeunes de la rue à trouver un emploi dans les entreprises de technologie qui se sont implantées aux abords du quartier (Mid-Market), attirées par les crédits d'impôt du maire Ed Lee. C'est le cas de Twitter dont le quartier général se trouve à l'angle de Market Street et de 10th Street, dans un magnifique immeuble Art déco.

« Je sers de pont entre ces entreprises, qui tendent la main vers la communauté,

et les jeunes de la rue», me dit Del au moment où nous pénétrons dans l'église catholique **St. Boniface**. À l'intérieur, une centaine de sans-abri dorment sur les bancs dans un concert de ronflements. Le jour, l'église se transforme en dortoir pour sans-abri. Un havre de paix aux effluves d'encens. «C'est la seule église au monde où l'on peut faire ça», dit Del.

Les itinérants y ont accès de 6 heures du matin à 3 heures de l'après-midi, du lundi au vendredi. «Ils ont neuf heures de sommeil protégé, on appelle ça le "sommeil sacré".» Le Gubbio Project, l'association caritative responsable de ce projet, survit grâce à des dons privés et paie un loyer à l'église. On propose des massages sur place, des services de podiatrie et de barbier. Les gardiens de sécurité sont des bénévoles. On peut y accueillir jusqu'à 110 personnes [133 Golden Gate Ave].

Juste en face, la cafétéria de l'organisme de bienfaisance **St. Anthony's** sert jusqu'à 3000 repas par jour. «À la fin du mois, dit Del, la salle est pleine. J'avais l'habitude de me nourrir ici.»

Dans le fond de la salle, un homme pianote, le sourire aux lèvres. L'organisme a aussi des locaux avec ordinateurs et imprimantes; les sans-abri ont accès à ces services pour se trouver un emploi ou un appartement. Ils disposent aussi d'une clinique médicale sans frais.

Les centres d'hébergement de San Francisco, qui comptent environ 1200 lits, fonctionnent à plein régime, et si des milliers de sans-abri passent la nuit dans les rues, c'est parce que les refuges sont pleins. En 2015, il y avait près de 7000 sans-abri à San Francisco.

Ce quartier sans épicerie, mais où plusieurs commerces vendent de l'alcool, est un véritable désert alimentaire. «Après le dixième jour du mois, les gens sont fauchés, c'est pour ça qu'il n'y a aucune épicerie dans le quartier. Aucune ne peut survivre sur un cycle de dix jours.»

Del Seymour m'emmène ensuite au **Cadillac Hotel**, le premier SRO aux États-Unis. C'est aussi le premier immeuble reconstruit après la dévastation du tremblement de terre de 1906. Le premier étage abrite maintenant un musée d'histoire du Tenderloin [398 Eddy St], chose impensable il y a quelques années.

Gospel avant-gardiste

140 Chaque dimanche, l'église méthodiste **Glide Memorial**, en plein cœur du Tenderloin, se remplit de visiteurs de religions, orientations sexuelles, allégeances politiques et nationalités différentes. On vient y entendre l'époustouflante chorale gospel et les sermons du sympathique pasteur Cecil Williams et de sa femme, Janice Mirikitani. Une expérience qui ne vous laissera pas indifférent. Les orateurs parlent de justice sociale et de toxicomanie. Les chanteurs de la chorale sont transgenres, gays, hétéros, blancs, noirs, hispaniques. La diversité est à son comble dans ce lieu de culte, et c'est inspirant. Glide Memorial est un pilier du Tenderloin depuis les années 1930, aidant à la lutte contre le sida, la pauvreté et la toxicomanie. On y sert près de 3000 repas par semaine. Chaque jour, une longue file se forme dehors. Le jeudi, journée du poulet frit, est particulièrement populaire. Le service religieux se déroule de 9 h à 11 h, le dimanche matin. Prenez place dans les tribunes pour avoir une meilleure vue sur la chorale, mais l'énergie est plus électrique au niveau de l'autel [330 Ellis St].

Après la messe, je fais un arrêt à la galerie d'art contemporain **Jessica Silverman**. Elle a le flair pour découvrir les artistes émergents [488 Ellis St].

Douches pour tous

141 L'esprit d'entraide est profondément ancré chez les San-Franciscains. Le meilleur exemple est **Lava Mae**, un organisme à but non lucratif qui propose aux itinérants de prendre une douche en toute intimité sur la voie publique. Les autobus bleus sont stationnés dans le Tenderloin, The Mission, The Castro, ou devant la grande bibliothèque publique.

La fondatrice, Doniece Sandoval, a eu cette idée, un soir, en croisant une jeune itinérante qui se plaignait d'être sale. «Ça m'a bouleversée. Je suis rentrée à la maison et j'ai fait des recherches.» Elle a découvert qu'il n'y avait dans toute la ville que 16 douches pour quelque 7000 sans-abri. Elle a ensuite appris que la Ville venait de recevoir une subvention du gouvernement fédéral pour remplacer sa flotte d'autobus au diesel par des véhicules hybrides.

«Je me suis dit, on a des camions-cantines, alors pourquoi pas des camions-douches?» La Ville a accepté de lui donner quatre vieux autobus dont la transformation a été entièrement financée grâce à des dons privés (dont une somme généreuse de Google).

L'autobus comprend deux douches, deux toilettes privées, et fournit des serviettes et du savon. Chaque personne dispose de 20 minutes. Le véhicule s'alimente en eau en se branchant aux bornes d'incendie. Depuis le lancement en 2014, Lava Mae a permis à plus de 2000 sans-abri de prendre plus de 12 000 douches.

«Le but n'est pas de régler le problème de l'itinérance, dit Doniece Sandoval, mais plutôt de redonner un peu de dignité à ces personnes. Et avec la dignité viennent les perspectives d'avenir.»

De speakeasy en speakeasy

142 Prendre un verre chez **Bourbon & Branch** est une expérience. Le bar est aménagé dans un ancien speakeasy qui avait pignon sur rue dans les années 1920, à l'époque où la vente et la consommation d'alcool étaient interdites aux États-Unis. Cinq tunnels, dont un réservé aux dames, permettaient aux clients de s'enfuir quand la police ou les inspecteurs du gouvernement débarquaient.

À l'angle des rues Jones et O'Farrell, repérez l'enseigne Anti-Saloon League. Il faut une réservation pour accéder au bar. On vous fournira également un mot de passe. À la porte, on vous demandera de le chuchoter à l'hôtesse.

Une fois entré, vous voilà transporté à l'époque de la prohibition. Le bar est composé de cinq pièces secrètes qui recréent à la perfection le climat clandestin de l'époque. L'éclairage est tamisé et l'on boit dans des théières en argent. On doit observer plusieurs règlements : parler à voix basse quand on commande un cocktail ; ne pas utiliser son téléphone cellulaire ; interdit de commander un Cosmopolitan ; les fumeurs doivent utiliser la porte arrière ; interdit de prendre des photos ; et il faut sortir du bar en silence. Bref, tout pour ne pas attirer l'attention des autorités.

Vous n'avez pas besoin de réserver votre place pour prendre un verre dans la bibliothèque, il suffit de sonner à la porte et de prononcer le mot de passe, « *books* ». L'endroit est rempli de livres jusqu'au plafond.

Ma pièce préférée est **Wilson & Wilson** ; son décor ressemble à un bureau de détective. On peut commander un cocktail à la carte, mais je vous suggère le menu dégustation (trois cocktails pour 30 $) qui change chaque soir. Pour réserver : bourbanandbranch.com [501 Jones St].

À cinq minutes de marche, le bar **Benjamin Cooper** est un autre endroit où trouver la porte d'entrée fait autant partie de l'expérience que d'y boire un verre. Le bar est situé au deuxième étage de l'Hotel G, la porte se trouve dans Mason St. Repérez l'enseigne avec le visage de Benjamin Cooper (un personnage fictif) en noir et blanc. On y sert des cocktails et trois variétés d'huîtres [398 Geary St].

Dans le style bar « clandestin », le décor de **Whitechapel** évoque une station de métro londonienne abandonnée en 1890. Avec le plafond voûté en berceau, les murs de tuiles de métro, les photos d'archives, on s'y croirait réellement. Le bar-restaurant se spécialise dans les gins et en propose la plus grande sélection aux États-Unis [600 Polk St].

143

143

Cuisine fusion, aloha !

143 Au rayon de la cuisine fusion, **Liholiho Yacht Club** est dans une classe à part. Y manger est une fête. Le chef Ravi Kapur, originaire d'Hawaï, puise son inspiration dans la cuisine de sa terre natale, mais aussi dans les cuisines indienne et coréenne. Ça donne des plats inventifs aux saveurs explosives, comme une huître frite avec un carpaccio de bœuf sur une feuille de laitue arrosée de vinaigrette Mille-Îles. Ou un morceau de langue de bœuf dans un petit pain vapeur au pavot avec du kimchi en garniture. Ou des poitrines de porc à l'ananas, piments rouges, fenouil croquant et basilic thaï. Les desserts sont aussi colorés : crème glacée à l'ananas grillé, enveloppée de meringue, et gâteau au chocolat et sésame.

Cela dit, les clients reviennent avant tout pour le plat signature : un bol de riz agrémenté de crevettes, champignons et tranches de SPAM (la marque américaine de jambon en conserve dont raffolent les Hawaïens) en version maison. Mon plat favori est le cari de palourdes à la noix de coco avec courge musquée et curcuma, servi avec un pain naan à l'ail pour tremper dans le bouillon, un vrai nectar des dieux.

Le décor est moderne avec ses grands murs de briques, ses banquettes de bois et une photo géante, derrière le bar, de la mère du chef dans les années 1970, ses longs cheveux noirs dans le vent et le sourire insouciant de la jeunesse. L'incarnation d'Aloha [871 Sutter St].

Pâtisseries hybrides

144 **M. Holmes Bakehouse** (A) est une des pâtisseries les plus originales de San Francisco. Le petit comptoir fait courir les foules à cause de ses cruffins (un hybride entre un croissant et un muffin). Ils sont mis en vente à partir de neuf heures du matin et disparaissent en quelques minutes. Chaque jour, un nouveau parfum est créé (orange et cardamome, caramel salé, chai, beurre d'arachides et pistaches, milk-shake aux fraises, etc.). Si vous ne pouvez mettre la main sur un cruffin, sachez que M. Holmes concocte aussi d'excellents croissants, pains au chocolat et beignes. J'ai un faible pour la danoise aux poires et fromage bleu, ou celle aux artichauts, ou celle au pastrami, choucroute et sauce Mille-Îles. Autre *hit* : le croissant californien garni de saumon fumé, wasabi, gingembre et nori. On a l'impression de manger des sushis pour le petit déjeuner. J'adore le décor épuré aux murs de tuiles de métro blanches. Le néon rose fuchsia – *I got baked in San Francisco* – est particulièrement populaire sur Instagram. Le design des boîtes d'emballage au lettrage doré a été inspiré par la pâtisserie Mendl's, du film *The Grand Budapest Hotel* [1042 Larkin St].

Deux coins de rues au sud, le café **Jane** sert d'excellents muffins, scones, brioches et pains aux bananes. C'est aussi un endroit santé où prendre un bon petit déjeuner (sandwich aux œufs brouillés, bols de granola, muesli, pudding de chia et toast à l'avocat avec œuf poché) [925 Larkin St].

5 à 7 sur le toit et son antidote

145 Pour déguster une sangria dans la lueur d'un coucher de soleil ou sous les étoiles, la terrasse du restaurant **Jones** (A) est idéale. À quelques minutes d'Union Square, elle se trouve juste au-dessus du niveau de la rue, offrant une superbe vue sur des immeubles des années 1920. De 17 h à 19 h, les cocktails et verres de vin coûtent 5 $ et les bières, 3 $ [620 Jones St].

Si vous avez une rage de hamburgers après avoir siroté quelques verres, **Pearl's Deluxe Burgers**, petit comptoir juste à côté, prépare un des meilleurs burgers-frites en ville. Il y en a pour tous les goûts, même pour les végétariens. Les frites aux patates douces et le Bula Burger (bacon, fromage suisse, ananas grillé et sauce teriyaki) sont particulièrement populaires. À déguster avec leur milk-shake au chocolat et beurre d'arachides [708 Post St].

Le bar voyeur

146 Pour prendre un verre dans un décor des plus élégants, dirigez-vous juste à côté, au bar de l'hôtel Clift. **The Redwood Room** porte bien son nom, puisque les murs sont faits de panneaux de bois de séquoia (qui proviendraient d'un seul arbre vieux de 2000 ans). Les boiseries datent de 1933. Les peintures sur les murs sont des œuvres d'art numérique qui changent constamment. Certains portraits vous suivent du regard [495 Geary St].

144 A

145 A

147

Authentique thaï près d'Union Square

148 Les bonnes tables sont rares dans cette zone très touristique de la ville, mais **Kin Khao** est l'exception. La propriétaire du restaurant, Pim Techamuanvivit, souhaite « libérer la cuisine thaïlandaise de la tyrannie de la sauce aux arachides ». Elle élabore des plats traditionnels de Bangkok comme le Khao Soi, une soupe de poulet au cari réconfortante, avec nouilles tendres aux œufs et condiments. Tout est fait maison, de la pâte de cari aux bouillons, en passant par les sauces et les condiments. Les produits comme la sauce de poisson et la pâte de crevettes proviennent directement de la Thaïlande. Gardez-vous de la place pour le dessert de pudding au riz noir, que vous garnirez vous-même de riz soufflé, caramel et crème de coco [55 Cyril Magnin St, mais l'entrée se trouve à l'angle d'Ellis St et Mason St].

Boas et paillettes pour bruncher

147 Pour un brunch sans pareil, réservez une table à **The Starlight Room**, la boîte de nuit perchée au 21e étage de l'hôtel Sir Francis Drake, pour l'événement Sunday's A Drag. Chaque dimanche matin, l'hôtel organise un brunch accompagné d'un spectacle de drag queens et d'artistes transgenres. Le décor, avec ses banquettes et ses épais rideaux de velours rouge, fait penser au film *Moulin Rouge*. Il y a deux représentations, à 11 h 30 et à 14 h. Le coût est de 60 $ par personne. Je vous suggère d'arriver une heure à l'avance pour profiter du buffet avant le spectacle. Réservez par téléphone au 415-395-8595 [450 Powell St].

148

La piscine des rock-stars en plein cœur du Tenderloin

149 Un des endroits où j'aime bien aller prendre un verre dans le quartier est **Chambers Eat & Drink**, le bar-restaurant sur le bord de la piscine du **Phoenix Hotel**, un motel rétro qui a accueilli plusieurs stars du rock depuis son ouverture dans les années 1950, dont Pearl Jam, Red Hot Chili Pepper, Nirvana, Robert Plant et David Bowie. Les groupes en tournée avaient l'habitude de s'y arrêter, puisque le stationnement pour les cars était gratuit. Les massages aussi. Un brillant coup de marketing de la part des propriétaires ! L'hôtel a rapidement hérité du surnom d'hôtel « rock'n'roll » à cause des fêtes déjantées qui s'y déroulaient. Courtney Love avait même l'habitude de se baigner nue dans la piscine. Seules deux piscines aux États-Unis sont désignées monuments historiques : celle du Roosevelt Hotel à Hollywood, et celle du Phoenix. Le restaurant au décor des années 1970 possède l'une des plus importantes collections de disques vinyles et propose un excellent hamburger, à déguster avec un cocktail sur le patio de cet endroit légendaire [601 Eddy St].

Petit déjeuner comme à La Nouvelle-Orléans

150 Un des endroits les plus populaires pour le brunch, **Brenda's French Soul Food**, est situé juste à côté du Phoenix Hotel. On fait la file pour le *comfort food* de la chef originaire de Louisiane, Brenda Buenviaje. Pour son Shrimp & Grits, ses crêpes au babeurre, son omelette créole, son poulet frit, son gumbo et son jambon à la mélasse. Je raffole de ses beignets (surtout ceux aux pommes et cannelle). Quelques plats végétaliens au menu [652 Polk St].

Plonger dans les archives

151

Si vous êtes fasciné par l'histoire de San Francisco, juste en face de la mairie vous pourrez vous perdre dans l'immense collection de deux millions de photographies de la ville, de 1850 à nos jours. La **San Francisco Historical Photograph Collection** se trouve au sixième étage de la bibliothèque publique centrale. Les photos de la construction du Golden Gate sont particulièrement fascinantes.

C'est aussi au sixième étage que l'on retrouve un bureau bien particulier, celui de Leah Esguerra, la travailleuse sociale de la bibliothèque. San Francisco a été la première ville aux États-Unis à se doter d'un tel service en 2009 pour gérer la population de sans-abri qui vient s'y détendre, se laver et dormir. Pour plusieurs d'entres eux, la bibliothèque est le dernier refuge. Ils font la queue chaque matin devant l'immeuble en attendant l'ouverture des portes. Leah les aide à se trouver un logis, de la nourriture, une douche et un emploi [100 Larkin St].

La meilleure soupe phô

152

C'est à un carrefour animé du Tenderloin que vous dégusterez la meilleure soupe tonkinoise de tout San Francisco. J'aime m'y réfugier par temps pluvieux pour me réchauffer les os devant un bol fumant de Phô Gà (soupe de poulet et nouilles). **Turtle Tower** se spécialise dans la cuisine du nord du Vietnam. Le propriétaire, Steven Nghia Pham, se distingue par la qualité de ses bouillons et par la fraîcheur de ses ingrédients. Il choisit des poulets fermiers, et les nouilles de riz sont faites à la main tous les jours. Les soupes sont servies sans germes de soja, ni basilic, ni sauce hoisin, comme le veut la tradition à Hanoï. On y mange pour 7-8 $. À 4,75 $, leur excellent sandwich bánh mì est une des meilleures aubaines en ville [645 Larkin St].

L'ultime bar de drag

153

Aunt Charlie's est le dernier bar gay du Tenderloin et un des derniers endroits où l'on peut voir un show underground des drag queens les plus renommées en ville. Mais attention, il se trouve aussi dans un des pires pâtés de maisons du quartier. Pour y accéder, vous devrez braver quelques junkies devant la porte, mais votre courage sera récompensé.

Il n'y a pas de scène ici, ce qui rend l'expérience encore plus intime. Les drag queens grimpent sur le bar et rampent sur le plancher. Le meilleur moment pour y aller est le vendredi ou le samedi soir pour The Hot Boxxx Girls Drag Show (5 $), ou les deuxième et quatrième mercredis du mois pour The New Dream Queens Revue Drag Show (gratuit).

Aunt Charlie's était à l'origine un *dive-bar* de quartier, peuplé d'habitués durant le jour. Certains barmen ont près de 90 ans (ne vous attendez pas à être servis rapidement !). Le décor n'a pas changé depuis les années 1980 : même tapis et mêmes tabourets avec assise en vinyle. Une enseigne au néon baigne la salle d'une lumière rose et un jeu d'arcade vous invite à pêcher des oursons en peluche [133 Turk St].

Restos sympas autour de la mairie

154 Pour un repas sain et rapide, **Little Gem** (A), restaurant californien au décor industriel, sert matin, midi et soir des plats frais et nourrissants, sans gluten, ni produits laitiers, ni sucres raffinés. J'aime le plat de saumon sur lit de quinoa et épinards, le sandwich au porc braisé sur pain naan, ainsi que le bol de riz avec cari de chou-fleur et patates douces [400 Grove St].

Je reste également fidèle à **Elmira Rosticceria**, cantine de quartier où l'on sert de délicieux plats italiens à petit prix. Tout est fait maison, de leur succulent poulet rôti aux croustilles qui accompagnent les sandwiches, en passant par les pâtes fraîches. Essayez la frittata ou le sandwich petit déjeuner pour commencer la journée du bon pied. Au lunch, croquez dans un divin sandwich au poulet et pesto aux pistaches. Ouvert du lundi au vendredi de 7 h 30 à 15 h [154 McAllister St].

À deux pas du quartier général de Twitter, dans Market Street, **Alta CA** est l'endroit idéal où se rendre en soirée pour se mêler aux travailleurs de la scène tech. Alta propose une grande sélection de cocktails et petits plats (pains au za'atar avec olives Castelvetrano, Deviled Eggs, falafels et houmous, pastrami maison, choux de Bruxelles frits et cheeseburgers). Prenez place à l'immense bar en forme de triangle au centre de la salle. Pour se rendre aux toilettes, il faut traverser les cuisines ; vous aurez donc un aperçu de la frénésie qui règne autour des fourneaux. Le bar-restaurant ferme à deux heures du matin et la cuisine est ouverte jusqu'à une heure [1420 Market St].

Un peu plus au sud, dans Market Street, vous tomberez sur une institution : **Zuni Café** (B). Le midi, les clients sirotent un verre de sauvignon blanc en observant le bal des passants. Ce petit coin me fait penser à Paris. Ouvert depuis 1979, le café fut un des pionniers du mouvement Slow Food aux États-Unis. Le poulet rôti pour deux personnes (54 $), servi avec une salade de style toscan, est un *must* absolu et vaut à lui seul une visite [1658 Market St].

Poursuivez votre soirée au sympathique bar à vins situé dans la ruelle, derrière. L'**Hotel Biron** propose aussi des plateaux de fromages et charcuteries [45 Rose St].

154A 154B

Jouer à Cendrillon dans l'escalier de l'hôtel de ville

155

San Francisco City Hall est de loin l'immeuble le plus majestueux de toute la ville. Son dôme est le cinquième du monde par la grandeur, plus imposant même que celui du Capitole de Washington. Pas mal, pour une ville d'à peine 121 kilomètres carrés et de moins d'un million d'habitants ! De plus, l'hôtel de ville ouvre ses portes aux visiteurs du lundi au vendredi de 8 h à 18 h, contrairement à d'autres villes, comme New York, où il faut réserver sa place dans des visites guidées. Les touristes à caméra se mêlent constamment aux employés de la Ville.

Les mordus d'architecture néo-classique doivent absolument visiter cet immeuble de 1915, entièrement reconstruit après avoir été détruit par le tremblement de terre de 1906. La rotonde de 55 mètres de haut est particulièrement impressionnante, un chef-d'œuvre de style Beaux-Arts. L'escalier en marbre monumental rappelle l'Opéra de Paris. De nombreux mariages sont célébrés sous la rotonde, notamment les vendredis vers 16 h. J'adore y aller en curieuse ; les applaudissements et cris de joie fusent et l'énergie est contagieuse.

Ne manquez pas les expositions dans les salles du rez-de-chaussée. On peut y admirer des photos des couples célèbres qui se sont mariés ici, par exemple Marilyn Monroe et Joe DiMaggio en 1954.

City Hall accueille également des artistes en résidence qui créent des œuvres d'art sur place, inspirés par l'architecture et l'histoire des lieux. C'est le cas de **Jeremy Fish** qui, pour le 100e anniversaire de City Hall, a passé 100 jours à dessiner 100 œuvres. « Ils m'ont aménagé un bureau dans un ancien placard à balais ! J'ai voulu défendre l'honneur et la réputation de la ville à un moment où, pour la première fois depuis la ruée vers l'or, les gens déménagent ici seulement dans l'espoir de devenir riches. Il faut éduquer tous ces nouveaux venus », dit-il à propos de ses motivations.

Un grand marché fermier s'installe devant City Hall depuis les années 1980. Le **Heart of the City Farmers Market**, contrairement aux autres marchés de la ville, est à but non lucratif. Des agriculteurs locaux l'exploitent et les prix sont abordables. On l'appelle le *people's market*. Les mercredis et vendredis, de 7 h à 17 h, à United Nations Plaza.

155

La fine cuisine de la mer du Mexique

156

Cala est une des meilleures tables en ville. La chef, Gabriela Cámara, une star de la cuisine au Mexique (elle compte, parmi sa légion de fans, Alice Waters, et la légende de la cuisine mexicaine, Diana Kennedy), a ouvert son tout premier restaurant en sol américain en 2015, en plein cœur de San Francisco.

156

Gabriela nous fait découvrir la cuisine mexicaine autrement, dans le raffinement, la fraîcheur des ingrédients et la simplicité. Elle ne prépare que poissons et fruits de mer. La plupart des plats sont à partager, comme la morue de roche grillée sur feu de bois. Badigeonné de salsa verde, le poisson est servi entier avec des tortillas maison.

Commandez les quesadillas aux légumes verts, les tostadas de truite fumée avec avocat (le poisson fond en bouche), les palourdes japonaises dans un bouillon au chipotle (servies avec baguette de la boulangerie Tartine), ou le plat signature : l'oursin sur lit de masa dans sa coquille hérissée, avec relish de poireaux aux piments habanero. Ce plat mérite d'être photographié avant d'être mangé.

Un mur de vignes sépare l'entrée de la salle à manger, et plusieurs figuiers (*Ficus Lyrata*) trônent au cœur de ce resto aménagé dans un ancien studio de musique. Des dizaines de luminaires noirs en argile illuminent l'espace comme une constellation d'étoiles. Mieux vaut réserver à l'avance, mais il est aussi possible de manger au bar [149 Fell St].

Cocktails jazzés

157

Pour siroter un cocktail tout en écoutant des groupes de jazz, allez chez **M. Tipple's Recording Studio**. Vous pouvez aussi manger sur place et l'entrée est gratuite [39 Fell St].

Si vous avez envie d'une expérience jazz plus traditionnelle, vous êtes à côté du **SFJAZZ Center**, le temple du jazz à San Francisco. La programmation est des plus variées. Vous pouvez acheter des billets de dernière minute sur place, ou réserver à l'avance ici : sfjazz.org [201 Franklin St].

159

L'homme à l'ADN de galeriste

158 Ne manquez pas, juste en face du 20th Century Cafe, la galerie d'art de Jules Maeght, un Parisien qui a décidé d'installer ses pénates à San Francisco il y a quelques années. Les expositions de la **Jules Maeght Gallery** mélangent artistes modernistes européens et artistes émergents de la région de la baie de San Francisco. Aimé Maeght, grand-père de Jules, était un célèbre galeriste. En 1945, il a fondé à Paris la galerie Maeght et a exposé les dessins réalisés par Henri Matisse pendant la guerre et, en exclusivité, les œuvres des plus grands artistes de l'époque, dont Kandinsky, Giacometti, Chagall, Miró et Braque [149 Gough St].

Petits plaisirs viennois

159 **20th Century Cafe** évoque les grands cafés de Vienne, Budapest et Prague. La vaisselle fleurie, le plancher vert en linoléum, la musique des années 1920, les bouquets de fleurs... Cet endroit est empreint de nostalgie. Les employées portent des robes des années 50 et des lunettes papillon. Sur un grand comptoir de marbre, elles s'affairent à préparer les pâtisseries qui ont fait de cet établissement un des meilleurs en ville pour les desserts. La chef, Michelle Polzine, elle aussi habillée en vintage de la tête aux pieds, s'inspire de la cuisine de l'Europe centrale et des découvertes qu'elle a faites lors de ses voyages. Le *russian honey cake*, une dizaine d'étages de gâteau éponge séparés par de généreuses couches de glaçage au miel, est sa spécialité. Michelle confectionne aussi ses propres bagels, tartes aux fruits, sandwiches au pastrami, potages et *pierogi* – sortes de raviolis typiques de l'Europe de l'Est [198 Gough St].

Ne jamais au grand jamais rien laisser dans votre voiture. C'est une règle de base. Même pas un bout de papier. Certains citoyens, désespérés de se faire constamment cambrioler, laissent leurs portes de voitures déverrouillées la nuit pour éviter que leurs vitres soient brisées une fois de plus.

La boîte à sons

160 On entre chez **SoundBox** par une porte derrière l'opéra de San Francisco, celle généralement réservée aux artistes. À l'intérieur, on découvre un immense entrepôt de 15 mètres sous plafond, plongé dans le noir. Devant soi, quelques musiciens s'apprêtent à jouer pendant que 500 auditeurs attendent, fébriles, un cocktail à la main, assis sur des ottomanes. Tout autour, des écrans géants montrent des paysages sous-marins.

En 2014, pour rajeunir son auditoire, l'opéra de San Francisco a eu l'idée de donner des soirées d'exploration musicale dans une atmosphère de boîte de nuit, en utilisant comme espace son arrière-scène. Une idée géniale qui fait courir les foules.

À chaque spectacle, les auditeurs découvrent un programme musical différent qui puise dans les répertoires classique et contemporain. Les musiciens de l'Orchestre symphonique de San Francisco nous surprennent : une flûte traversière chante comme une baleine, un tuba se prend pour une guitare électrique, une pianiste utilise des objets de la vie quotidienne pour faire résonner les cordes de son piano.

Pendant les représentations, les spectateurs sont invités à se déplacer, à boire et à partager leurs expériences sur les médias sociaux. On est loin de la salle de concert classique. L'acoustique des lieux, grâce à un système audio Constellation de Meyer (25 microphones et 85 haut-parleurs), rend l'expérience hors du commun. Arrivez tôt (les portes ouvrent à 20 h) si vous voulez avoir une place assise. Pour réserver votre billet (environ 35 $), c'est ici : sfsoundbox. com [300 Franklin St].

161

Baseball panoramique et frites à l'ail

161 D'avril à octobre, il est impératif d'assister à un match de baseball des Giants au stade **AT & T Park**, surtout par une journée ensoleillée. Depuis les gradins, il est difficile de trouver un plus beau panorama. La baie de San Francisco et ses innombrables bateaux se dessinent à l'horizon. J'aime ce stade construit en plein centre-ville (et super facile d'accès) pour son décor et l'ambiance endiablée, mais surtout parce que, ville des foodies oblige, on y mange vraiment bien ! Tacos, sandwiches au crabe, crème glacée artisanale, sushis, gelato, cuisine chinoise, végétarienne... Il y en a pour tous les goûts. Ne repartez pas sans avoir essayé les frites à l'ail du kiosque **Gilroy Garlic Fries**.

Si vous n'arrivez pas à vous procurer des billets, sachez que sur la façade sud du stade, le long de McCovey Cove, on peut voir, gratuitement, une partie du terrain à travers les clôtures. Une centaine de personnes s'y pressent lors de chaque match [24 Willie Mays Plaza].

Avant le match, les supporters du club fréquentent la brasserie artisanale **21st Amendment**. Préparez-vous à une marée de chandails orange ! Goûtez à leur bière au melon d'eau [563 2nd St].

160

Le resto le plus vert du pays

162 Quand on passe la porte de **The Perennial**, rien ne laisse présager qu'il s'agit du restaurant le plus écolo de tous les États-Unis. Le décor est épuré et moderne. Les tables, chaises et tabourets de bois, les luminaires industriels et les murs de béton rappellent le style scandinave des cantines de Stockholm. Bref, on est loin du décor « grano » normalement associé aux restaurants soucieux de l'environnement.

Fruit de deux ans de labeur, The Perennial est le bébé d'Anthony Myint et de Karen Leibowitz, couple au travail comme dans la vie. Ils sont derrière plusieurs restaurants à succès, dont **Mission Chinese Food** et **Commonwealth**, entre autres. Tous ces établissements ont en commun un volet caritatif. Mission Chinese Food, par exemple, donne une partie de ses profits aux banques alimentaires du quartier.

Après avoir mis la main sur un espace de 465 mètres carrés à deux pas du siège social de Twitter, Anthony et Karen ont voulu en faire plus : ouvrir le restaurant le plus respectueux possible de l'environnement. Ils ont poussé l'exercice à l'extrême.

Tout l'équipement en cuisine a été choisi en fonction de sa consommation d'énergie. La hotte, munie de capteurs de particules, ne s'active que durant la cuisson. Les tuiles sur les murs sont faites d'argile recyclée. Le mobilier du restaurant est fait de bois recyclé et le tapis, de plastique récupéré en mer. Mais, ça, ce n'est que le début.

Anthony a cofondé ZeroFoodprint, un organisme à but non lucratif qui conseille les restaurants sur les moyens de réduire leurs émissions de carbone. Il a constaté, après une longue étude sur les émissions de gaz à effet de serre (GES) de plusieurs restaurants à travers le monde, que l'empreinte d'un restaurant dépend principalement des ingrédients utilisés. Choisir les bons ingrédients est donc le point de départ.

Les propriétaires ont par exemple tenu à savoir quelle vache émettait le moins de méthane durant sa vie, et ils font affaire avec un fournisseur qui pratique l'élevage responsable. Pour le pain, ils utilisent le Kernza, une espèce de blé vivace produit au Kansas et dont les longues racines (qui plongent jusqu'à trois mètres de profondeur) captent beaucoup de carbone.

On a beaucoup entendu parler du mouvement Farm-to-Table. Ici, on parle plutôt d'un mouvement Table-to-Farm. À Oakland, Karen et Anthony ont fait construire une serre aquaponique, un système symbiotique où la culture de végétaux est fertilisée par un élevage de poissons. Les retailles des légumes et les restants de viande du restaurant servent de nourriture à des vers rouges et à des larves de mouche qui, une fois déshydratés, fournissent une excellente alimentation aux poissons des bassins. L'eau des bassins, riche en éléments nutritifs, sert à faire pousser des herbes et plusieurs sortes de laitues. Quant aux déchets solides des poissons, ils fertilisent le potager. « Les

restes du restaurant servent à fertiliser le sol de la ferme, qui fait pousser les ingrédients qu'on utilise au restaurant, dit Karen. Le cycle est complet. »

Ça donne quoi, au menu ? Lors de mon passage, je me suis régalée d'une bisque de graines de citrouille avec potimarrons et agrumes japonais confits, puis d'une truite grillée avec rondelles de panais poêlées, servie dans un bouillon de liqueur de moules et moelle osseuse. Agneau, porc, tartare de bœuf et gnocchis figurent aussi au menu, en plus de quelques plats végétariens concoctés par le chef, Chris Kinuya, qui a fait ses classes au défunt restaurant Noma à Copenhague.

Même le système de bar a été revu. Plusieurs cocktails sont déjà préparés et servis en fût pour éviter le gaspillage de glace et d'eau. Pour certains cocktails, la glace est prise à même le verre (effet plutôt cool). Les zestes et les pelures d'agrumes en cuisine servent à faire des hydrosols et des huiles essentielles qui seront ensuite utilisés dans les cocktails.

« Le but est que les clients se sentent dans un "vrai" restaurant. Si les gens ont envie d'en apprendre plus, les serveurs sont formés pour répondre à leurs questions, mais c'est la qualité du repas qui compte avant tout. On ne veut pas faire de sermons », précise Karen [59 9th St].

Le téléphone intelligent du San-Franciscain déborde d'applications dont le reste du pays n'a pas encore entendu parler. Dans la ville des *techies*, il y a une application pour tout : pour faire laver ses vêtements (Washio), pour se faire livrer un plat cuisiné par un chef (Munchery), pour louer sa voiture à des touristes quand on part en vacances (FlightCar), pour manger un repas gastronomique chez de parfaits inconnus (EatWith), pour se faire livrer à vélo de la nourriture d'un restaurant qui n'assure pas les livraisons (Postmates), pour qu'un valet vienne chercher votre voiture quand vous ne trouvez pas de parking (Luxe), ou pour qu'on vous livre de l'alcool à domicile en moins d'une heure (Minibar).

La collection de livres de M. et Mme Prelinger

163

À l'angle de 8th Street et Folsom Street, repérez l'immeuble beige et blanc (un vendeur de tapis est établi au rez-de-chaussée). Après avoir pressé le bouton de la sonnette, pris l'ascenseur jusqu'au deuxième étage, passé plusieurs bureaux et un studio de danse, vous vous retrouverez devant la porte n° 215, la bibliothèque la plus originale de San Francisco. Le néon rose au-dessus de la porte – *Free Speech Fear Free* – donne le ton.

En 2004, Rick Prelinger et sa femme, Megan, ont décidé d'ouvrir au grand public leur collection privée de près de 50 000 ouvrages. La **Prelinger Library** est une bibliothèque idiosyncratique. En effet, les six sections débordantes de livres reflètent les intérêts variés de leurs propriétaires.

On y trouve de vieux *TV Guide*, des livres sur la destruction d'une île oubliée, des affiches de concert décollées des poteaux de téléphone, des milliers de magazines indépendants, des archives de la Ville, des livres d'architecture, de design, de géographie, d'histoire naturelle, d'autres sur les médias, la politique, la cartographie, et des livres rares sur diverses villes du monde. Les Prelinger possèdent des ouvrages et des documents qu'on ne trouve habituellement pas dans les bibliothèques publiques. D'ailleurs, les livres ne sont pas rangés comme dans une bibliothèque traditionnelle et ne sont pas catalogués non plus. Megan a plutôt décidé de les classer par thèmes qui suivent logiquement. La collection commence par San Francisco et se termine avec l'espace. On ne vient pas ici pour faire une recherche spécifique, mais plutôt pour y faire des découvertes. J'y ai passé un après-midi complet à me perdre dans leur section sur l'architecture californienne. Ouvert le mercredi de 13 h à 20 h. La bibliothèque peut ouvrir ses portes d'autres jours aussi, mais l'horaire est aléatoire. Consultez-le ici: prelingerlibrary. org/home/. En prime, on sert du thé sur place [301 8th St].

Bien manger autour du stade

164

Le bistro **Marlowe** (A) se spécialise dans le *comfort food* réinventé. Leur soupe aux tomates rôties avec cheddar fumé et pain au levain est le lunch parfait. Les habitués raffolent aussi du sandwich au poulet rôti, du hamburger (certains disent que c'est le meilleur de San Francisco) et du brunch bien arrosé. Le décor moderne dans plusieurs tons de blancs, avec quelques touches rustiques, fait penser au commerce d'un chic boucher [500 Brannan St].

Juste à côté, le restaurant du chef vedette Chris Cosentino, **Cockscomb**, propose une cuisine californienne où la viande est reine. Presque tous les plats en contiennent. Par exemple, dans sa version de pâtes à la Puttanesca, les pâtes sont remplacées par des oreilles de porc coupées comme des spaghettis, les huîtres cuites au four sont servies avec de la *nduja* (un saucisson à tartiner), et la salade de jeunes pousses est garnie de couenne de porc. La star du menu est une tête de porc entière, cuite au four à bois, et servie avec des feuilles d'or sur le museau. Digne de *Game of Thrones*. Le restaurant est aménagé dans une ancienne usine de chaussures de deux étages aux grands murs de béton ornés de têtes d'animaux empaillés [564 4th St].

164 A

165

Expo photo sous le pont

165

En 2010, un ancien hangar sous le Bay Bridge a été converti en espace d'exposition grâce au riche homme d'affaires et collectionneur de photos Andrew Pilara. Ce dernier a dépensé plus de 12 millions de dollars pour construire **Pier 24 Photography**, la plus grande galerie photo au monde, qui fait 2230 mètres carrés. L'expérience est pourtant très intime, puisque seulement 20 visiteurs sont admis à la fois. Dans un espace si vaste, on se retrouve bien souvent seul devant une photo, invité à se perdre dans l'image. Ouvert du lundi au vendredi, il faut réserver sa place sur le site pier24.org/visit. L'entrée est gratuite [Pier 24, The Embarcadero].

Dans le même quartier, j'aime beaucoup le **RayKo Photo Center**, un grand espace industriel situé à côté de l'autoroute, où l'on présente une dizaine d'expositions photo chaque année. Les photographes peuvent même louer des chambres noires à l'arrière [428 3rd St].

166

Les maisons flottantes de Mission Creek

166 À un jet de pierre du stade AT&T, dans l'ombre de l'échangeur de l'autoroute 280, se cache un micro-quartier unique. Une vingtaine de maisons flottent sur les eaux du canal Mission Creek. On a l'impression de débarquer dans un petit village de pêcheurs... à quelques minutes du centre-ville. La communauté de **Mission Creek Houseboats** date des années 1960. Les résidents sont pour la plupart des artistes, mais de jeunes professionnels s'y sont établis ces dernières années. Les maisons ont toutes un look distinct. Certaines n'ont pas été retapées depuis des années, d'autres sortent directement des pages d'un magazine de design.

Les résidents vivent une vie paisible, bercés par les vagues, parmi les lions de mer, les raies et les harengs. Ils disposent même d'un potager communautaire. Les maisons montent et descendent deux fois par jour, au gré des marées dont l'amplitude est parfois de plus de deux mètres. Pendant longtemps, la communauté a été complètement isolée, mais elle se retrouve aujourd'hui dans l'ombre des nouvelles tours de condos. Telle est la vie à San Francisco, nul n'est à l'abri des promoteurs immobiliers. Pour accéder au quartier, traversez le pont de 3rd Street et longez Channel Street jusqu'à Mission Creek Garden. On peut faire du kayak dans le canal et autour du stade de baseball. On trouve des informations ici : citykayak.com.

Le *diner* sur l'eau

167

Juste à côté de Pier 24, vous trouverez **Red's Java House**, un vieux *greasy spoon* sur l'eau, où l'on peut combler sa rage d'œufs-bacon, de fish & chips et de hot-dogs. L'ardoise au-dessus du comptoir précise : « Nous ne servons ni laitue ni tomates. » L'endroit, qui jouit d'une vue imprenable sur le Bay Bridge, est fréquenté autant par les têtes grises que par les jeunes employés des start-ups de SoMa. Ouvert depuis les années 1930, le restaurant nourrissait à l'époque les débardeurs et les marins. Aujourd'hui, plusieurs cyclistes et motards s'y arrêtent en cours de promenade. À l'intérieur, tabourets en cuir rouge, murs jaunes, fenêtres qui encadrent le Bay Bridge et photos d'archives complètent le décor. Commandez leur cheeseburger sur pain au levain moelleux, avec cornichons et moutarde jaune, et prenez place sur le patio, à l'arrière [Pier 30, The Embarcadero, à l'angle de Bryant St].

Les lumières du Bay Bridge

168

Depuis 2013, le Bay Bridge est illuminé de 25 000 diodes électroluminescentes (DEL) accrochées le long des câbles de suspension verticaux. Il s'agit de la plus grande sculpture DEL au monde. **The Bay Lights**, l'œuvre de l'artiste originaire du Nouveau-Mexique Leo Villareal, brille du crépuscule jusqu'à l'aube. Chaque petite lumière a été programmée individuellement par son concepteur. L'installation doit son existence à des mécènes. Pour des questions de sécurité routière évidentes, le spectacle haut en lumens n'est pas visible du pont même, mais on peut l'admirer depuis l'Embarcadero. La plus belle vue, selon moi, est depuis le restaurant **Waterbar**, où l'on peut profiter de l'expérience tout en dégustant des huîtres sur la terrasse. Tout simplement magique [399 Embarcadero].

167

Le puriste de la pizza

169 J'ai mangé la meilleure pizza de San Francisco chez **Una Pizza Napoletana**. Le restaurant appartient à Anthony Mangieri, un pizzaiolo qui perfectionne son art depuis plus de 30 ans. Ce passionné de vélo de montagne, aux bras et aux jambes complètement tatoués de symboles religieux et punks, se spécialise dans la pizza napolitaine. C'est devenu pour lui une véritable obsession. Malgré la popularité de son restaurant, il continue de faire chaque boule de pâte, de garnir et de cuire chaque pizza, seul et en silence. Un peu à l'image d'une autre légende de la pizza, Dom DeMarco, chez Di Fara à Brooklyn. Le restaurant d'Anthony est sans fla-fla, le four trône au centre de la salle, entouré de quelques tables de bois. Ce décor austère laisse toute la place à la pizza. Tel un maestro, Anthony prépare une centaine de pizzas tous les soirs, pendant que les convives attendent, impatients, que la leur sorte du four.

Né au New Jersey dans une famille italo-américaine, Anthony Mangieri est tombé amoureux de la pizza à l'âge de 15 ans. Il a mis plus de 20 ans à maîtriser la pâte au levain naturel. La croûte de sa pizza frôle la perfection. Le menu, concis, comporte cinq sortes de pizzas : Marinara, Margherita, Bianca, Filetti, et, ma préférée, Ilaria (mozzarella fumée, tomates-cerises, roquette, huile d'olive et sel de mer). Le samedi, Anthony ajoute l'Apollonia (œufs, salami, mozzarella de bufflonne, etc.). On ne sert ici ni entrée ni dessert. À 25 $ la pizza, ce n'est pas donné, mais les puristes seront ravis. Ouvert du mercredi au samedi de 17 h jusqu'à ce qu'il ne reste plus de pâte. Je vous suggère d'y aller tôt. On ne peut pas réserver [210 11th St].

Dans le quartier, j'aime aussi la pizza de **Zero Zero**, un restaurant à deux étages où l'on risque moins d'avoir à exercer sa patience. On y sert un vaste choix d'antipasti et, au dessert, de la crème glacée molle avec plusieurs garnitures au choix [826 Folsom St].

L'atrium d'Airbnb

170 SoMa (*South of Market*) est le quartier des entreprises de technologie à San Francisco. Elles y sont toutes, de Wired à Twitter en passant par Dropbox et Airbnb, cette fameuse plateforme communautaire de location de logements de particuliers fondée en 2008. Le quartier général d'**Airbnb** possède les plus beaux bureaux en ville. Ils ont complètement transformé une ancienne usine datant de 1917. Entrez jeter un coup d'œil à l'atrium doté d'un mur vert de 115 mètres carrés. Le public y a accès du lundi au vendredi. Les employés viennent travailler avec leurs vélos et leurs chiens. Les salles de réunion sont décorées comme certains appartements et maisons Airbnb à travers le monde : ici, on se croirait dans un appartement parisien ; là, dans une maison à Bali ; et là, dans une chambre à Milan... La cafétéria est une copie conforme de l'appartement du directeur général, Brian Chesky, dans le quartier SoMa, le tout premier appartement Airbnb [888 Brannan St]

Les Twitter, Airbnb, Zinga, LinkedIn et DropBox ont tous pignon sur rue à SoMa, si bien que dans un seul pâté de maisons, on trouve des entreprises dont la valeur totale est de quelque 50 milliards de dollars.

Les casse-croûtes des foodies

171

À cause de sa haute concentration de jeunes travailleurs, SoMa regorge de bons endroits pour luncher. **Deli Board** est un comptoir de sandwiches qui se spécialise dans le corned-beef et le pastrami. Le menu change chaque jour. Essayez le « Jay » (j'espère qu'il figurera au menu lors de votre passage), composé d'une montagne de tranches fines de dinde, de poivrons épicés, de fromage provolone et de leur sauce spéciale [1058 Folsom St].

Au **Darwin Cafe**, les sandwiches sont servis sur une baguette craquante, comme à Paris. On y propose plusieurs combinaisons de saveurs surprenantes, par exemple Nutella et mascarpone, ou dinde, confiture de rhubarbe, amandes rôties, aïoli et brie, mais aussi des classiques comme jambon, gruyère et moutarde de Dijon [212 Ritch St].

Pour le *comfort food*, je vous recommande **Citizen's Band** (A), un néo-*diner* au menu des plus éclectiques : mac and cheese, poutine, salade de chou frisé, soupe ramen et salade de farro figurent au menu [1198 Folsom St].

Pour un bon café après votre repas, passez chez **Sightglass Coffee** (B), un établissement à deux étages au look industriel. Le café est torréfié sur place, sous les yeux des clients. L'endroit sert de bureau à plusieurs jeunes entrepreneurs. En mezzanine, il y a un très populaire bar à affogato, le fameux dessert italien qui consiste en une boule de crème glacée arrosée d'espresso [270 7th Street].

171A

171B

172A

Haute cuisine dans SoMa

172 **Bar Agricole** (A) est le restaurant de toutes les occasions. Devant l'établissement, la grande terrasse verdoyante, agrémentée d'une fontaine, permet de manger sous les étoiles dans une atmosphère zen. Le grand bar, à l'intérieur, sert parmi les meilleurs cocktails au pays (de 11 à 17 $). Essayez-en un avec des huîtres ou quelques amuse-gueules. La cuisine californienne de la chef Melissa Reitz est au mieux et les plats sont colorés (salade d'agrumes avec des lentilles vertes, lime confite et chrysanthème, etc.). Les rideaux d'acrylique suspendus au plafond, les lattes de bois sur les murs, les uniformes des serveurs et les photos au-dessus du bar proviennent tous d'artisans de la région [355 11th St].

Le restaurant se trouve juste à côté de **Slim's**, salle de spectacle mythique où l'on peut entendre jazz, folk, blues, R&B, hip hop et heavy metal. Consultez le programme ici : slimspresents.com/slims [333 11th St].

Chez **AQ**, le menu, le décor et la livrée des serveurs changent selon les saisons. Le chef, Mark Liberman, propose chaque soir un menu à prix fixe de quatre services (82 $) ou un menu dégustation (110 $). Pour ce dernier, les serveurs ne vous montrent que la liste d'une trentaine d'ingrédients dont le chef s'est inspiré pour élaborer son menu. C'est ce qu'on appelle le « *farm to table* ». Des plats à l'apparence toute simple révèlent leur complexité à la première bouchée. Des amandes dans une salade sont plutôt des rondelles de panna cotta au lait d'amandes. Ce qu'on croit être une noix de Grenoble est en fait de la poudre qui se liquéfie au contact de la langue [1085 Mission St].

173

Le terrain vague des *food trucks*

173 Un des plus grands rassemblements de camions-cantines (*food trucks*) a lieu dans une zone industrielle de SoMa. **SoMa StrEat Food Park** est une véritable oasis dans un désert alimentaire. Le propriétaire des lieux, Carlos Muela, a patienté deux ans avant d'obtenir l'autorisation de la Ville pour remplir un terrain vague de camions-cantines. Le succès a été instantané. De la nourriture traditionnelle juive en passant par des mets guatémaltèques, mexicains et japonais, on ne sait jamais sur quelle sorte de cuisine on va tomber, puisqu'une dizaine de camions sont toujours en rotation. Un camion se spécialise dans le bacon et un autre propose bière, vin, sangria et mimosas à volonté le dimanche. Il y a une salle de bains sur place, des lampes chauffantes, une connexion wifi gratuite, des jeux d'arcade et des tables dans un autobus scolaire converti [428 11th St].

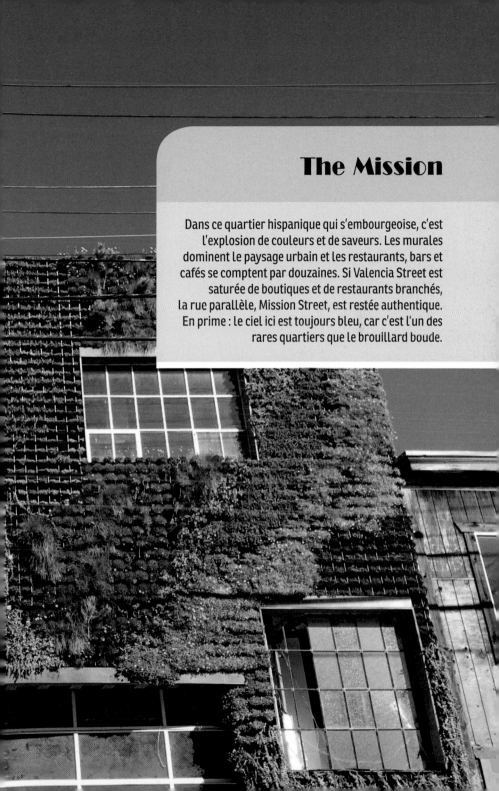

The Mission

Dans ce quartier hispanique qui s'embourgeoise, c'est l'explosion de couleurs et de saveurs. Les murales dominent le paysage urbain et les restaurants, bars et cafés se comptent par douzaines. Si Valencia Street est saturée de boutiques et de restaurants branchés, la rue parallèle, Mission Street, est restée authentique. En prime : le ciel ici est toujours bleu, car c'est l'un des rares quartiers que le brouillard boude.

ROSE ST
HAIGHT ST
WALLER
HERMAN ST
MCCOPPIN
PLUM
12TH ST
188
ELGIN PK
PEARL
188
DUBOCE
CLINTON PARK
188
WOODWARD
BROSNAN
14TH ST
ERIE ST
14TH ST
HENRY ST
15TH ST
MARKET ST
LANDERS
CHURCH ST
SHARON
RAMONA
ROSA PARKS
15TH ST
201
202
WIESS
CALEDONIA
NATOMA
MINNA
S VAN NESS AVE
188
CAPP ST
16TH ST
177
186
GUERRERO
ALBION
196
HOFF
181
185
19
PROSPER
POND
SANCHEZ ST
17TH ST
DORLAND
DEARBORN
CLARION
SYCAMORE
188
19
NOE ST
DORLAND
175
181
LINDA ST
201
18TH ST
176
175
OAKWOOD
178
190
187
190
197
195
199
181
19TH ST
19TH ST
HANCOCK ST
MISSION
DOLORES
CUMBERLAND
175
CUMBERLAND
189
LEXINGTON
SAN CARLOS
197
181
198
193
CASTRO ST
20TH ST
LIBERTY ST
174
DOLORES ST
20TH ST
VALENCIA ST
192
21ST ST
191
191
21ST ST
HILL ST
AMES ST
201
HILL ST
196
197
192
22ND ST
22ND ST
QUANCE ST
185
SAN JOSE
185
BARTLETT
MISSION ST
CAPP ST
ALVARADO
23RD ST
NOE
BLANCHE
NELLIE
CHATTANOOGA
FAIR OAKS ST
GUERRERO ST
24TH
CYPRESS
24TH ST
JERSEY ST
SANCHEZ ST
VICKSBURG
25TH ST
POPLAR
ORANGE ALLEY
LILAC ST
181
25TH ST
25TH ST
CLIPPER ST
195
185
26TH ST
26TH ST
CESAR CHAVEZ ST
PRECITA
27TH ST
COMERFORD
DUNCAN ST
MIRABE

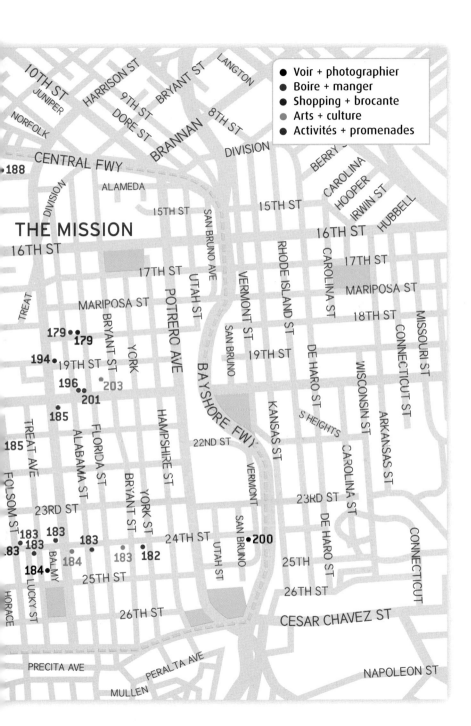

Voir + photographier
Boire + manger
Shopping + brocante
Arts + culture
Activités + promenades

10TH ST
JUNIPER
NORFOLK
HARRISON ST
9TH ST
DORE ST
BRYANT ST
LANGTON
BRANNAN
8TH ST
DIVISION
CENTRAL FWY
•188
DIVISION
ALAMEDA
BERRY
CAROLINA
HOOPER
IRWIN ST
HUBBELL
15TH ST
15TH ST
16TH ST
THE MISSION
16TH ST
SAN BRUNO AVE
RHODE ISLAND ST
CAROLINA ST
17TH ST
17TH ST
MARIPOSA ST
MARIPOSA ST
UTAH ST
VERMONT ST
18TH ST
MISSOURI ST
179••
179
BRYANT ST
YORK
SAN BRUNO
19TH ST
CONNECTICUT ST
194•
19TH ST
DE HARO ST
WISCONSIN ST
ARKANSAS ST
196•
•203
201
POTRERO AVE
BAYSHORE FWY
KANSAS ST
S HEIGHTS
•185
TREAT AVE
185
HAMPSHIRE ST
22ND ST
VERMONT
CAROLINA ST
FOLSOM ST
ALABAMA ST
FLORIDA ST
BRYANT ST
23RD ST
YORK ST
23RD ST
DE HARO ST
CONNECTICUT
183 183
.83 183
•184
183
184•
BALMY
LUCKY ST
183
24TH ST
SAN BRUNO
•200
25TH
UTAH ST
182
25TH ST
26TH ST
HORACE
26TH ST
CESAR CHAVEZ ST
PRECITA AVE
PERALTA AVE
NAPOLEON ST
MULLEN

La borne d'incendie en or

174 Lorsque le terrible tremblement de terre de 1906 a frappé San Francisco, détruisant près de 80 % de la ville et tuant plus de 3000 personnes, presque tous les dégâts ont été causés par les nombreux incendies dus aux fuites de gaz. Comble de malheur, de nombreuses conduites d'eau se sont rompues et toutes les bornes d'incendie étaient à sec. Les pompiers, impuissants, ont regardé leur ville partir en fumée. Miraculeusement, une borne d'incendie, dans le coin sud-ouest de Dolores Park, a survécu, et après une bataille de plus de sept heures contre les flammes, les pompiers ont réussi à sauver le quartier The Mission de la destruction totale. Chaque année, le 18 avril, à l'anniversaire du tremblement de terre, la borne reçoit une nouvelle couche de peinture dorée du chef des pompiers et des résidents, à 5 h 12 (l'heure exacte du début du séisme). On lui a affectueusement donné le surnom de **Little Giant** [20th St, à l'angle de Church St, hors du parc].

175

174

Pique-nique sur Hipster Hill

175 Observer les créatures qui peuplent **Dolores Park** est un spectacle en soi. Les joueurs de tam-tam se mêlent aux punks végétaliens, aux cyclistes, aux lanceurs de frisbee, aux yogis, aux fumeurs de cannabis, aux adeptes de Hare Krishna, aux pros du hula hoop, aux ivrognes, aux vendeurs de biscuits, de parts de pizza Costco ou de substances illicites... Par beau temps, près de 10 000 personnes s'entassent dans le parc le week-end. On dirait un mini Woodstock sous les palmiers, un large éventail des personnages colorés qui peuplent cette ville. La colline du parc porte le nom très approprié de Hipster Hill. En 2016, le parc a subi d'importants travaux (20 millions de dollars) pour le doter, entre autres, de nouvelles toilettes publiques [19th St à l'angle de Dolores St]. Pour faire le plein de provisions pour un pique-nique, allez chez **Bi-Rite Market** [voir raison 176 ; 3639 18th St] ou commandez une pizza pour emporter chez **Pizzeria Delfina** [3611 18th St] ou chez **Farina** [3560 18th St].

L'épicier

176

« Bienvenue dans mon anti-supermarché ! » s'exclame **Sam Mogannam**, propriétaire de **Bi-Rite**, petite épicerie qui a pignon sur rue depuis les années 1940. « Quand un client franchit la porte de mon épicerie, il est traité comme un invité à la maison. »

Le commerce où l'on ne vend que des produits locaux et bios fait partie intégrante de la vie du quartier et est étroitement associé au style de vie san-franciscain. On y va plusieurs fois par semaine pour se ravitailler en produits frais. Le miel vient des ruches sur le toit, les légumes, de son potager du comté de Sonoma, et les confitures, de la cuisine de sa mère.

La famille Mogannam, qui a immigré de la Palestine, a racheté le commerce en 1964. Sam a travaillé à l'épicerie de son père de l'âge de 6 à 17 ans, après l'école et à temps plein l'été. Il rêvait de devenir chef, mais il a finalement repris le flambeau de l'entreprise familiale en 1997. Il a conservé la façade Art déco, le néon et les luminaires d'origine, mais il a changé tout ce qui se trouvait sur les tablettes. Il a également ajouté une cuisine à aire ouverte pour préparer des plats à emporter, dignes des grands restaurants. Du jamais vu, à l'époque.

Le quartier vivait au même moment une transition. « Dolores Park était le siège des gangs de rue, les fenêtres des maisons du coin avaient toutes des grilles, et il n'était pas rare d'entendre des coups de feu. » Les policiers se sont finalement installés dans le parc en 1997 et tranquillement le vent a tourné.

Aujourd'hui, Sam considère ce tronçon de 18th Street [entre Dolores St et Guerrero St] comme le cœur culinaire de la ville, grâce à des établissements comme Tartine Bakery, la pizzeria Delfina, et son café favori, Fayes Video & Espresso Bar. Ne repartez pas sans avoir goûté à la crème glacée légendaire de sa femme [3639 18th St].

Le comptoir **Bi-Rite Creamery & Bakeshop** se trouve dans la même rue, à 100 mètres vers l'ouest [3692 18th St]. La glace aux fraises et vinaigre balsamique (servie le printemps et l'été) est divine, tout comme le sundae Sam's fait de crème glacée au chocolat, huile d'olive à la bergamote, sel de mer et crème fouettée.

Juste à côté, au numéro 3674, se trouve **18 Reasons**, l'organisme à but non lucratif que Sam a fondé. Il s'agit d'une école de cuisine pour familles en difficulté. « On apprend aux enfants à cuisiner les ingrédients frais. Pour plusieurs d'entre eux, c'est le seul moment de la semaine où ils mangent des légumes. Ils repartent ensuite à la maison avec un sac d'aliments pour leur famille. » Plus de 2500 étudiants y passent chaque année.

« Je veux créer une communauté à travers la nourriture. C'est la mission de notre épicerie. Je ne fais pas ça pour l'argent. Je veux juste nourrir le monde. »

La plus vieille église

177

Ne repartez pas sans être entré à l'intérieur de **Mission Dolores**, juste en face du parc. Construite de 1782 à 1791, c'est non seulement la plus vieille église de la ville, mais aussi le plus vieux bâtiment demeuré intact. Au début des années 2000, on a retrouvé, cachée derrière l'imposant autel, une murale peinte par des Indiens Ohlones durant la construction (une partie de cette murale est d'ailleurs reproduite sur la façade du Mission Community Market, dans Bartlett Street [entre 21th St et 22nd St]. Don José Joaquín Moraga, l'officier espagnol qui a fondé la mission San Francisco de Asís et le fort militaire du Presidio de San Francisco en 1776, est enterré sous l'autel. Le cimetière, à côté de la chapelle, est le lieu de repos de milliers d'Indiens Ohlones et Miwoks (les peuples autochtones de la région) qui ont participé à la construction de l'église. Les noms (mexicains, irlandais, anglais) sur les pierres tombales, dont celui de Don Luis Antonio Argüello, premier gouverneur de la Californie sous domination mexicaine, reflètent l'histoire fascinante de San Francisco [3321 16th St].

Le maître du pain

178 À partir de 16 h 30 chaque jour, une queue se forme devant **Tartine Bakery**. Tous veulent mettre la main sur une des 250 miches au levain naturel préparées par **Chad Robertson**, celui que l'on surnomme le « Jiro du pain » (en référence au maître japonais du sushi). Elles s'envolent en quelques minutes, comme... des petits pains chauds ! J'aime y aller en après-midi, quand la foule est moins nombreuse, pour commander leur légendaire grilled-cheese.

Une visite à San Francisco n'est pas complète si vous n'avez pas goûté les créations du célèbre boulanger et de sa femme pâtissière, Elisabeth Prueitt. Ils se sont rencontrés au début de la vingtaine, au Culinary Institute. Ils forment ce qu'on appelle un *power couple* dans le monde de la restauration à San Francisco. Chad, aujourd'hui à la mi-quarantaine, a grandi au Texas. Un jour, lors d'un voyage au Massachusetts, il a eu une révélation en découvrant le pain au levain du boulanger québécois Richard Bourdon (Berkshire Mountain Bakery). C'était la première fois qu'il sentait les effluves d'un pain cuit dans un four à bois. Bourdon est devenu son mentor. Chad a ensuite fait un stage en France, chez un autre maître, Patrick Le Port.

En revenant au pays, il a ouvert sa première boulangerie à Tomales Bay (90 minutes de route au nord de San Francisco). Il a passé six ans à perfectionner son art, perdu dans une transe hypnotique. Chad s'est donné comme défi de

confectionner un pain que même les intolérants au gluten pourraient digérer. Pour ce faire, il n'utilise que des farines de grains anciens entiers moulus sur place, puis un levain naturel au cours de la fermentation de quelques jours. Il emploie beaucoup d'eau pour hydrater et il cuit son pain dans un four à bois très chaud. Le résultat est irrésistible : une mie légèrement humide, aérée, et une croûte craquante. « Une miche avec une vieille âme ! » dit-il.

Chad attribue une partie de son succès à la région. « Le train de vie à San Francisco est plus lent, donc on a le temps d'expérimenter et de se passionner pour une seule chose. À New York, il faut avant tout payer le loyer ! Je crois aussi que les San-Franciscains apprécient le travail des artisans. »

Chad a choisi d'inverser l'horaire typique des boulangers, question d'améliorer sa qualité de vie. Surf le matin et cuisine l'après-midi. Voilà pourquoi il ne vend ses pains qu'à partir de 17 h. Au cours des prochaines années, il prévoit ouvrir d'autres succursales de Tartine à San Francisco, Los Angeles, New York et Tokyo. « Tartine est plus grand que moi, maintenant. Il appartient à mes équipes de porter le flambeau », m'a-t-il dit lors de notre rencontre au café Blue Bottle, dans The Mission, où tout le monde vient le saluer. Aucun doute : à San Francisco, il est le messie des *foodies* [600 Guerrero St].

Au moment où j'écris ces lignes, Tartine devait fermer temporairement ses portes pour cause de rénovations. La date de la réouverture n'était pas encore connue. Vous pouvez toujours vous rabattre sur leur autre succursale (voir raison n° 179).

Céramique et gourmandises

179 Dans n'importe quel bon restaurant de San Francisco, regardez sous les tasses et les assiettes : il y a de bonnes chances que vous trouviez l'inscription «**Heath Ceramics**». Si je pouvais me le permettre, toute ma vaisselle viendrait de cet endroit. La céramiste Edith Heath (1911 - 2005) a fondé la marque de poterie en 1947, influencée par le mouvement Bauhaus et la poterie du Nouveau-Mexique. Soixante-dix ans plus tard, son entreprise continue de produire artisanalement la vaisselle de style mid-century modern. À la boutique du quartier Mission, on peut voir la fabrique. Pour faire une visite guidée gratuite, on peut réserver sa place à cette adresse électronique : heathceramics.com/san-francisco [2900 18th St].

On trouve sur place une succursale de la populaire chaîne **Blue Bottle Coffee** ainsi que la nouvelle boulangerie-restaurant de Chad Robertson (le propriétaire de Tartine), **The Manufactory**. Ici aussi, on peut observer les pâtissiers à l'œuvre et leur moulin à farine derrière une grande vitre. Dans cet espace de 465 mètres carrés, tout est fait à la main : crème glacée, confitures, cornichons, pains, pâtisseries, et même les pizzas dont la pâte au levain naturel bénéficie d'une longue fermentation. Vous n'avez jamais mangé une pizza si facile à digérer.

L'expérience du Danger Dog

180 Une autre tradition dans le quartier Mission, surtout après une soirée bien arrosée, est de manger un **Danger Dog**, hot-dog enveloppé de bacon et préparé sur des chariots de fortune aux coins des rues. Servi avec oignons grillés, piments jalapeño, ketchup, moutarde et mayonnaise, le Danger Dog est la version san-franciscaine du Dirty Dog new-yorkais... en bien meilleur. Laissez-vous guider par l'odeur dans Mission Street ou Valencia Street [entre 16th et 24th St].

La quête du meilleur burrito

181

Un débat éternel fait rage à San Francisco : où mange-t-on le meilleur burrito ? Chaque personne a établi son palmarès. Voici le mien : d'abord, **La Taqueria** (A), pour l'ambiance et pour le sympathique propriétaire, Miguel Jara. Ses burritos ne contiennent pas de riz. Essayez le Carnitas (au porc braisé), son plus grand succès [2889 Mission St].

Si la file d'attente est trop longue, mettez le cap sur **Taqueria Cancún** (B), un peu plus au nord, dans la même rue. Le décor est coloré comme un jour de fête. La spécialité : le Burrito Mojado (burrito humide), nappé de salsa bien épicée, de guacamole et de crème aigre [2288 Mission St].

J'aime aussi **Pancho Villa Taqueria** pour ses énormes burritos, ses salsas et ses tacos aux crevettes [3071 16th St]. Authentique taqueria familiale, **El Buen Sabor** est la cantine de quartier idéale. On y mange pour à peine 5 $. Le burrito végétarien, la guacamole et les quesadillas sont délicieux [699 Valencia St].

Petit déjeuner à la mode rétro

182

Pour le brunch, j'aime m'arrêter à **St. Francis Fountain**, un vieil ice cream parlor empreint de nostalgie, fondé en 1918 par une famille d'immigrants grecs. Le décor n'a pas changé depuis les années 1950, mais le menu a été adapté aux goûts du jour. En plus des traditionnels plats de *diner* en portions impressionnantes et des fameux milk-shakes, le menu propose plusieurs options végétaliennes, dont les moelleuses crêpes aux bleuets [2801 24th St].

Promenade culturelle dans 24th Street

183

24th Street, entre Alabama et Folsom, est mon tronçon de rue préféré dans The Mission. La rue est bordée d'arbres et on y trouve plusieurs boutiques indépendantes, comme le magasin de livres et papeterie éclectiques **Press : Works On Paper** [3108 24th St] ; des galeries d'art uniques, comme **Galería de la Raza** qui expose le travail d'artistes latino-américains [2857 24th St] ; des pâtisseries mexicaines authentiques comme **La Victoria**, ouverte depuis 1951 [2937 24th St] ; des restaurants cubains, par exemple **El Nuevo Frutilandia** où il faut goûter au Mofongo au porc rôti [3077 24th St] ; et des cafés au design scandinave comme **Haus**, dont la terrasse, à l'arrière, est un secret bien gardé [3086 24th St]. C'est le mélange des genres dans une seule rue.

Arrêtez-vous chez **Wise Sons Jewish Delicatessen**, spécialisé dans les mets traditionnels juifs préparés avec des ingrédients frais locaux. Tout est fait sur place, du pain de seigle au gâteau « babka » au chocolat en passant par les cornichons. Essayez leur sandwich au pastrami accompagné d'une soupe Matzo. Le sandwich aux œufs, fromage et avocat sur pain bialy est idéal pour le petit déjeuner [3150 24th St].

Terminez votre promenade avec une glace chez **Humphry Slocombe**, un petit comptoir artisanal aux parfums originaux, comme lime et cayenne, bourbon et corn-flakes, kumquats et graines de pavot, fromage de chèvre et sorbet au vin rouge, miso et poires. Les parfums changent chaque mois, on ne sait jamais sur quelle glace surprenante on va tomber [2790 Harrison St].

Ruelles en Technicolor

184

On compte près de 3000 murales extérieures à San Francisco, et elles sont surtout concentrées dans The Mission. Elles enjolivent les portes de garage, les façades des commerces et les murs des écoles. Deux ruelles méritent une visite : **Clarion Alley** (entre Valencia et Mission St) ; et **Balmy Alley** (entre 24th et 25th St), laquelle en compte une quarantaine.

La muraliste Patricia Rose habite The Mission depuis les années 1970. Elle fait partie du collectif **Precita Eyes Muralists**, un organisme à but non lucratif fondé en 1977 pour encourager la communauté à réaliser des murales. « C'est un projet rassembleur », dit celle qui dirige des visites guidées des murales. Vous pouvez réserver votre place en écrivant à tours@precitaeyes.org ou en vous présentant sur place (2981 24th St).

On dit que c'est l'artiste mexicain Diego Rivera qui a introduit cette forme d'art à San Francisco dans les années 1930. L'art des murales a vécu une renaissance dans les années 1970. La plupart des murales étaient alors peintes par des femmes et reflétaient la réalité des immigrants du Nicaragua, du Salvador et du Guatemala, qui fuyaient la violence. « The Mission a toujours été une porte d'entrée pour plusieurs immigrants », m'explique Patricia.

Aujourd'hui, les murales évoquent une autre réalité, celle de l'embourgeoisement : les plus fortunés s'installent dans un quartier et en chassent les plus pauvres. Les messages politiques dénoncent Silicon Valley et les promoteurs immobiliers. « Telle est la vie à San Francisco : un cycle en remplace un autre, c'est ainsi depuis la ruée vers l'or », ajoute-t-elle.

Le quartier des foodies

185 The Mission est probablement le quartier où il y a le plus grand nombre de restaurants au mètre carré. Il y en a pour tous les goûts et tous les budgets. Pour les pâtes et la pizza, trois restaurants se démarquent : **Flour + Water** pour sa cuisine italienne saisonnière aux influences californiennes [2401 Harrison St]; **Locanda Osteria** pour sa cuisine romaine [557 Valencia St]; et **Beretta** pour sa grande sélection d'antipasti et pour ses pizzas à croûte mince [1199 Valencia St].

Le bistro **Heirloom Cafe** est le favori de plusieurs chefs pour sa cuisine du marché, ses influences méditerranéennes et sa grande sélection de vins. Le propriétaire, Matt Straus, accueille tous les clients comme s'il les recevait chez lui. Les habitués savent qu'il faut commander le hamburger (12 $). Il est à noter qu'il ne figure pas au menu. L'épaisse et juteuse galette de viande est servie sur un muffin anglais maison avec fromage époisses, confiture d'oignons et roquette [2500 Folsom St].

Pour un repas gastronomique, **Aster** (A) propose un menu prix fixe de quatre services pour une soixantaine de dollars. C'est une cuisine californienne aux influences japonaises. Lors de mon passage, je me suis régalée de chips d'algues garnies d'oursins, d'une soupe froide de betteraves jaunes, de dumplings aux pommes de terre et de saumon cuit à la perfection [1001 Guerrero St].

Chez **AL's Place**, les légumes sont les stars du menu, la viande étant reléguée à la section sides. Le jeune chef, Aaron London, a travaillé deux ans au Pied de Cochon à Montréal. C'est un génie des saveurs. Il utilise toutes les parties d'un légume, la tige, la pelure, la pulpe, les graines – rien n'est gaspillé. Commandez la salade de jeunes pousses, purée d'avocat et crumble de coings, et le plat signature du chef, la morue noire à la lime nappée d'un bouillon de cari servi à table. Même les frites (8 $) ont droit à un traitement

186

spécial. Marinées dans la saumure pendant 96 heures, avec des feuilles de chou pour accélérer la fermentation, elles sont ensuite frites dans l'huile de son de riz et servies avec une sauce barbecue aux pommes [1499 Valencia St].

Bar Tartine est une institution du quartier depuis son ouverture en 2005 (mais ce bar devrait possiblement changer son nom pour « Crescent »). Les chefs, Nick Balla et Cortney Burns, puisent leur inspiration en France, au Japon, en Hongrie et dans les pays scandinaves. Ils utilisent différentes techniques de fermentation pour rehausser les saveurs de chaque plat. Prenez place au bar et laissez-vous émerveiller. Une assiette de crudités vous fera tomber amoureux d'un simple radis. Le tartare de bœuf, servi sur une tranche épaisse de pain au levain, et les croquettes aux lentilles germées, sont mes plats préférés [561 Valencia St].

185 A

186   187

L'art qui change des vies

186 **Creativity Explored** est une galerie d'art tout à fait unique à San Francisco. Fondé en 1983 pour aider les artistes aux prises avec des déficiences intellectuelles, l'organisme à but non lucratif les soutient dans la création, l'exposition et la vente de leurs œuvres. Les fondateurs, l'artiste et éducatrice Florence Ludins-Katz et le psychologue Elias Katz, croient que l'expression artistique peut changer la vie. Cela semble fonctionner, puisque j'ai rarement vu un endroit si joyeux, coloré et peuplé d'êtres si attachants. Le grand studio, derrière la petite galerie, est ouvert au public. Vous pouvez rencontrer les 75 artistes qui vous montreront fièrement leur art. Certains ont un talent incroyable. Âgés de 20 à 83 ans, ils ont été dirigés à cet endroit par des travailleurs sociaux. Ils ont accès à des cours donnés par des artistes professionnels et tout le matériel leur est fourni. Ils font de la peinture, du dessin, de la poterie, du tricot ou de la céramique. Cinquante pour cent de la vente des œuvres revient aux artistes. Certaines pièces se retrouvent même dans des musées. Ouvert du lundi au vendredi de 10 h à 15 h; le jeudi jusqu'à 19 h. Les artistes quittent les lieux à 14 h chaque jour. La galerie est aussi ouverte le week-end, de midi à 17 h [3245 16th St].

Le restaurant dans le restaurant

187 « Éclectique » est le premier mot qui me vient à l'esprit pour décrire **Mission Chinese Food**, le restaurant-culte du chef vedette Danny Bowien, l'enfant terrible de la restauration à San Francisco. Né en Corée du Sud et adopté par une famille de l'Oklahoma, Bowien est un autodidacte de la cuisine chinoise. Il a appris seul à maîtriser la cuisine szechuan qu'il agrémente aujourd'hui d'influences européennes. Il a ouvert, en 2001, un restaurant pop-up à l'intérieur d'un établissement chinois délabré, Lung Shan Restaurant, dans Mission Street (l'enseigne jaune y est toujours). Le propriétaire avait accepté de partager sa cuisine. Les plats de Bowien sont devenus si populaires qu'il a finalement pris possession des lieux complètement. Le décor de bric-à-brac est resté le même : dragons de papier suspendus au plafond, lanternes chinoises et vieux papier peint. Le menu est en constante évolution, mais certains plats demeurent. Essayez le riz frit à la morue salée et le plat de pastrami Kung Pao, le célèbre Tofu Mapo ou l'étrange – mais satisfaisant – burrito chinois. Une portion des profits est remise à des œuvres de bienfaisance [2234 Mission St].

Ramen, sushi et compagnie

188

« *No Ramen No Life* », tel est le slogan de **Ken Ken Ramen** (A), un petit restaurant au plafond couvert de lanternes rouges, où l'on prend l'art du ramen très au sérieux. Les bouillons sont savoureux et l'on propose plusieurs versions de soupes végétariennes ou végétaliennes. Je vous recommande le classique Hakata Tonkotsu (bouillon de porc garni de porc braisé, œuf, échalotes, champignons, gingembre mariné et huile à l'ail). Un repas complet coûte 12 $ [3378 18th St].

J'aime aussi l'ambiance, la musique hip hop et le décor moderne japonais d'**Orenchi Beyond**. Les soupes ramen sont préparées sous les yeux des convives, comme à Tokyo [174 Valencia St]. De l'autre côté de la rue, il y a un de mes restaurants préférés, **Burma Love** (B), cuisine birmane au décor moderne. Prenez place au bar si l'attente est trop longue. Je commande la salade de feuilles de thé vert fermentées, le cari d'aubergine et le riz à la noix de coco [211 Valencia St].

Puristes des sushis, sachez que **Maruya** est le meilleur restaurant du quartier. Pour trouver mieux, vous devrez prendre l'avion jusqu'au Japon. Le restaurant honore la tradition Edomae (les poissons viennent pour la plupart de la baie de Tokyo), le décor est zen avec des accents de bois, et les chefs travaillent en silence. Si votre portefeuille vous le permet, choisissez le menu Chef's Omakase (150 $ par personne). Il est aussi possible de commander à la carte [2931 16th St]. Pour une expérience plus abordable et moins intimidante, chef Ao prépare des rouleaux originaux et frais qui coûtent à peine 5 $ au petit comptoir **Sushi Zone** [1815 Market St].

En pénétrant dans la cour intérieure d'**Izakaya Rintaro**, on se sent transporté au Japon. Le chef, Sylvan Brackett (né à Kyoto, il a grandi en Californie), a rempli l'espace d'antiquités rapportées du Japon et il a demandé à son père, un menuisier talentueux, de construire tout le mobilier. Le résultat est ultra-zen. Sylvan recrée les classiques des izakayas (tavernes japonaises) avec des ingrédients californiens. Commandez les *yakitori* (brochettes de viande ou de légumes de votre choix, grillées sur feu de charbon) ou le *teba no karaage*, un poulet frit japonais [82 14th St].

La boutique de pirates

189 Valencia Street, entre 16th et 24th Street, regorge de boutiques indépendantes et éclectiques, mais le **826 Valencia** se distingue des autres. Les plus jeunes adorent cette boutique inusitée où l'on vend des barbes postiches, des pilules antiscorbutiques, des drapeaux de pirates, des prothèses en forme de crochet, des boussoles, de la poudre magique pour s'enfuir du ventre d'une baleine, et des instruments pour polir un trésor. Ce magasin général pour pirates abrite, derrière une porte secrète, un atelier d'écriture pour les enfants qui éprouvent des difficultés d'apprentissage. La vente des articles sert à financer les ateliers gratuits, donnés par des bénévoles du quartier. Pourquoi une boutique de pirates comme façade? Parce que l'organisme à but non lucratif, fondé en 2002 par l'auteur Dave Eggers et l'éducatrice Nínive Calegari, se trouve dans une zone commerciale. Leur organisation a aujourd'hui des succursales un peu partout aux États-Unis. Chaque ville a un thème différent. À New York, c'est une boutique pour super-héros; à Los Angeles, une épicerie pour les voyages dans le temps; à Ann Arbor (Michigan), un entrepôt pour les robots; et à Chicago, un magasin pour les agents secrets. Le but est d'attirer les enfants dans un environnement où leur imagination peut prendre son envol [826 Valencia St].

190A

L'heure du brunch

190 Pour un cadre champêtre, j'opte pour **Stable Café** (A), aménagé dans l'étable de James D. Phelan qui fut maire de San Francisco de 1897 à 1902. Un joli jardin fleuri, doté de plusieurs tables, jouxte le café. Une oasis en pleine ville. Le menu est simple et sain – sandwiches aux œufs, croque-madame, huevos rancheros, granola, paninis, salades de quinoa [2128 Folsom St].

Quand je dois satisfaire une rage de fromage, je remercie **Mission Cheese** d'exister. On y sert parmi les meilleurs grilled-cheese en ville. Je choisis le California Gold (cheddar californien, fromage de chèvre, prosciutto, confiture de figues), la Raclette (un bol de patates rôties nappées de fromage fondu avec cornichons) ou le Mac & Cheese croustillant [736 Valencia St].

Pour sortir des sentiers battus, je ne suis jamais déçue par **Gracias Madre** (B), un restaurant mexicain végétalien que même les carnivores adorent. Je commande les quesadillas de Calabaza (patates douces rôties, oignons caramélisés, «fromage» de noix de cajou et graines de citrouille) et un smoothie Tropical Green (mangue, ananas, épinards, lait de coco, gingembre et sel de mer). Ce restaurant, où l'on sert des aliments biologiques et locaux, appartient à la populaire chaîne Café Gratitude de Los Angeles. De 15 h à 18 h la semaine, les tacos et cocktails coûtent 5 $ [2211 Mission St].

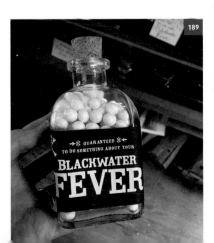

189

191

Cinéma al fresco et cuisine californienne

191 Pour une soirée romantique, **Foreign Cinema** est l'endroit idéal. Le restaurant possède un jardin intérieur à ciel ouvert, décoré de guirlandes lumineuses, et l'on y projette des films sur le mur du fond, des grands classiques du cinéma et des œuvres plus récentes. Lors de mon passage, les images du film *La famille Tenenbaum* de Wes Anderson illuminaient la cour. L'espace est immense. On emprunte d'abord un long corridor bordé de bougies, conduisant à un grand loft moderne avec un foyer, une mezzanine, un bar et le patio extérieur chauffé où sont projetés les films. Il y a des tables dans les différents espaces. Une galerie d'art, **Modernism West**, jouxte le patio. On peut donc aller admirer des œuvres d'art entre l'entrée et le repas principal. Le menu est une célébration des ingrédients californiens. Le couple de chefs, John Clark et sa femme, Gayle Pirie, élaborent des plats colorés et frais, dont une entrée de fromage de chèvre à la lavande avec crudités et crostini ; une brandade de morue ; un *ceviche* de thon, mangue et avocat ; un carpaccio de bœuf ; un bar grillé de Santa Barbara ; et une grande sélection d'huîtres. Le restaurant est aussi une place de choix pour le brunch. Je vous suggère de réserver à l'avance [2534 Mission St].

Le cinéma parfait

192 **Alamo Drafthouse**, un cinéma pas comme les autres, est aménagé dans un ancien théâtre des années 1920, le New Mission, qui a été entièrement rénové. Entre les rangées de sièges, de longs comptoirs servent de tables communes. On commande directement de son siège en inscrivant sa commande sur un bout de papier. Le cinéma propose un service de bar complet et une longue liste de cocktails originaux, de milk-shakes et de snacks allant du pop-corn au beurre de truffes et parmesan aux poivrons shishito et aux biscuits fraîchement sortis du four, en passant par les salades, hamburgers, côtes levées, macaronis au cheddar vieilli et pizzas végétaliennes. Il est possible de réserver le numéro de son siège, comme pour un spectacle. On suggère aux clients d'arriver tôt pour voir les courts métrages avant le film principal [2550 Mission St].

Poursuivez votre soirée chez **El Techo**, le seul bar sur le toit (*rooftop*) du quartier [2516 Mission St]

La maison portrait

193
À l'angle de Capp Street et 20th Street, une maison victorienne grise, à l'enseigne de réparateur d'accordéons dans la fenêtre, se distingue dans le quartier. Pendant près de 30 ans, cette maison a servi de résidence et de studio à David Ireland, qui fut l'artiste conceptuel le plus influent de la côte Ouest. On peut aujourd'hui la visiter et découvrir l'univers de cet artiste fascinant.

À l'intérieur de **500 Capp Street**, les visiteurs découvrent des meubles, des écrits, et de nombreuses sculptures confectionnées avec des objets de la vie quotidienne. Tout est chargé d'humour. L'artiste a accroché de petits mots à côté de certains trous dans les murs de l'escalier, dont celui-ci : « Le coffre-fort s'est échappé une seconde fois, 5 novembre 1975. »

Avec les années, 500 Capp Street est devenue l'autoportrait de David Ireland et sa plus grande œuvre d'art, reflétant son histoire personnelle et incarnant sa philosophie artistique. L'artiste a acheté la maison délabrée en 1975 pour 50 000 $. Il a passé les deux années suivantes à la dépouiller, comme l'aurait fait un archéologue, grattant les couches de peinture et le papier peint, enlevant les moulures, ne laissant que des murs nus, le squelette du bâtiment.

Au premier étage, la salle à manger, sombre comme une grotte, déborde d'objets ramenés de ses voyages en Afrique. Au deuxième étage, les murs jaunes, recouverts de vernis polyuréthane, prennent une brillante couleur ambrée en fin de journée.

Ireland a quitté la maison en 2004 en raison de sa santé défaillante (il est décédé en 2009). Le sort de la maison est demeuré incertain jusqu'à ce qu'en 2008, la mécène Carlie Wilmans, petite-fille de la célèbre philanthrope Phyllis C. Wattis, rachète la maison et crée la Fondation 500 Capp Street.

« J'ai visité cette maison pour la première fois en 2008, juste avant qu'elle soit mise en vente, dit Carlie. J'ai eu l'impression de mettre les pieds dans un autre monde. La maison est traditionnelle de l'extérieur, mais totalement contemporaine à l'intérieur. Elle a miraculeusement survécu aux tremblements de terre et aux incendies. Il y une aura spéciale autour de cette demeure. J'ai voulu à tout prix la sauver. »

Des visites guidées de 90 minutes ont lieu du mercredi au samedi à 11 h, 14 h et 16 h. Il y a une visite nocturne le dernier jeudi de chaque mois. Réservez votre billet (20 $ pour les adultes) ici : 500cappstreet.org/visit.

Journée de pluie aux quilles

194 **Mission Bowling Club** est une salle de quilles de six allées au style rétro, qui se démarque par son menu. On se spécialise dans le *comfort food* pour les gourmets et dans les cocktails, vins californiens et bières artisanales. C'est l'endroit parfait où passer la journée entre amis, quand le temps se couvre. Au menu : tacos à l'épaule de porc, chips maison, côtes levées, risotto, burgers végétaliens et le célèbre Mission Burger. Vous pouvez réserver votre allée à cette adresse électronique : missionbowlingclub.com [3176 17th St].

Autre destination intéressante les jours de pluie : le centre d'escalade intérieure **Mission Cliffs**, le plus ancien à San Francisco et un des plus grands, avec ses 2137 mètres carrés d'espace d'escalade. On peut grimper des murs de 15 mètres de haut. Les néophytes peuvent suivre un cours, et il est possible de louer l'équipement sur place. Le laissez-passer pour la journée coûte 20 $ [2295 Harrison St].

194

Desserts de choix

195 Le chef prodige William Werner réinterprète les grands classiques de la pâtisserie française chez **Craftsman and Wolves** (A), sa pâtisserie ultramoderne. Au menu : gougères au cheddar fumé et flocons de chili ; croissants tahini et fruits de la passion ou noisettes, dattes et whisky ; pain au chocolat déconstruit ; scones thaï au cari vert, gingembre confit et noix de coco ; gâteau à l'hibiscus ; œuf dur dans un muffin salé. Le menu, en constante évolution, surprend autant les papilles que les yeux [746 Valencia St].

Avis aux amateurs de chocolat : **Dandelion Chocolate** vaut le détour, ne serait-ce que pour humer l'odeur qui embaume cette chocolaterie artisanale. Toutes les étapes de la préparation du chocolat ont lieu sur place, de la torréfaction des fèves de cacao à l'emballage des délicates tablettes, sous les yeux des clients. On propose des visites guidées de la fabrique du mercredi au samedi à 18 h (5 $). On peut goûter le chocolat à toutes les étapes de sa préparation et l'on déguste un chocolat chaud à la fin [740 Valencia St].

À **Mission Pie**, on ne sert que des tartes maison. Tous leurs produits, comme les œufs, le blé et les fruits, viennent de fermes des environs. La sélection de tartes change chaque jour et suit les saisons : fraises et rhubarbe au printemps, pêches et petits fruits l'été, citrouille l'automne... À déguster avec un café latte. On y propose aussi quelques tartes végétaliennes et même des tartes salées. Le restaurant joue un rôle important dans The Mission, puisqu'il emploie plusieurs jeunes du quartier [2901 Mission St].

195A

197

La tournée des bars

196 The Mission est probablement le quartier de San Francisco où l'on trouve le plus grand nombre de bars, et de tous styles. **Trick Dog** est le plus original et probablement le plus ludique. Tous les six mois, la liste des cocktails et le thème du bar changent. Le menu peut prendre la forme d'un nuancier Pantone, d'une carte touristique de la ville, d'un calendrier de chiots, d'une roue des signes du zodiaque ou d'un menu de restaurant en chinois qu'il faut décrypter. Lors de ma dernière visite, le menu ressemblait à un dossier top secret et certains cocktails s'appelaient Biggie and Tupac, Illuminati, Moon Landing, Elvis Sighting et Area 51 [3010 20th St].

Je vais souvent chez **Lone Palm**, un bar éclairé aux chandelles, où l'on peut boire un martini assis confortablement à une table recouverte d'une nappe blanche. Le décor de style Art déco, les palmiers et les néons roses lui donnent un air de Miami. Le petit bar est toujours peuplé de personnages colorés et est propice aux rencontres fascinantes [3394 22nd St].

Hideout est un bar caché dans un autre bar. Entrez par la porte du bar Dalva et repérez, au fond de la pièce, une porte qui mène à un bar « clandestin » d'à peine 45 mètres carrés. On y sert des cocktails spécialisés faits avec des jus fraîchement pressés, des sirops artisanaux et des herbes fraîches. La déco est éclectique ; une photo de Farrah Fawcett orne le mur au-dessus du bar [3121 16th St].

Les bars dansants

197 Pour écouter de la musique *live*, j'aime aller chez **Revolution Cafe**, un bar bohème fréquenté par les habitants du quartier. Chaque soir de la semaine, il y a des concerts de musique classique, pop, musique du monde et jazz (entrée libre). Les jeudis après-midi, la rue est fermée à la circulation devant le commerce et se transforme en marché public [3248 22nd St].

Les lundis soir, je vais chez **Amnesia** pour les concerts de bluegrass. Les mercredis soir sont réservés au jazz. L'entrée est gratuite [853 Valencia St]. Pour danser, l'énergie à **Little Baobab** (A) est imbattable. Le restaurant sénégalais se transforme en piste de danse à partir de 22 h ; on repousse les tables et les convives dansent sur des rythmes de musique africaine ou brésilienne, de reggae, jusqu'à deux heures du matin. Les mercredis soir sont réservés à la salsa [3372 19th St].

Les San-Franciscains aiment se démarquer par leurs choix d'ingrédients bio et locaux : des oeufs de canard au lieu des oeufs de poule, de l'amarante au petit déjeuner plutôt que du banal gruau, de la crème glacée avec du lait de bufflonne plutôt que du lait de vache.

Le musée psychédélique dans une maison victorienne

198

198 De l'extérieur, la maison blanche à étage de 20th Street, entre Capp et Mission Street, a l'air de n'importe quelle autre maison victorienne typique de San Francisco. À l'intérieur, on découvre un univers délirant : l'**Institute of Illegal Images**, aussi connu sous le nom de LSD Museum.

C'est ici qu'habite l'artiste Mark McCloud, qui a rassemblé une des plus grandes collections d'art psychédélique du monde. Des centaines d'œuvres, faites avec plus de 33 000 buvards imbibés de LSD, ornent les murs.

« L'acide sur le papier n'est plus actif à cause des effets du temps et du contact avec l'oxygène », m'explique-t-il alors que je prends place au salon, dans un vieux fauteuil. Au-dessus du foyer trône une photo d'Albert Hofmann, le scientifique suisse qui a découvert le LSD en 1943. Hofmann est mort en 2008 à l'âge de 102 ans. « C'est Big Al, le père du LSD », dit Mark en saluant la photo.

La mission de Mark McCloud est de préserver les vestiges de la culture de la drogue qui a sévi dans les années 1960, « pour que nos enfants puissent mieux nous comprendre ».

Début de la soixantaine, Mark est grand et costaud. Ses longs cheveux poivre et sel sont coiffés vers l'arrière, il lui manque une dent, il porte deux paires de lunettes autour du cou, une chemise à motifs, un veston de velours trop grand, et il a toujours une cigarette à la main. Il allume chaque nouvelle cigarette avec le mégot de celle qu'il termine.

Sa maison, un vrai moulin, fait office de club social pour ceux qui vivent en marge de la société. La porte d'entrée est grand ouverte. On entre pour le saluer ; on vient lui porter un café.

Né à Détroit et élevé en Argentine, Mark a commencé à prendre des drogues psychédéliques à l'adolescence. Quelques jours après son 18e anniversaire de naissance, en 1971, alors qu'il était étudiant en médecine à l'Université de Santa Clara en Californie, il dit avoir vécu « une expérience de mort et de renaissance » après avoir pris pour la première fois un puissant LSD appelé Orange Sunshine.

« J'ai changé du tout au tout. C'est après ça que j'ai commencé ma collection de buvards. Ça fait plus de 40 ans. C'est mon devoir de raconter l'histoire du LSD. »

Après quelques années à Paris, il a abouti à San Francisco en 1971, où il a vécu pendant un certain temps dans les studios Zoetrope de Francis Ford Coppola. Il a réussi à acheter la maison de 20th Street en 1983 grâce à une subvention pour les arts du gouvernement Reagan, en pleine ère de la « guerre à la drogue ». Ironique.

Mark s'est bien évidemment retrouvé dans le collimateur du FBI. Des agents ont procédé à des saisies à son domicile et l'ont arrêté à deux reprises, en 1992 et en 2001, pour l'accuser de complot en vue de distribuer du LSD. Il a été acquitté les deux fois. « Jamais deux sans trois ! Je me prépare à ce qu'ils reviennent un jour ! » Si vous souhaitez visiter le musée, écrivez à Mark à l'adresse suivante : mark@blotterbarn.com [2475 Mission Street].

Le Supper Club

199

Lazy Bear n'est pas un restaurant comme les autres. Pour y manger, il faut d'abord acheter un billet sur le site Internet de l'établissement, comme pour un concert ou une pièce de théâtre. Le repas et le pourboire étant prépayés, le soir de la sortie on a réellement l'impression d'être invité à dîner chez quelqu'un.

Quarante personnes à la fois sont conviées à partager cette expérience gastronomique faite sur mesure par le chef David Barzelay. Les invités sont d'abord accueillis par des hôtesses en chemise à carreaux et conduits sur la mezzanine décorée comme un chalet de style mid-century modern. C'est le moment de faire connaissance tout en buvant un verre de punch et en dégustant des hors-d'œuvre. Quarante-cinq minutes plus tard, on vous escorte à une des deux grandes tables pour le début du repas. On assigne une place à chacun, ce qui stimule les rencontres. Il n'y a pas de séparation entre la cuisine et la salle à manger, on peut donc voir les cuisiniers à l'œuvre.

« Nous allons vous interrompre plusieurs fois durant le repas », prévient à la blague le chef Barzelay (les mots « Lazy Bear » sont une anagramme de son nom). Il se présente et demande à chacun de se présenter à son voisin. La glace est brisée.

Après avoir rompu le pain, la symphonie de sept services commence. Le menu change chaque semaine. Lors de mon passage, c'était une crème anglaise de pois verts, un bouillon d'oignons grillés, du flétan aux truffes, lapin, agneau, et une myriade de desserts aux saveurs insoupçonnées. Le menu est présenté dans un carnet avec crayon, ce qui incite les invités à prendre des notes durant le repas.

Voilà une expérience sans pareille, mais onéreuse. Le repas coûte de 155 à 185 $ pour les 14 services. On doit acheter son billet au moins un mois à l'avance à cette adresse : lazybearsf.com [3416 19th St].

La galerie cachée

200

Plusieurs personnes passent chaque jour devant la petite maison vert et jaune aux fenêtres placardées, située au bout de 24th Street, sans se douter que derrière la porte se cache une galerie d'art secrète. La seule façon de voir à l'intérieur de la **Savernack Street Gallery** est d'appuyer sur l'interrupteur, à côté de la porte, et de regarder par le judas (« œil magique »). L'art miniature qui se trouve dans la petite pièce, de l'autre côté de la porte, apparaît grandeur nature. La galerie a été fondée en 2013 par l'artiste Carrie Katz, qui a voulu montrer à quel point il est difficile pour les artistes émergents de percer à San Francisco, en grande partie à cause du prix de l'immobilier. C'est le seul espace qu'elle pouvait se permettre. Les expositions changent chaque mois. Vous pouvez visiter les lieux 24 heures sur 24 [2411 24th St].

Les cafés des connaisseurs

201 À San Francisco, on prend l'art du café très au sérieux, je dirais même autant qu'à Seattle. Chaque San-Franciscain est fidèle à une chaîne de café indépendante et fréquente l'endroit comme si c'était sa religion. Préparez-vous à en boire beaucoup.

Voici les cafés que je préfère dans The Mission : pour un bon latte, je vais chez **Sightglass Coffee** (A), le plus beau de la ville, selon moi. Le plancher de petites tuiles noires et blanches, le long comptoir de bois, les banquettes de cuir bourgogne, les grandes fenêtres à carreaux qui laissent filtrer les rayons du soleil, les hauts plafonds, les plantes exotiques, la façade bleu aqua... Le design d'intérieur vaut à lui seul le détour. C'est le café que l'on rêve tous d'avoir dans son quartier [3014 20th St]. Il y a aussi une succursale dans SoMa, plus grande (voir raison n° 171).

Chez **Four Barrel Coffee**, on fait la torréfaction sur place et on sert le café dans de jolies tasses en céramique. Un truc, si jamais la file d'attente est trop longue : dans la ruelle, derrière le café, vous trouverez une petite vitrine de vente. Asseyez-vous sur les caisses de lait. C'est un secret d'initiés [375 Valencia St].

Ritual Coffee achète ses grains de petits producteurs de café à travers le monde. Ils sont rôtis légèrement pour maximiser leurs arômes délicats. La succursale de Valencia Street, aérée et moderne, possède un joli jardin de cactus à l'arrière. C'est aussi le paradis des « laptopeurs » [1026 Valencia St].

Pour un bon espresso, je vais chez **Linea Caffe**, un minuscule café aux grandes fenêtres ouvertes, où l'on dispose quelques tables sur le trottoir (idéal pour le *people watching*). Leurs gaufres sont irrésistibles [3417 18th St].

201A

202

Le bar des puristes du thé

202 **Samovar Tea Bar** sert d'excellents thés chai qui mijotent dans de grandes marmites de cuivre, des thés matcha au lait et plusieurs thés rares. Le commerce, avec ses machines à la vapeur et son décor épuré blanc, a l'air d'un laboratoire de scientifiques [411 Valencia St].

Le saint patron de la contre-culture

203 « Bienvenue à Alcatraz ! » lance **Ron Turner** en déverrouillant la grille de son antre, une caverne d'Ali Baba remplie d'objets bizarres collectionnés au fil des décennies. Une statue grandeur nature de Bruce Lee domine la pièce, puis il y a un juke-box Wurlitzer, des billards électriques (*pinballs*), un vieux piano, un cerveau humain dans un bocal et quelques animaux empaillés. La pièce se trouve au fond d'un entrepôt de 1500 mètres carrés, un fouillis total de posters de cirque géants, de piles de documents et d'étagères de livres. C'est à se demander comment Ron s'y retrouve.

Je suis dans les bureaux de **Last Gasp**, une institution dans le quartier Mission. La maison d'édition, fondée par Ron il y a plus de 45 ans, publie des bandes dessinées underground et des romans graphiques.

Ron Turner, « Baba Ron » pour les intimes, est un héros local. On le décrit physiquement comme un mélange entre le Père Noël et Jerry Garcia. Il a fait tous les métiers : laveur de vaisselle, serre-frein sur les trains, assistant de laboratoire...

Il a étudié la psychologie expérimentale à l'Université de Californie à Berkeley dans les années 1960. C'est là qu'il a publié sa première bande dessinée, *Slow Death Funnies*, afin d'amasser des fonds pour le département d'écologie et pour le premier Jour de la Terre en 1970. Le département lui a demandé d'en imprimer 10 exemplaires ; il en a plutôt imprimé 20 000. « J'ai dû me débrouiller pour vendre tous ces exemplaires sur le campus et dans les magasins, en ville. » Sa débrouillardise lui a donné l'idée de fonder sa propre maison d'édition. En 1972, il a publié *It Ain't Me Babe*, première bande dessinée entièrement réalisée par des femmes.

Bien qu'il ne publie plus aujourd'hui que de 12 à 20 nouveaux titres par année, Ron a été l'un des plus grands éditeurs de culture underground, ce mouvement contestataire des années 1960 et 1970. « À l'époque, on n'arrivait même pas à trouver un imprimeur qui acceptait d'imprimer le mot *fuck*. »

Ron Turner a énormément contribué à soutenir et à encourager l'art indépendant et la culture littéraire à San Francisco. À 76 ans, après avoir subi deux interventions chirurgicales à la hanche, il se déplace difficilement, aidé d'une canne. Ça ne l'empêche pas de livrer encore ses boîtes de livres dans les petites librairies indépendantes et les sex-shops de la ville. Vous le verrez peut-être passer au volant de sa camionnette bleue [777 Florida St].

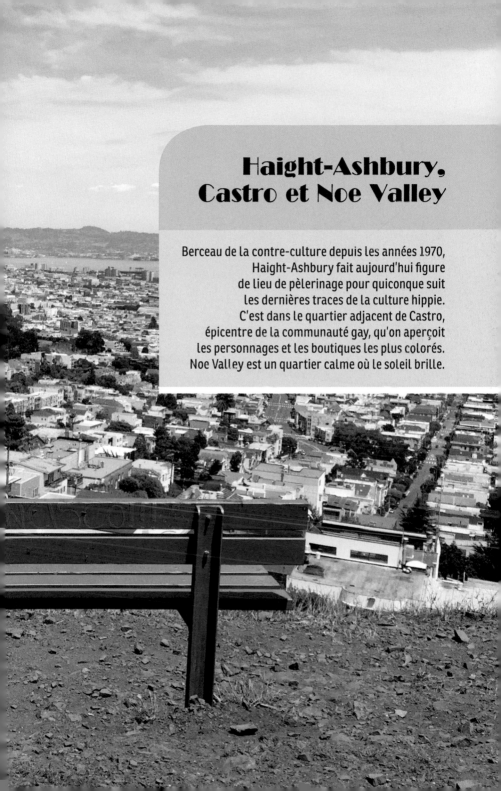

Haight-Ashbury, Castro et Noe Valley

Berceau de la contre-culture depuis les années 1970, Haight-Ashbury fait aujourd'hui figure de lieu de pèlerinage pour quiconque suit les dernières traces de la culture hippie. C'est dans le quartier adjacent de Castro, épicentre de la communauté gay, qu'on aperçoit les personnages et les boutiques les plus colorés. Noe Valley est un quartier calme où le soleil brille.

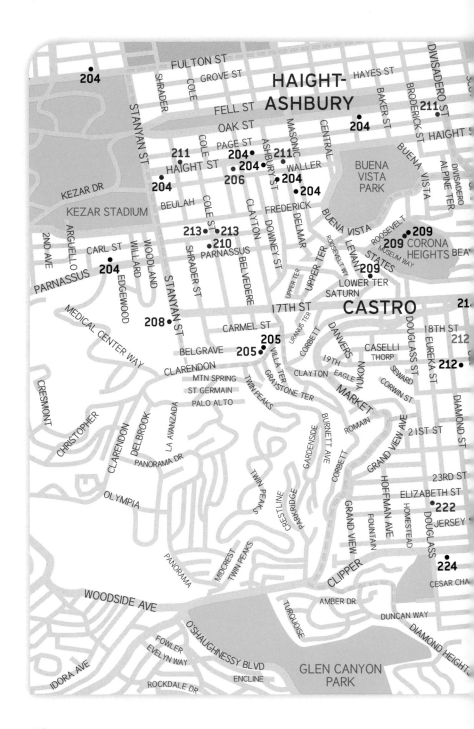

HAIGHT-
ASHBURY

CASTRO

FULTON ST
GROVE ST
HAYES ST
FELL ST
OAK ST
PAGE ST
HAIGHT ST
WALLER
FREDERICK
BEULAH
KEZAR DR
KEZAR STADIUM
PARNASSUS
CARL ST
PARNASSUS
BELGRAVE
CLARENDON
MTN SPRING
ST GERMAIN
PALO ALTO
17TH ST
CARMEL ST
18TH ST
19TH
MARKET
21ST ST
23RD ST
ELIZABETH ST
JERSEY
CLIPPER
WOODSIDE AVE
GLEN CANYON
PARK

204
211
204
211
204
204
206
204
204
204
213
213
210
209
209
209
204
208
205
205
222
224
212
212

BUENA
VISTA
PARK

CORONA
HEIGHTS
CASELLI

204

192

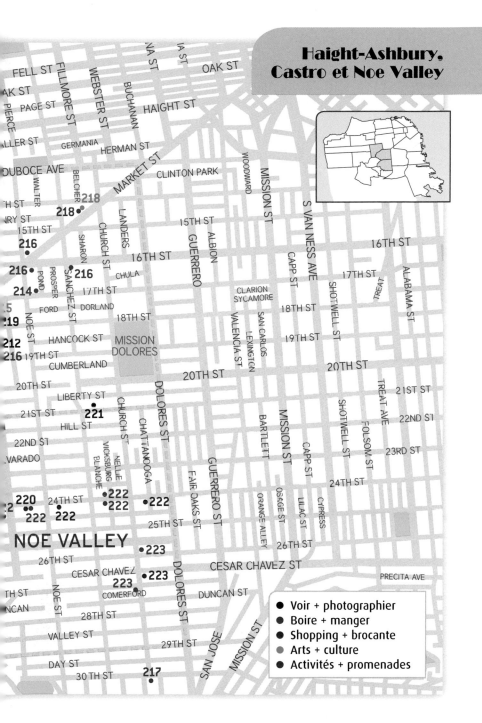

FELL ST
AK ST
FILLMORE ST
PAGE ST
PIERCE
WEBSTER ST
BUCHANAN
NA ST
IA ST
OAK ST
HAIGHT ST
LLER ST
GERMANIA
HERMAN ST
DUBOCE AVE
WALTER
BELCHER
218
TH ST
218
NRY ST
15TH ST
216
LANDERS
CHURCH ST
SHARON
SANCHEZ ST
PROSPER
POND
216
216
214
17TH ST
.5
FORD
NOE ST
DORLAND
219
212
216
HANCOCK ST
19TH ST
CUMBERLAND
20TH ST
LIBERTY ST
21ST ST
221
HILL ST
22ND ST
VARADO
220
24TH ST
222
222
222
NOE VALLEY
26TH ST
CESAR CHAVEZ
223
TH ST
NCAN
NOE ST
COMERFORD
28TH ST
VALLEY ST
DAY ST
30TH ST
217

MARKET ST
CLINTON PARK
15TH ST
GUERRERO
ALBION
16TH ST
CHULA
CLARION
SYCAMORE
18TH ST
MISSION
DOLORES
DOLORES ST
CHATTANOOGA
CHURCH ST
VICKSBURG
NELLIE
BLANCHE
222
222
222
25TH ST
223
CESAR CHAVEZ ST
223
DUNCAN ST
29TH ST
FAIR OAKS ST
GUERRERO ST
SAN JOSE
MISSION ST

WOODWARD
MISSION ST
S VAN NESS AVE
CAPP ST
17TH ST
SHOTWELL ST
TREAT
ALABAMA ST
16TH ST
VALENCIA ST
SAN CARLOS
LEXINGTON
19TH ST
20TH ST
21ST ST
MISSION ST
BARTLETT
CAPP ST
SHOTWELL ST
FOLSOM ST
TREAT AVE
22ND ST
23RD ST
24TH ST
ORANGE ALLEY
OSAGE ST
LILAC ST
CYPRESS
26TH ST
CESAR CHAVEZ ST
PRECITA AVE

- ● Voir + photographier
- ● Boire + manger
- ● Shopping + brocante
- ● Arts + culture
- ● Activités + promenades

Pèlerinage hippie

204 Le quartier Haight-Ashbury, ancien bastion de la culture hippie, n'est évidemment plus ce qu'il était dans les années 1960, mais on y trouve encore quelques vestiges de l'époque du « San Francisco Sound ». Le quartier est célèbre pour ses maisons victoriennes colorées ayant hébergé les plus grandes stars du rock et autres agents importants de la contre-culture. Dans les années 1950, la Ville de San Francisco prévoyait construire une autoroute qui aurait traversé, et incidemment fait disparaître, une partie du quartier. Plusieurs résidents ont fui et le prix de l'immobilier a chuté drastiquement. Attirés par les loyers bon marché, artistes et hippies ont envahi le quartier. L'autoroute n'a finalement jamais vu le jour et les artistes sont restés, transformant à jamais la culture de la ville.

Jimi Hendrix a habité l'appartement au-dessus du magasin de tabac sis au 1524 Haight St. Le délabrement de l'immeuble et les vieux rideaux qui flottent au vent donnent à penser qu'une bulle bohème survit encore à l'intérieur. À peu de distance de là, repérez l'immeuble rose aux fioritures rouges et blanches [635 Ashbury St]: **Janis Joplin** a vécu dans un des appartements, à cette adresse, à la fin des années 1960. (Elle a aussi habité la maison grise sise au 122 Lyon St.) Un peu au sud de Waller St, la maison de **Jerry Garcia** et des **Grateful Dead** [710 Ashbury St] attire encore plusieurs fans. Les propriétaires actuels ont dû installer une petite grille pour empêcher les visiteurs de s'asseoir sur les marches. Le célèbre groupe a habité la commune pendant l'inoubliable Summer of Love de 1967. À quelques minutes de là, vous verrez la maison où vivait Sid Vicious à l'époque des derniers spectacles des Sex Pistols [32 Delmar St]. La luxueuse maison du groupe **Jefferson Airplane** est située juste au nord du Golden Gate Park

[2400 Fulton St]. Elle se distingue par ses colonnes ioniques et par son style néo-classique. L'appartement qu'occupait **Hunter S. Thompson**, alors qu'il côtoyait les Hells Angels, est quant à lui situé du côté sud du parc [318 Parnassus Ave]. On dit qu'on peut toujours y observer des trous de balles, témoins du passage de ce personnage coloré et de ses fréquentations pour le moins risquées...

Ne manquez pas le magasin **Amoeba Music**, établi dans une ancienne salle de quilles de 2200 mètres carrés. Au moment où tous les magasins de disques ferment, Amoeba est un anachronisme dont la popularité ne se dément pas. C'est l'endroit par excellence pour trouver un album rare de jazz expérimental. Il abrite aussi une collection de plus de 30 000 DVD et l'on y donne à l'occasion des concerts gratuits [1855 Haight St].

206

Le sommet méconnu

205 Un autre sommet où j'aime aller observer la ville et prendre des photos spectaculaires est **Tank Hill Park**, une butte de 198 mètres de haut. Il y a là un banc public qui fait face à toute la ville, sur lequel quelqu'un a écrit *Enjoy San Francisco*. On peut garer la voiture au bout de Belgrave Avenue et gravir les quelques mètres jusqu'au sommet. À la fin du XIXᵉ siècle, il y avait là un grand réservoir d'eau potable. Après l'attaque de Pearl Harbor en 1941, les autorités ont planté des eucalyptus autour du réservoir pour le cacher en cas de futures attaques japonaises. Le réservoir a aujourd'hui disparu, mais les arbres sont restés.

Le bar des mille et une nuits

206 **Zam Zam** (autrefois Aub Zam Zam) est un bar légendaire à San Francisco, fréquenté à travers les époques par une ribambelle de poètes et musiciens célèbres. Avec son éclairage rouge tamisé, son décor de style persan, ses portes voûtées et sa musique de jazz des années 1930, l'endroit sombre et sexy est idéal pour un premier rendez-vous amoureux. La murale, derrière le bar en fer à cheval, représente l'histoire d'amour tragique entre un roi de Perse et une princesse arménienne. Ouvert depuis 1941, c'est un endroit que le temps a oublié. À part la distributrice de cigarettes qui a depuis été convertie en juke-box. Prenez place au bar et commandez un martini classique (avec gin). L'ancien propriétaire, Bruno Mooshei, était reconnu pour chasser ceux qui osaient demander un martini-vodka, et il exigeait toujours que les femmes commandent en premier [1633 Haight St].

La reine des drag queens

207 Des 40 000 immigrants arrivés par navire à San Francisco en 1849, seulement 700 étaient des femmes. Le ratio des genres était si disproportionné que certains hommes se déguisaient en femmes pour divertir leurs congénères dans les cabarets et les saloons.

Les drag queens prospèrent donc ici depuis la ruée vers l'or et se sont multipliées grâce à l'émancipation du mouvement LGBT dans les années 1960. Ces personnages aux perruques gigantesques, maquillage clownesque et talons vertigineux, sont devenus des icônes de San Francisco, s'impliquant en politique (José Sarria, le premier candidat ouvertement gay à une élection aux États-Unis, était aussi une drag queen) et dans la vie publique (les drag queens lisent même des histoires aux enfants dans les bibliothèques).

Heklina, le nom de scène de Stefan Grygelko, est un des visages les plus connus en ville. Né à Minneapolis, Stefan a vu le destin le conduire à San Francisco en 1991, à l'âge de 23 ans. « Un ami m'avait dit que c'était une ville festive, et j'avais besoin de partir de mon patelin. Je suis tombé amoureux de la ville immédiatement. Je me suis senti à ma place parmi la foule d'artistes, de créateurs, sur la scène underground et dans la communauté gay. »

Il est devenu drag queen un peu par hasard. « Je savais depuis longtemps que je n'aurais jamais un boulot de neuf heures à cinq heures. Je travaillais dans un bar dans les années 1990, je faisais du théâtre, puis je me suis mis à interpréter de plus en plus de rôles féminins. La transition s'est faite tout naturellement. » Son nom de scène vient du volcan Hekla, en Islande (sa mère est d'origine islandaise).

Stefan a traversé plusieurs phases. « Au début, tu fais ça pour le plaisir, pour gagner ta vie. Après un certain temps, tu traverses une crise d'identité parce que les gens s'attendent toujours à te voir en drag et tu ne sais plus qui tu es. Aujourd'hui, j'apprécie toute l'attention que je suscite quand je suis costumé, et l'anonymat quand je suis moi-même. »

Il y a maintenant plus de 20 ans qu'il se déguise, jusqu'à 5 fois par semaine. Il a fondé le populaire club Trannyshack en 1996. Pendant 12 ans, ce spectacle hebdomadaire a été le plus populaire en ville. Le club a accueilli des célébrités comme Gwen Stefani, Lady Gaga et The Supremes, entre autres.

Stefan est aujourd'hui propriétaire du club **Oasis** [298 11th St] où l'on présente chaque semaine des spectacles de drag queens, de drag kings (femmes qui se déguisent en stéréotypes masculins) et de fausses queens (femmes qui se déguisent en drag queens). « Ça n'a pas d'importance pour moi, ce que vous avez entre les jambes, c'est ce que vous faites sur scène qui m'intéresse ! » lance Heklina.

208

La forêt d'eucalyptus

208 Ce que j'aime le plus de San Francisco, c'est son accès facile à la nature. En pleine ville, on peut gravir des sommets, faire du surf ou se perdre dans une forêt d'eucalyptus. Une de mes randonnées préférées est le sentier **Interior Greenbelt** au **Mount Sutro**. Par temps couvert, la brume enveloppe la cime des arbres, dont certains mesurent 60 mètres. Ils ont la tête dans les nuages. L'air est humide et les effluves d'eucalyptus sont vivifiants. Pour accéder à cet endroit magique, il faut monter l'escalier de bois coincé entre deux maisons dans Stanyan Street, au sud de 17th Street. Plusieurs passent devant le banal escalier sans se douter qu'une forêt enchantée se cache au sommet. Vous croiserez des vélos de montagne et quelques habitants du quartier qui promènent leur chien, mais en général les lieux sont peu fréquentés.

Trekking urbain

209 Depuis **Corona Heights Park**, on jouit d'une vue panoramique imprenable sur le centre-ville de San Francisco et Sutro Tower. De là-haut, on voit la nappe de brouillard déferler sur Twin Peaks comme une couverture douillette. La butte couleur terre cuite, complètement à l'état sauvage, vous donnera l'impression de vous trouver en Arizona. Le vent souffle si fort là-haut qu'il donne le vertige. Debout sur les rochers, vous aurez l'impression d'être le roi ou la reine de la ville. L'entrée se trouve à l'angle de Museum Way et Roosevelt Way. À la sortie du parc, empruntez Levant Street. Au bout de la rue, sur la gauche, vous verrez un escalier bordé de fleurs, les **Vulcan Stairs**, que vous pourrez descendre jusqu'à Ord Street. Presque toutes les maisons dans l'escalier ne sont accessibles qu'à pied. Je n'ose imaginer le déménagement...

Plats réconfortants

211 Pour un brunch copieux et abordable dans une atmosphère de *diner*, **Pork Store Cafe** est un incontournable depuis les années 1970 et un endroit de choix le week-end, surtout pour ceux qui sont sortis la veille et sont à la recherche de plats anti-gueule de bois. Je leur recommande les « Eggs In A Tasty Nest », deux œufs sur une galette de pommes de terre avec bacon, poivrons verts grillés, tomates, oignons et cheddar fondu, servis avec *biscuits* maison. À marier avec le Bloody Mary. On propose aussi d'excellentes crêpes et des options végétariennes [1451 Haight St].

Je fais de longs détours pour venir me régaler des grands bols de soupe réconfortante de **Citrus Club**, un restaurant au décor simple, où l'on mange pour une dizaine de dollars. Essayez leur soupe au tofu « Tom-ka Thai Coconut » et leurs rouleaux de printemps à l'avocat [1790 Haight St].

Si j'ai envie de pâtes gratinées, de pizzas napolitaines et d'antipasti, je mets le cap sur **Ragazza**. Essayez l'Amatriciana (tomates, pancetta, piment calabrais, pecorino, et un œuf au milieu). On y prépare aussi le meilleur tiramisu en ville [311 Divisadero St].

Brunch coloré

210 Après ma randonnée, je me rends chez **Zazie**, un bistrot français avec une jolie terrasse fleurie (et chauffée), derrière le restaurant. L'endroit est particulièrement populaire pour le brunch, ne vous laissez pas décourager par la file d'attente. Les œufs bénédictine sont une de leurs spécialités, et ceux au crabe et à l'avocat sont un vrai délice. L'assiette méditerranéenne de légumes grillés et les crêpes « gingerbread » figurent aussi sur la liste de mes plats favoris. Ici, le pourboire est compris dans la note [941 Cole St].

Sur les traces de Harvey Milk

212

Le numéro 575 de Castro Street. Aucun autre immeuble de San Francisco n'est à ce point associé à Harvey Milk, à sa carrière politique et à son combat pour les droits des homosexuels. Sa boutique, **Castro Camera**, lui a servi de quartier général lors de ses quatre campagnes électorales, de 1973 à 1977, avant qu'il soit finalement élu membre du conseil municipal de la Ville, devenant ainsi le premier élu ouvertement gay de la Californie. Harvey Milk habitait l'appartement juste au-dessus de la boutique. Une murale qui le représente souriant à une fenêtre a été peinte sur la façade, à l'étage, avec sa célèbre citation : « *You gotta give 'em hope!* » La boutique appartient aujourd'hui à la **Human Rights Campaign**, le plus important groupe de défense des droits des LGBT aux États-Unis.

Ailleurs dans le quartier, on retrouve l'empreinte de Harvey Milk. Une école, **Harvey Milk Civil Rights Academy**, et un centre récréatif portent son nom. À l'angle de Castro et Market Street, l'esplanade devant la station de métro a été rebaptisée **Harvey Milk Plaza**. Quelques photos d'archives du célèbre activiste y sont exposées. C'est à cet endroit que Milk, debout sur une caisse de lait, tentait de mobiliser la communauté gay. Le soir de son assassinat, le 27 novembre 1978, des milliers de résidents du quartier et d'autres San-Franciscains en deuil s'y sont rassemblés pour une veillée aux chandelles avant de marcher en silence jusqu'à la mairie.

L'énorme drapeau arc-en-ciel qui flotte au-dessus de l'esplanade a été installé en 1997 pour commémorer le 20e anniversaire de la victoire électorale de Harvey Milk. Il mesure neuf mètres par six mètres. Hissé à une hauteur de 21 mètres, on peut le voir à des kilomètres à la ronde.

Si vous voulez en apprendre davantage sur le mouvement LGBT à San Francisco, le **GLBT History Museum** en retrace l'histoire à l'aide de vidéos, photos d'archives et objets divers, parfois tragiques, comme les vêtements ensanglantés de Harvey Milk [4127 18th St].

Depuis novembre 2012, il est interdit de se promener totalement nu dans les rues de San Francisco (sauf lors de certains événements). Cela n'empêche toutefois pas certains hommes de se promener dans les rues de Castro le sexe recouvert... d'une chaussette décorative ! Vous n'êtes pas un vrai San-Franciscain tant que vous n'avez pas vu un gars nu marchant dans la rue.

Le microquartier

213 En plein cœur de la ville et ignoré des touristes, Cole Valley est un microquartier paisible, aux rues bordées d'arbres centenaires et de maisons victoriennes. De nombreuses familles souhaitent s'y établir au calme. Il y a quelques commerces charmants dans la rue principale, Cole Street. L'épicerie fine **Say Cheese** fait les meilleurs sandwiches pour emporter, dont celui au jambon serrano, tout à fait parfait [856 Cole St].

Le sympathique propriétaire toscan du bar à vins **InoVino**, Claudio Villani, a rassemblé une belle sélection de vins de la région des Alpes italiennes. J'aime m'asseoir au bar, commander un plateau de fromages et charcuteries, et me laisser surprendre par le sommelier. Le demi-verre de vin coûte de 5 à 7 $ environ [108-B Carl St].

J'aime aussi **The Ice Cream Bar** (A), un comptoir de glaces, milk-shakes, sundaes, floats et boissons gazeuses à l'ancienne. Le décor Art déco fait penser à l'intérieur d'un paquebot des années 1930. Tout est fait maison, même les cornets [815 Cole St].

Cuisine du marché

214 Petit bistrot de quartier au décor minimaliste, **Frances** fait honneur aux produits frais. La chef Melissa Perello se rend au marché pour composer son menu du jour. L'offre change chaque soir, mais certains plats sont devenus la base de sa cuisine, comme le confit de canard, les gnocchis à la ricotta, la salade de chou frisé, échalotes croustillantes et fenouil, ainsi que ses amuse-gueules signature : les frites de pois chiches et les beignets de bacon à l'érable avec crème fraîche. Terminez votre repas avec son célèbre gâteau de bûcheron fait de kumquats, pommes, noix de coco, dates Medjool et crème glacée au sucre muscovado. Il faut réserver : les quelques tables sont très convoitées [3870 17th St].

213A
ICE CREAM BAR

Programme double au Castro Theatre

215 Aller voir un film au **Castro Theatre** est une expérience magique, un passage obligé. Immeuble emblématique du quartier depuis sa construction en 1922, c'est aussi un des derniers cinémas de l'époque encore en fonction. La salle est magnifique avec ses fresques, son grand rideau et ses fauteuils de velours rouge. L'immeuble de style baroque colonial espagnol rappelle l'architecture de l'église Mission Dolores (voir raison n° 177).

On y passe des vieux films de répertoire et quelques nouveautés, toujours en programme double (12 $ le billet). Chaque représentation est précédée d'un récital. Un organiste, au centre de la scène, joue l'indicatif musical du film des années 1930, *San Francisco*, Clark Gable. Une belle façon de faire patienter la foule. Quand le rideau se lève enfin, l'orgue disparaît, le public applaudit et le film commence (sans bandes annonces). Une tradition depuis près de 100 ans.

Les événements *Sing Alongs* sont particulièrement populaires auprès des familles et des jeunes adultes nostalgiques. Des films comme *La petite sirène, Grease, La mélodie du bonheur* ou *La reine des neiges* sont présentés avec des sous-titres et le public est invité à chanter à tue-tête les airs connus, à pousser des ooh! et des aah! chaque fois que deux personnages s'embrassent, à siffler et à faire du bruit. Bref, tout ce qui est normalement proscrit dans un cinéma traditionnel. Certains spectateurs arrivent déguisés et sont invités à parader sur scène. On offre des sacs à surprises et on prête des accessoires en rapport avec le film (une couronne, un bâton lumineux, des bulles et un faux collier de perles dans le cas de *La petite sirène*). Une expérience que vous n'oublierez pas de sitôt [429 Castro St].

Les cantines de Castro

216

Anchor Oyster Bar est l'endroit de choix dans le quartier pour ceux qui veulent déguster des fruits de mer. J'aime le cocktail de crevettes, la salade César avec crabe, et la chaudrée de palourdes. Quelques tables en acier inoxydable, un comptoir de marbre blanc et des accessoires nautiques complètent le décor de ce charmant restaurant [579 Castro St].

Par beau temps, la terrasse de **Café Flore** est le meilleur endroit en ville pour voir et être vu. Le dimanche, vous y croiserez peut-être quelques membres des Sisters of Perpetual Indulgence (voir raison n° 100). Le menu santé compte plusieurs salades, toasts à l'avocat, burgers végétariens et quelques plats gourmands comme les *biscuits and gravy*. Leurs frites à l'ail valent le détour [2298 Market St].

Ike's Place est La Mecque des sandwiches et le comptoir le plus populaire en ville. Chaque jour, une longue file se forme devant le commerce. Tous veulent mettre la main sur un de leurs 80 sandwiches aux noms ludiques comme Steph Curry One, Super Mario, Tangerine Girl, The Count of Monte Chase-o, Tom Brady, Going Home For Thanksgiving ou Jessica Rabbit. Je vous recommande le Ménage À Trois. Le restaurant propose plusieurs options de sandwiches végétaliens [3489 16th St].

Pour le brunch, j'aime m'installer sur la terrasse arrière de **Starbelly**, un restaurant de cuisine californienne qui réinvente avec finesse les classiques du *comfort food*, comme les gaufres avec poulet frit ou le pain doré fait de hallah (pain brioché appelé *challah* en anglais) et garni de bananes caramélisées, noix, sirop d'érable, mascarpone et bacon au romarin [3583 16th St].

Eiji, un petit restaurant japonais de sushis situé à la périphérie du Castro, est renommé pour son tofu fabriqué sur commande avec du lait de soya maison. L'Oboro Tofu est le plat à essayer. Il arrive à table dans un pot en céramique; un nuage de vapeur s'échappe lorsque vous soulevez le couvercle. Le tofu, à l'intérieur, est doux et velouté. Une palette de condiments accompagne le plat (graines de sésame, daikon, chili, oignons verts hachés, gingembre et tamari). En outre, le dessert Strawberry Mochi est inoubliable : une fraise mûrie à point, enveloppée dans de fines couches de pâte de riz gluant, servie froide. Un véritable petit bijou sur une assiette [317 Sanchez St].

218A

Cocktails et tapas hors pair dans un immeuble centenaire

218 Pour l'ambiance et le décor, **Cafe du Nord** (A) est dur à battre. Le bar-restaurant est situé au sous-sol d'un superbe immeuble de 1907, entièrement restauré il y a quelques années, dont l'architecture rappelle Amsterdam. On y va pour siroter un cocktail (essayez le Martini du Nord) et déguster plusieurs petits plats à partager (les noix rôties au chili et feuilles de lime sont irrésistibles). Au fond du bar, **Viking Room**, une salle «secrète» de 30 places qui possède une petite scène, propose un menu rétro plus élaboré (huîtres gratinées, salade César, jarrets d'agneau et un délicieux hamburger). Commandez la Cioppino, une chaudrée débordante de coquillages et poissons frais dans un savoureux bouillon aux tomates épicées. Le décor Art déco, l'éclairage aux chandelles et les musiciens de jazz en font un endroit idéal pour les amoureux. Après minuit, les huîtres et le champagne sont à moitié prix. Au rez-de-chaussée, le restaurant **Aatxe** sert une cuisine basque sur fond de musique hip hop des années 1990. Prenez place au bar et commandez une série de tapas comme le riz frit espagnol, l'escabèche de moules, la salade de morue salée et chou, les artichauts frits, les crevettes grillées à l'ail, et un Gin & Tonic. Un voyage express à San Sebastián [2174 Market St].

Le restaurant favori des chefs

217 Manger à **La Ciccia** est une expérience que vous n'oublierez pas de sitôt. Tous les chefs que j'ai interviewés en vue de rédiger cet ouvrage m'ont confié que c'est leur restaurant préféré, lieu intime à la façade de briques rouges, situé en bordure de Noe Valley. Les propriétaires, Massimiliano et Lorella, vous feront faire un saut en Sardaigne. Ils cuisinent les grands classiques de leur île natale, par exemple le ragoût de pieuvre à la sauce tomate épicée ou les pâtes fraîches saupoudrées de bottarga (en français, «poutargue», le produit de la salaison de la poche d'œufs d'un mulet – le poisson). Terminez le festin sur de savoureux fromages sardes, servis avec du miel et le pain plat typique de la région [291 30th St].

220

Le magasin où l'on vend de tout

219

Entreprise familiale qui a pignon sur rue depuis 1936, **Cliff's Variety** est plus qu'une simple quincaillerie. On y vend de tout : perruques, papeterie, paillettes, drapeaux, jouets, déguisements, articles de cuisine et matériel d'artiste. On en ressort avec des produits dont on n'avait pas besoin ! Les propriétaires, Ernie Asten et sa femme, Martha, sont les premiers dans le quartier à avoir embauché, dans les années 1970, des homosexuels [479 Castro St].

Le club social chocolaté

220

Dans la boutique spécialisée de Jack Epstein, **Chocolate Covered**, on trouve plus de 800 types de chocolats, de 100 compagnies différentes, provenant de 19 pays. L'homme de 62 ans se passionne pour le chocolat depuis plus de 20 ans, mais aussi pour son quartier, Noe Valley. « C'est comme un petit village, ici, en plein cœur de San Francisco. Les gens se connaissent et c'est plus ensoleillé que dans les autres quartiers », dit-il. Au fil des ans, sa boutique est devenue un club social où plusieurs résidents se retrouvent. « Chaque soir, à sept heures, nous regardons *Jeopardy* en groupe. »

M. Epstein se passionne également pour la confection de boîtes-cadeaux. Plus de 5000 de ces boîtes ornent les murs de son petit commerce, la plupart affichant le nom des rues de San Francisco. Pour les décorer, il utilise le cyanotype, un procédé photographique qui donne un tirage bleu de Prusse. Elles coûtent de 18 à 35 $ et il faut compter 10 $ de plus pour avoir une boîte personnalisée [4069 24th St].

La maison de Noël dopée aux stéroïdes

221

Depuis près de 30 ans, Tom Taylor et Jerry Goldstein transforment leur maison en village de Noël géant. D'immenses bas de Noël remplis d'oursons sont accrochés au-dessus de la porte du garage et une grue est nécessaire pour placer l'étoile à la cime de leur sapin de 20 mètres, un exercice périlleux, puisque la maison se trouve dans une rue pentue. Les cadeaux fictifs, au pied de l'arbre, sont aussi gros que des voitures, et les ornements, aussi gros que des ballons de plage. La **Tom & Jerry Christmas House** attire près de 30 000 visiteurs chaque année, surtout le 24 décembre. Il est de tradition de s'y faire photographier en compagnie du Père Noël. Tom et Jerry mettent plus d'un mois à orner ainsi leur maison, n'hésitant pas à ajouter des poutres d'acier à la base de l'arbre pour qu'il supporte le poids des décorations. La maison est décorée du 10 décembre au 1er janvier [3650 21st Street].

221

Promenade gourmande dans 24th Street

222 Loin des sentiers touristiques, 24th Street, l'artère principale de Noe Valley, est un endroit où il fait bon flâner et découvrir de nouvelles boutiques spécialisées et restaurants de quartier. Un marché fermier, le **Noe Valley Farmers' Market**, s'y installe tous les samedis avant-midi avec ses étals de produits frais, ses musiciens et ses militants qui récoltent des signatures pour la cause de la semaine [3861 24th St].

La rue abonde en boutiques gourmandes, comme **Noe Valley Bakery** où l'on confectionne de délicieux scones, biscuits et cupcakes pour les enfants [4073 24th St], et **24th Street Cheese Co.**, une institution qui vend près de 300 sortes de fromages, locaux et importés, et où il est permis de goûter à tout [3893 24th St]. J'aime la boutique de style breton, **Mill Mercantile**, où l'on vend bijoux délicats avec perles, beaux objets pour la maison, produits de beauté Aesop, marinières, sandales en cuir, vaisselle en céramique et magazines de design [3751 24th St]. **The Podolls** (A), la boutique du couple Lauren et Josh Podoll, propose des vêtements faits de fibres naturelles, des tuniques de soie, des pulls confortables et une superbe collection pour enfants. Ces derniers peuvent jouer dans la cabane de bois, au beau milieu du magasin, pendant que les parents font les emplettes [3985 24th St].

Pour d'excellents sushis, je vais chez **Saru**, un petit comptoir où l'on sert les poissons les plus frais. Le chef, Billy Kong, fait même sa propre sauce soya. Essayez l'entrée de sériole (un poisson appelé *hamachi* en japonais, *yellowtail* en anglais) à l'huile à la truffe [3856 24th St]. Restaurant de quartier chaleureux, **Firefly** propose une cuisine simple et sans flafla, misant sur des plats réconfortants, comme leur légendaire poulet frit, mais aussi sur de délicieux plats de poisson grillé et plusieurs options végétariennes [4288 24th St]. Chez **Lupa Trattoria**, authentique restaurant de cuisine romaine, vous vous délecterez des meilleures pâtes du quartier [4109 24th St]. Pour de bons tapas, allez chez **Contigo**, restaurant de cuisine catalane qui propose aussi une paella tous les mardis [1320 Castro St à l'angle de 24th St].

222A

Le paradis des livres de cuisine

223 Aménagée dans une ancienne boucherie, la petite librairie **Omnivore Books on Food** (A), qui se spécialise dans la gastronomie du monde entier et à travers les époques, ravira les passionnés de cuisine. La propriétaire, Celia Sack, collectionne les vieux livres de cuisine dont certains datent de 1850. On trouve aussi de nombreux ouvrages sur des sujets connexes, du manuel d'agriculture au XIXᵉ siècle aux techniques d'agriculture urbaine d'aujourd'hui. Une grande section est réservée aux livres de cuisine californienne. Idéal si vous cherchez un cadeau pour la personne qui a tout [3885 Cesar Chavez St].

Un de mes endroits préférés pour bruncher se trouve à un coin de rue au nord, **Chloe's Cafe**. Commandez les œufs brouillés à l'avocat et les crêpes aux bananes et noix [1399 Church St]. Dans l'autre direction, un coin de rue au sud de la librairie, **Eric's Restaurant** sert de délicieux mets chinois. Essayez le bœuf à la mangue et les *egg rolls* végétariens [1500 Church St].

La maison arc-en-ciel

224 Quand je pense à San Francisco, je pense aux couleurs de l'arc-en-ciel. Le drapeau de la fierté gay, conçu par le graphiste et militant des droits civiques américain Gilbert Baker, y est omniprésent. En 1978, le comité du défilé de la fierté gay a fait appel à cet ami de Harvey Milk en vue de concevoir un nouveau symbole. Voulant représenter la diversité de la communauté LGBT, Baker a jeté son dévolu sur les couleurs de l'arc-en-ciel. Une maison victorienne de Noe Valley porte fièrement les couleurs du drapeau et mérite un détour, le temps d'une photo. Les lattes de bois horizontales de la façade sont peintes en dégradés de violet, bleu, vert, jaune, orange et rouge. **The Rainbow House** est située dans Clipper Street, entre Douglass et Diamond.

Potrero Hill, Dogpatch, Bayview, Bernal Heights, Glen Park et Diamond Heights

Depuis Potrero Hill, la vue sur le Financial District est magnifique. Les anciens hangars industriels de Dogpatch, envahis par les artistes, ont été convertis en studios. Tout autour, plusieurs restaurants sont devenus des destinations très prisées. Ignoré des touristes, Bernal Heights est le quartier des familles et des propriétaires de chiens. Pour avoir un aperçu du mode de vie san-franciscain, c'est l'endroit à visiter.

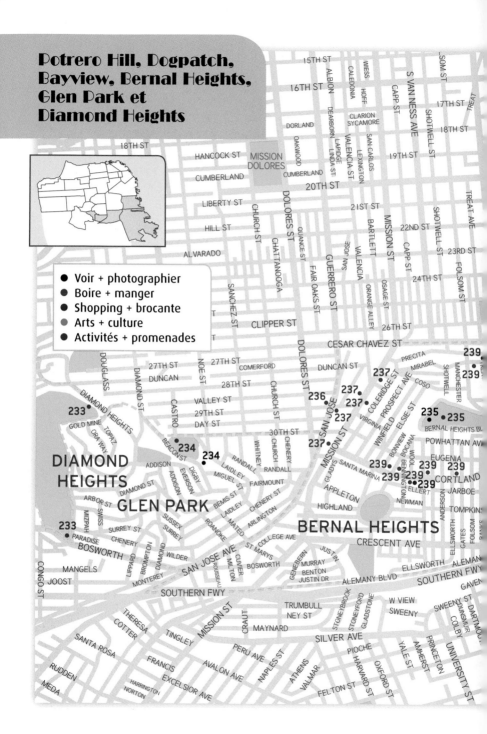

Potrero Hill, Dogpatch, Bayview, Bernal Heights, Glen Park et Diamond Heights

- ● Voir + photographier
- ● Boire + manger
- ● Shopping + brocante
- ● Arts + culture
- ● Activités + promenades

DIAMOND HEIGHTS

GLEN PARK

BERNAL HEIGHTS

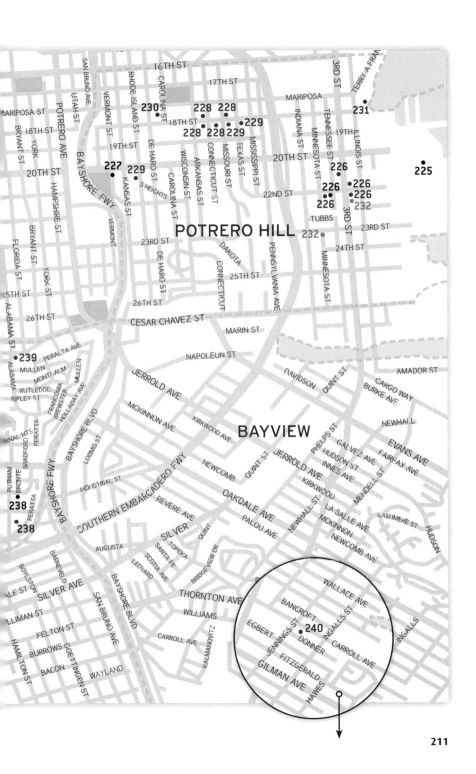

Celle qui dessine San Francisco

225 **Wendy MacNaughton** a toujours un crayon à la main et un carnet sous le bras. Qu'elle soit assise dans un parc, un café ou une voiture de métro, elle dessine les gens qui l'entourent et les objets bizarres qu'elle trouve sur le trottoir. Elle note les bribes de conversation de ceux qu'elle croise dans la rue. Pendant que la plupart des gens marchent le nez dans leur téléphone intelligent, Wendy, elle, observe et documente le quotidien des San-Franciscains. Elle connaît la ville et ses habitants mieux que quiconque.

Je l'ai découverte grâce à son livre d'illustrations *Meanwhile in San Francisco*, un petit bijou qui parle de la ville, de ses subtilités et de ses personnages. Wendy aime dessiner les gens que la société a oubliés, les plus démunis, les marginaux, les personnes âgées...

Elle a accepté de me faire visiter son studio du Noonan Building, un vieux bâtiment de bois du Pier 70, dans le quartier Dogpatch, un des plus vieux chantiers navals des États-Unis. L'immeuble date de 1940 et abritait jadis les bureaux des dirigeants du port de San Francisco. Il a été reconverti en studios d'artistes; céramistes, peintres, sculpteurs et cinéastes se partagent aujourd'hui les lieux. « Lorsque j'ai découvert cet immeuble, j'ai eu l'impression d'avoir déniché un endroit secret », dit Wendy, qui a étudié en art et est titulaire d'une maîtrise en travail social.

Son studio est une explosion de couleurs. Les calorifères sont peints en fuchsia et les murs sont tapissés d'esquisses, de photos et de citations inspirantes. Sur son bureau, s'empilent carnets de dessins et verres remplis de ses crayons fétiches, les Pigma Micron 01. Un énorme coffre-fort trône au milieu de la pièce, relique du passé commercial de l'immeuble. Il repose sur un piédestal, sinon il passerait à travers le plancher. « J'ignore ce qu'il y a dedans, mais ça fait partie du charme et du mystère des lieux. »

À travers les grandes fenêtres à carreaux de son loft, on voit les cargos qui glissent lentement vers le port d'Oakland, transportant des marchandises d'Asie. On voit également au loin les grandes grues du port qui ressemblent étrangement aux TB-TT de Star Wars (selon la légende, George Lucas s'en serait inspiré). À gauche, se dessine le stade de baseball AT&T. « Quand les Giants gagnent, je vois les feux d'artifice de mon bureau. »

Wendy est consciente de sa chance : peu d'artistes arrivent à bien vivre de leur art dans le San Francisco d'aujourd'hui. Elle a publié une douzaine de livres et ses illustrations paraissent régulièrement dans le *New York Times*, le *Wall Street Journal* et *Time Magazine*, entre autres. « Tous les artistes que je connais ont perdu leur studio », dit celle qui s'inquiète du sort de sa ville, laquelle devient de moins en moins diversifiée. Une ville où se côtoient richesse et pauvreté extrêmes. Cette dichotomie se reflète dans son travail. Elle dessine les itinérants qui utilisent la bibliothèque comme refuge, les programmeurs, touristes et hommes d'affaires qui déambulent dans 5th Street alors que, un coin de rue plus loin, dans 6th Street, il n'y a que des sans-abri. Par son travail d'artiste, elle fait en quelque sorte du travail social, en donnant une voix à ceux qui n'en ont pas.

Une journée dans Dogpatch

226

Ancienne zone industrielle en bord de mer, Dogpatch est le quartier en vogue, le nouveau quartier de l'art. Plusieurs entrepôts et usines ont été convertis en studios d'artistes et boutiques d'artisans. Le quartier tire son nom des meutes de chiens qui venaient dévorer les morceaux de viande jetés par les employés des abattoirs.

J'aime bruncher chez **Just For You Cafe** (A), un *diner* aux airs de saloon, qui cuit son propre pain. Les effluves de bacon viennent séduire les clients potentiels jusque sur le trottoir. Pour les œufs, crêpes, pain doré, frittata et énormes beignets, mais aussi pour les plats cajuns et mexicains, c'est l'endroit [732 22nd St]. Le brunch du **Serpentine** est aussi un *must* dans le quartier. Le restaurant au design industriel (hauts plafonds, murs de béton) est aménagé dans une ancienne usine de conserves. Au menu, une cuisine du marché, comme des crêpes au sarrasin et des œufs bénédictine au crabe [2495 3rd St].

Ne repartez pas sans avoir goûté les glaces artisanales de **M. and Mrs. Miscellaneous** (B), juste en face. Essayez la glace à la lavande ou celle au bourbon et caramel, ou laissez-vous tenter par les friandises faites sur place. Leur nougatine aux arachides crée une sérieuse dépendance [699 22nd St].

Passez ensuite par le **Museum of Craft and Design**, une des rares institutions en Amérique du Nord consacrées aux pratiques contemporaines de l'artisanat et du design. La boutique du musée regorge d'objets originaux qui feront de parfaits cadeaux [2569 3rd St].

Pour le lunch, j'aime m'attabler chez **Piccino** (C), une trattoria moderne établie dans une grande maison victorienne peinte en jaune serin, impossible à manquer. Le menu est composé d'antipasti, d'entrées de légumes du marché, de pâtes fraîches et de pizzas. Il y a quelques tables dehors et un petit comptoir à café adjacent [1001 Minnesota St].

Si vous aimez le design, ne manquez pas, juste à côté, **Workshop**, à la fois boutique et atelier. Dans le studio, à l'arrière, un artiste différent s'installe tous les deux mois et travaille sous les yeux des visiteurs. Ses créations sont ensuite reproduites et vendues à l'avant. Vêtements, sacs, papeterie, objets pour la maison, vaisselle, etc.; les produits sont avant-gardistes, mais tous fonctionnels [833 22nd St].

En fin d'après-midi (soit avant 17 h, pour éviter la foule), j'aime visiter **Magnolia Brewing Company** (D), un grand espace industriel, rustique et fleuri. La brasserie, qui propose une quinzaine de bières en fût, abrite également un des meilleurs restaurants de barbecue en ville, **Smokestack**. Passez votre commande au comptoir et prenez place à l'une des grandes tables. Leur brisket (pointe de poitrine de bœuf barbecue) est un incontournable. Le chef, Dennis Lee, utilise du bœuf Waygu de grande qualité [2505 3rd St].

Une institution depuis 1912, le bar de quartier **Dogpatch Saloon** (E), situé juste en face, a été habilement restauré il y a quelques années. Le plancher de tuiles, les murs de bois, les photos d'époque, le foyer au gaz et la petite scène qui accueille des concerts de jazz le dimanche rendent l'endroit chaleureux. Les habitués y viennent avec leur chien pour boire une bière en regardant un match à la télé [2496 3rd St].

226 E

La rue la plus sinueuse

227 Tous les touristes croient que la rue la plus sinueuse de San Francisco est Lombard Street, mais ils ne connaissent pas **Vermont Street**, à proximité de l'autoroute 101, dans le quartier Potrero Hill. Avec ses sept virages et sa forte inclinaison, cette rue remporte la palme. La portion sinueuse débute à la hauteur de 20th Street et se termine plus bas, dans 22th Street. Descendre ce serpentin de ciment en voiture est étourdissant. Moins coquette que Lombard Street, Vermont Street a l'avantage d'être beaucoup moins achalandée. On a pu la voir dans plusieurs films, dont *Magnum Force*, avec Clint Eastwood (1973), et *Bullitt*, avec Steve McQueen (1968).

226 C

226 B

226 A

226 D

Le quartier à flanc de colline

228 Quartier résidentiel aux rues escarpées et à l'abri du brouillard, Potrero Hill est un de mes endroits favoris pour échapper au tumulte. À l'écart des autres quartiers, le rythme y est plus calme, on y mange très bien et la topographie des lieux offre des vues superbes sur le Financial District et la baie. Pas étonnant qu'on y tourne souvent des films. Le restaurant où je vais le plus souvent est **Sunflower**, un vietnamien sans prétention, rapide et bon marché, fréquenté par les résidents du quartier. Je commande les rouleaux de printemps et le cari de légumes au lait de coco avec riz au jasmin cuit à la vapeur. Un délice [288 Connecticut St].

Juste à côté, se trouve **Goat Hill Pizza**, qui a ouvert ses portes en 1975, alors qu'il n'y avait aucun autre commerce dans le quartier. Le nom est inspiré des chèvres qui broutaient jadis dans les pâturages de Potrero Hill. Les pizzas sont généreusement garnies et la croûte au levain est juste assez épaisse. Chaque lundi, de 16 h à 22 h, on mange de la pizza à volonté pour 12,95 $. Les serveurs circulent alors avec des pizzas fraîchement sorties du four, coupées en fines pointes. On peut donc goûter à toutes les sortes [300 Connecticut St].

Chez Maman, charmant bistrot français agrémenté d'une petite terrasse, est la cantine du quartier. On y mange des plats réconfortants comme un steak-frites, une crêpe jambon-gruyère, des moules marinière, un hachis Parmentier ou un croque-monsieur accompagné de ratatouille. On se sent transporté en France [1401 18th St].

Chez **Umi**, secret bien gardé dans le quartier, on sert des sushis de grande qualité à prix abordables. Le chef ne travaille qu'avec des poissons issus de la pêche durable [1328 18th St].

229A

Petit déjeuner chez l'architecte

229 Logé dans un ancien studio d'architecte, **Plow** (A) sert un des meilleurs brunchs en ville. Le menu est simple et typiquement américain (œufs, bacon, pommes de terre rissolées, crêpes à la ricotta et citron). La qualité des ingrédients bios et locaux rehausse chaque plat. Je vous suggère d'arriver avant l'ouverture (7 h la semaine : 8 h le week-end) si vous ne voulez pas attendre en file trop longtemps [1299 18th St]. Cela dit, l'attente fait aussi partie de l'expérience et favorise les rencontres. Faites ajouter votre nom à la liste et allez vous asseoir au café voisin, **Farley's**, en attendant. Vous pourrez feuilleter un de leurs nombreux magazines en sirotant un café [1315 18th St].

Juste à côté, le comptoir **Hazel's Kitchen** propose de bons sandwiches et salades. On y mange pour à peine 10 $ [1319 18th St]. Dans le quartier, j'aime aussi les sandwiches de la sympathique épicerie familiale **Chiotras Grocery**, vieille de plus de 100 ans. On dispose de quelques tables sur le trottoir et d'un balcon, à l'arrière, où l'on peut savourer tranquillement son sandwich à la dinde au romarin et à l'ail fraîchement préparé [858 Rhode Island St].

230

231

La brasserie de la ruée vers l'or

230

Dès qu'on approche de Potrero Hill, on reconnaît une odeur de levure et de caramel qui émane d'une brasserie bien spéciale. En 1896, à l'époque de la ruée vers l'or, deux immigrants allemands ont fondé la désormais historique **Anchor Brewing Company**. Il s'agit d'une des dernières brasseries où l'on fabrique de la «bière vapeur». Au XIXe siècle, à cause de l'absence de glace sur la côte ouest des États-Unis, les brasseurs eurent l'idée de mettre les cuves de fermentation sur le toit de la brasserie pour laisser se refroidir naturellement la bière au cours de la nuit, dans l'air frais de la baie de San Francisco. De grands nuages de vapeur surplombaient l'immeuble, le soir, d'où le nom de *steam beer*. Les jours de semaine, il est possible de faire une visite guidée de la brasserie. En une heure et demie, on parcourt l'impressionnante chaîne de production, les cuves de fermentation, le laboratoire où les bières sont testées, et l'étage bruyant de l'embouteillage. La visite se termine par une dégustation de six bières. Réservez votre place (20 $) ici : anchorbrewing.com/brewery/tours [1705 Mariposa St].

Barbecue parmi les bateaux

231

Par un beau samedi ensoleillé, j'aime me prélasser sur le patio du restaurant **The Ramp**. Je prends place à une table à pique-nique, un Bloody Mary à la main, et j'admire les voiliers qui voguent sur la baie. Au loin, les cargos jettent l'ancre dans le port d'Oakland.

Campé dans une zone industrielle, le restaurant est ouvert depuis les années 1950 et arbore toujours son décor d'origine (qu'on peut d'ailleurs voir dans une scène du film *Blue Jasmine* de Woody Allen). On a l'impression, en arrivant, d'avoir découvert une oasis connue seulement des initiés. L'endroit est fréquenté autant par des hommes d'affaires que par des jeunes qui viennent d'emménager dans le quartier, des ouvriers du bâtiment et des habitués pour qui ce bar est une seconde maison.

Quand j'ai envie de casser la croûte, je commande les œufs bénédictine au crabe, le hamburger ou l'avocat farci. Le week-end, après le brunch, le patio se transforme en piste de danse sous le soleil, électrisée par des rythmes latinos. [855 Terry A. Francois Blvd].

La nouvelle Mecque des galeries d'art

232 À cause du prix des loyers qui monte en flèche (hausse de 40 % de 2010 à 2015), plusieurs créateurs et galeristes ont été chassés de leurs espaces. Dans ce contexte difficile est né le **Minnesota Street Project**, du couple de philanthropes et collectionneurs d'art Andy et Deborah Rappaport, dont la mission est de freiner l'exode des artistes.

Les Rappaport ont eu l'idée de rénover de vieux hangars du quartier Dogpatch et de louer à bas prix des espaces aux galeries d'art de la ville. En tout, trois hangars, dont on devine facilement le passé industriel, ont été transformés. L'un abrite des studios pour 35 artistes, et le deuxième, une dizaine de galeries d'art contemporain et un grand atrium où se tiennent des événements artistiques. Le troisième hangar sert d'entrepôt d'œuvres d'art. Le public peut visiter gratuitement le hangar des galeries. Au moment où je rédigeais ces lignes, le chef vedette, Daniel Patterson, prévoyait ouvrir un bar et un restaurant au rez-de-chaussée, à l'automne 2016 [1275 Minnesota St].

Le canyon vert

233 **Glen Canyon Park**, une gorge verdoyante de 24 hectares située en plein cœur de San Francisco, ne fait pas partie des circuits touristiques. Plusieurs San-Franciscains ignorent même son existence. C'est pourtant un lieu magique où s'évader, loin du brouhaha de la ville. C'est l'un des trois endroits restés à l'état sauvage, avec Lands End (voir raison n° 12) et les îles Farallon. On a l'impression, en y mettant les pieds, de découvrir la topographie tourmentée de San Francisco telle que les chercheurs d'or l'ont découverte au XIXe siècle. Plusieurs sentiers sillonnent le parc (portez de bons souliers de marche) où vous risquez d'apercevoir hiboux, aigles, coyotes et opossums. Les parois abruptes du canyon sont un lieu de prédilection pour les amateurs d'escalade. L'entrée du parc se trouve à l'angle de Bosworth Street et Elk Street, aux abords du centre récréatif. On peut aussi se garer au Diamond Heights Shopping Center et descendre dans le canyon en empruntant les sentiers derrière le centre commercial.

232 233

234B 234A

La balançoire et l'escalier dans la jungle

234 Ne repartez pas de San Francisco sans vous être balancé dans un arbre au sommet d'une colline. De nombreuses balançoires sont attachées aux branches, sur les 44 collines de la ville, mais ma préférée est celle qui se trouve au sommet de **Billy Goat Hill Park** (A). Suspendu à un arbre à flanc de colline, on a l'impression de flotter au-dessus de la ville. Demandez qu'on prenne votre photo de dos. Succès garanti sur Instagram ! Cible des vandales, la balançoire disparaît de temps en temps, mais une nouvelle la remplace vite. L'entrée du parc se trouve dans Beacon Street. En remontant cette rue en direction de Miguel Street, vous verrez sur la gauche un panneau annonçant **Harry Street** (B), un magnifique escalier de bois, bordé de belles maisons, qui descend dans la végétation luxuriante et les décorations lumineuses. Un petit paradis.

La vue à couper le souffle

235 La première fois que j'ai mis les pieds à **Bernal Heights Park**, à la cime de Bernal Hill, c'était en pleine nuit. J'ai arpenté les sentiers menant au sommet dans le noir total, éclairant mes pas avec mon téléphone cellulaire et me demandant bien dans quel pétrin je venais de m'embarquer. Ma témérité a été récompensée : je n'oublierai jamais le moment où, une fois rendue là-haut, la ville s'est déployée devant moi en milliers de petites lumières scintillantes.

Le sommet offre une vue panoramique sur les quartiers The Mission et Noe Valley, ainsi que sur la baie de San Francisco, Coit Tower et la ligne d'horizon du centre-ville. Juché sur cette colline beaucoup moins achalandée que les autres de la ville, on a un peu l'impression que la crête nous appartient... Lors de mon dernier passage, quelqu'un avait eu le zèle de transporter un piano droit jusqu'au sommet pour y donner un concert impromptu. La végétation du parc change selon les saisons : verdoyante en hiver, la colline a un petit air d'Écosse, tandis qu'en été, le paysage aride et jaune rappelle l'Arizona.

237B

Les glaces fantastiques

236

Véritable institution depuis les années 1950, **Mitchell's Ice Cream** demande une visite. Le commerce familial se spécialise en crème glacée artisanale aux fruits exotiques, par exemple la goyave, la pomme de jacque, l'avocat des Philippines, la buko (jeune noix de coco), l'ananas et la mangue. Essayez le surprenant parfum Ube (igname violette) ou la populaire Grasshopper Pie (menthe et chocolat avec morceaux de biscuits Oreo). N'oubliez pas de prendre un numéro! Il y a toujours une foule monstre devant l'établissement, même à 23 h, alors préparez-vous à faire la queue [688 San Jose Ave].

La nouvelle destination culinaire

237

Le tronçon de Mission Street entre les avenues Powers et Cortland abonde de nouveaux restaurants de quartier, dont **Old Bus Tavern**, une brasserie qui sert une cuisine de pub haut de gamme [3193 Mission St], l'exquis restaurant de sushis **ICHI Sushi + NI Bar** [3282 Mission St], **Coco's Ramen**, où l'on peut se délecter d'un grand bol de soupe ramen pour moins de 12 $ [3319 Mission St], **Blue Plate**, un restaurant de *comfort food* américain réinventé avec un joli jardin derrière [3218 Mission St], l'éclectique **Emmy's Spaghetti Shack** (A) où l'on sert de généreux plats de pâtes dans un décor super kitsch [3230 Mission St], **PizzaHacker** (B), une pizzeria napolitaine branchée, fréquentée par plusieurs familles [3299 Mission St], **The Front Porch**, qui concocte une cuisine du sud des États-Unis dans une atmosphère familiale [65 29th St, à l'angle de Mission St], **Royal Cuckoo**, un bar où l'on ne fait jouer que de la musique d'avant 1975 [3202 Mission St), et **Cafe St. Jorge** (C), un café portugais où l'on peut déguster de délicieux sandwiches grillés et des toasts à l'avocat [3438 Mission St].

237A 237C

238

À San Francisco, on braque à fond les roues de sa voiture quand on se gare dans les rues en pente : vers le trottoir dans une descente et vers la rue dans une montée. Désobéissez à ce principe et c'est l'amende d'une soixantaine de dollars garantie !

La rue des illusions d'optique

238

Petite rue résidentielle en bordure du quartier Bernal Heights, à côté de l'autoroute 101, **Bradfort Street** détient le titre officieux de rue la plus escarpée de toute la ville et d'endroit idéal pour prendre des photos avec illusion d'optique. La pente de la rue, au nord de Tompkins Avenue, est de 41 %, de quoi raffermir les mollets des quelques résidents ! Si vous visitez la rue un dimanche, ne manquez pas, juste à côté, le marché fermier doublé d'un marché aux puces, **Alemany Flea Market**, un endroit où l'on déniche des trésors insoupçonnés et où les touristes ne se rendent généralement pas [100 Alemany Blvd, de 8 h à 15 h].

Le village dans la ville

239

Perché au sommet d'une colline escarpée, Bernal Heights est un quartier qui semble hors du temps, un patchwork de maisons victoriennes qui vit à un rythme différent du reste de la ville. Pas étonnant que plusieurs familles décident de s'y installer. C'est d'ailleurs le quartier qui compte le plus de chiens par habitant. **Precita Park**, avec son jardin pour les papillons, est un terrain de jeu idéal pour les enfants. Assise à la terrasse de **Precita Park Cafe**, en bordure du parc, j'observe la faune du quartier [500 Precita Ave]. À l'autre bout de la plaine gazonnée, **Hillside Supper Club**, un restaurant de cuisine du marché, aménagé dans une maison victorienne, est un endroit de choix pour le brunch. Mimosas à volonté pour 25 $ [300 Precita Ave].

La principale rue commerçante, **Cortland Avenue**, fait penser à un village urbain pittoresque, destination idéale pour découvrir la vie à San Francisco. J'aime la tarte à la rhubarbe de la pâtisserie bio **Little Bee Baking** [521 Cortland Ave], le Macchiato de **Pinhole Coffee** [231 Cortland Ave], le jardin secret derrière le *dive bar* **Wild Side West** [424 Cortland Ave], le décor religieux de la taverne **Holy Water** [309 Cortland Ave], la sélection d'objets ludiques pour la maison de **Heartfelt**, un magasin général nouveau genre [436 Cortland Ave], et les délicieux plats de poisson et fruits de mer du restaurant **Red Hill Station** (A), une de mes adresses préférées, qui a aussi un chouette menu pour enfants [803 Cortland Ave].

239A

Le photographe de rue

241 Parti de Milwaukee à l'âge de 18 ans avec un billet d'autocar aller simple et 800 $ en poche, **Travis Jensen** fut, comme plusieurs jeunes, attiré à San Francisco par la culture du skateboard. « Dans les années 1990, San Francisco était La Mecque du skate, et je voulais faire partie de cette communauté. Mes parents pensaient que je reviendrais après quatre semaines, mais j'ai été aussitôt happé par la ville », me raconte-t-il, tout en se roulant un joint près de l'Embarcadero, son sac photo à côté de lui. Ses nombreux tatouages témoignent de son affection profonde pour la ville. Il a le Ferry Building tatoué sur l'avant-bras, entre autres.

J'ai voulu rencontrer Travis parce que je suis fan de ses photos. Je l'ai découvert sur Instagram (@travisjensen) où il partage des clichés en noir et blanc des personnages et paysages de la ville. « J'ai toujours trouvé que San Francisco, malgré ce que tout le monde pense, est plus belle en noir et blanc qu'en couleurs. » Il nous fait découvrir un aspect différent de la ville, moins étincelant. Des quartiers où les touristes ne s'aventurent pas, des visages marqués par les épreuves de la vie. « Mes portraits montrent les gens avec dignité et respect, je ne veux pas les exploiter. La photographie de rue est une danse délicate. »

Travis a lui-même lutté pour sa survie. Son arrivée à San Francisco ressemble à un scénario de film. Sans le sou, il s'est retrouvé dans un taudis du Tenderloin (personne ne l'avait prévenu des dangers de ce quartier), une pièce à peine plus grande qu'une cellule de prison où la fenêtre était clouée pour éviter les vols. Les mots « You're dead » étaient gravés sur sa porte.

« Un soir, je me suis fait réveiller par des coups contre la porte. Une fille me hurlait de la laisser entrer. Je ne savais pas si c'était un complot ou si elle avait réellement besoin d'aide. J'étais paralysé.

Viande fumée sur fond d'entrepôt

240 Établi au milieu d'entrepôts et de quais de chargement, **Smokin' Warehouse Barbecue**, petit comptoir où l'on vend les meilleures côtes levées en ville, a plutôt l'air d'un vendeur de pots d'échappement. En naviguant à travers les rues de cette zone industrielle du quartier Bayview, vous vous demanderez assurément si vous êtes au bon endroit.

Commandez à la petite fenêtre et dévorez votre combo de porc effiloché à la table de plastique, devant le commerce, ou dans votre voiture. Prévoyez plusieurs serviettes de papier. Le chef, Bill Lee, propriétaire de l'entrepôt électrique derrière Smokin', y a construit une cuisine dans le but de nourrir sa famille, ses amis et ses employés de ses spécialités barbecue. Le bouche-à-oreille a fait son œuvre et il a décidé d'ouvrir l'établissement au public en 2010. Il utilise du bois de cerisier pour fumer sa viande pendant plusieurs heures, puis il la badigeonne d'une sauce tomate aigre-douce et la sert accompagnée d'une épaisse tranche de pain de maïs. Fermé les samedis et dimanches [1465 Carroll Ave].

Quelques secondes plus tard, son pimp est arrivé et l'a tabassée. Le lendemain, je l'ai vue dans l'ascenseur, elle cachait son œil au beurre noir derrière ses lunettes de soleil. Elle m'a demandé si j'avais des aiguilles. C'est à cet instant que j'ai compris à quel point San Francisco peut être dure, et à quel point j'étais naïf. J'ai vu des bagarres, des gens se faire poignarder. Un jour, j'ai vu un téléviseur passer à travers une fenêtre et heurter quelqu'un sur le trottoir. Des amis ont sombré dans l'enfer de la drogue… C'est un miracle si je ne suis pas mort ou en prison.»

Un ami l'a ensuite accueilli chez lui. «J'ai dormi dans le corridor, sur un futon qui se repliait sur moi comme un taco. Ça a pris quatre ans avant que j'aie ma propre chambre dans cette ville.»

Vingt ans plus tard, Travis est photographe professionnel. Il a deux enfants, une maison et une carrière à temps plein. On publie ses photos dans le *San Francisco Chronicle*, le *Los Angeles Times*, *Forbes* et *Esquire*; et il a fait des campagnes pour Adidas et Apple, entre autres.

La photo est arrivée naturellement dans sa vie. Il écrivait des articles sur le skateboard pour le *San Francisco Chronicle* et n'aimait pas les images qui accompagnaient ses articles. Il a décidé d'apprendre la photographie. C'est rapidement devenu une passion et son principal gagne-pain. «Je suis devenu photographe de rue sans le savoir. J'y vois une progression naturelle avec le skateboard : je suis toujours dans les rues et je me nourris de l'énergie de la ville.»

Travis aime particulièrement photographier les rues et les habitants d'Excelsior, quartier ouvrier à la frontière sud de la ville. «C'est le secret le mieux gardé en ville. Les résidents sont là depuis toujours. Ce sont les travailleurs qui font fonctionner la ville, les pompiers, les ambulanciers, les vrais fans des Giants et des 49ers. Il n'y a pas de Starbucks ni de magasins de hipsters. C'est le vrai San Francisco.»

Il enseigne aussi la photographie de rue aux jeunes du quartier. «J'ai reçu le plus beau des cadeaux le jour où l'un d'eux est venu me dire qu'il y a cinq ans, il se tenait au coin de la rue avec un revolver dans ses pantalons, mais que, maintenant, il se tient au coin de la rue avec son appareil.»

Twin Peaks, West of Twin Peaks, Inner Sunset et Outer Sunset

Constamment plongé dans le brouillard, le quartier Outer Sunset a une aura mystérieuse. On y fait de longues promenades au bout du continent, sur Ocean Beach ; on y fait du surf et on flâne dans les petits restaurants et cafés des rues Judah et Noriega. Gravir les deux sommets de Twin Peaks, c'est faire le plein d'images inoubliables.

GOLDEN GATE PARK

JOHN F KENNEDY DR

OVERLOOK DR

MIDDLE DR

36TH AVE

MIDDLE DR W

MARTIN LUTHER KING JR DR

LINCOLN WAY

IRVING ST

JUDAH ST

KIRKHAM ST

LAWTON ST

MORAGA ST

NORIEGA ST

ORTEGA ST

PACHECO ST

QUINTARA ST

RIVERA ST

SANTIAGO ST

TARAVAL ST

ULLOA ST

VICENTE ST

WAWONA ST

YORBA ST

CRESTLAKE DR

SLOAT BLVD

OCEAN AVE

OUTER SUNSET

LA PLAYA ST

GREAT HWY

48TH AVE

47TH AVE

46TH AVE

45TH AVE

44TH AVE

43RD AVE

42ND AVE

41ST AVE

40TH AVE

39TH AVE

38TH AVE

37TH AVE

36TH AVE

35TH AVE

34TH AVE

33RD AVE

32ND AVE

31ST AVE

30TH AVE

29TH AVE

28TH AVE

27TH AVE

26TH AVE

25TH AVE

24TH AVE

23RD AVE

SUNSET BLVD

LAKESHORE

COUNTRY CLUB

LAKE MERCED BLVD

PINE LAKE PARK

CLEARFIELD

MORNINGSIDE

GELLERT

SPRINGFIELD

RIVERTON

MIDDLEFIELD

SYLVAN

MEADOWBROOK

FOREST VIEW

INVERNESS

WINSTON

SAN FRANCISCO ZOO

HARDING PARK GOLF COURSE

244

245

245

247

245

246

245

245

249

249

249

249

245

245

Legend
- Voir + photographier
- Boire + manger
- Shopping + brocante
- Arts + culture
- Activités + promenades

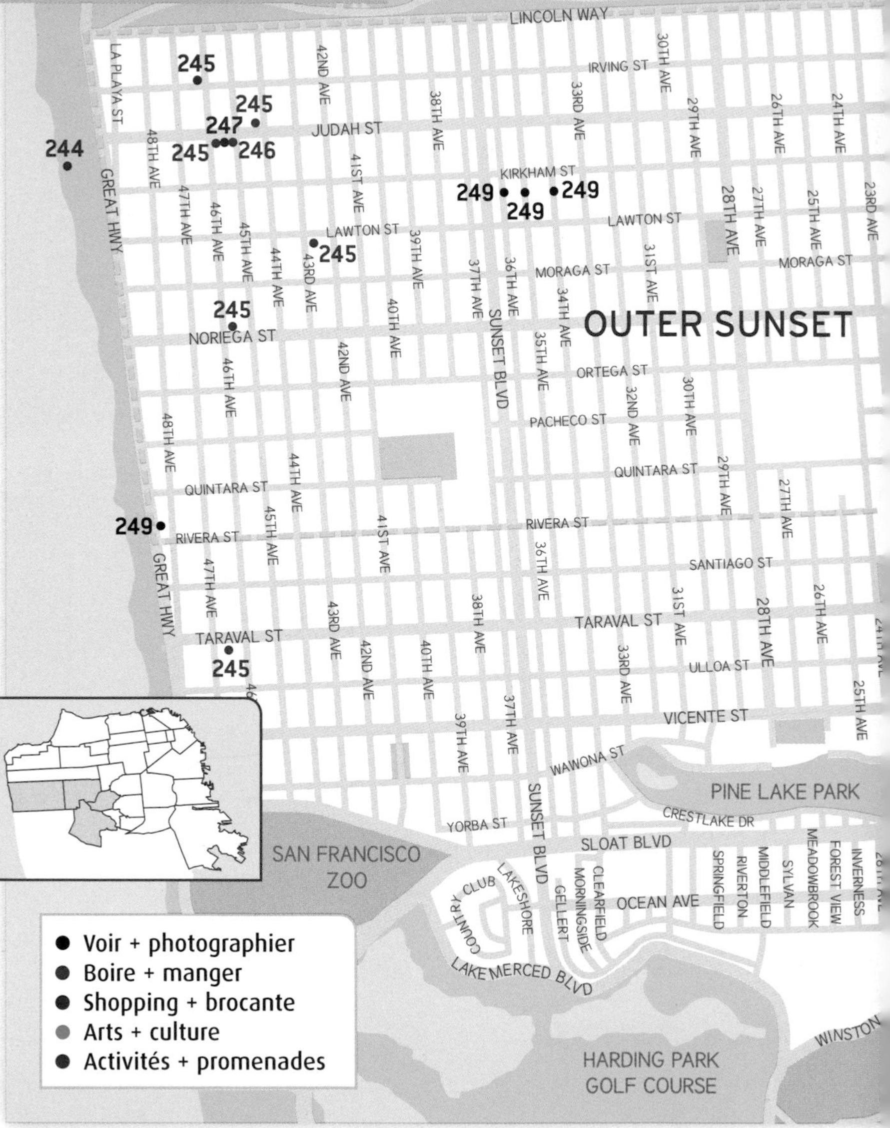

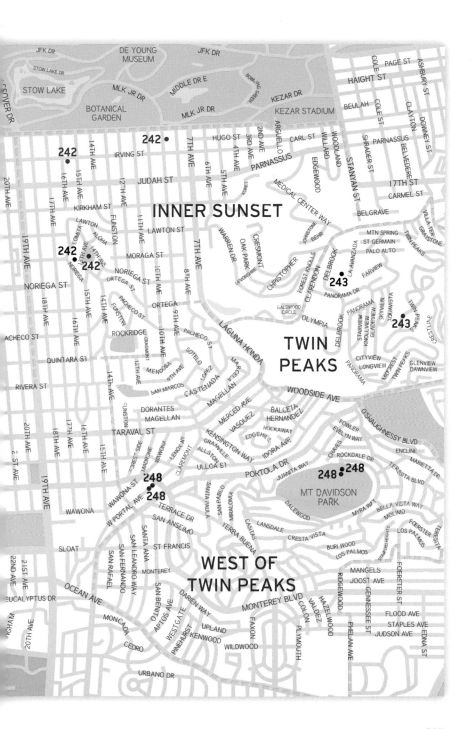

STOW LAKE DR
JFK DR
DE YOUNG MUSEUM
JFK DR
MIDDLE DR E
BOWLING GREEN
KEZAR DR
KEZAR STADIUM
HAIGHT ST
PAGE ST
COLE ST
ASHBURY ST
MLK JR DR
MLK JR DR
BEULAH
CLAYTON
DOWNEY ST
STOW LAKE
BOTANICAL GARDEN
BELVEDERE ST
CLAYTON
PARNASSUS
COLE ST
BEULAH
HUGO ST
CARL ST
SHRADER ST
STANYAN ST
WILLARD
WOODLAND
PARNASSUS
242
IRVING ST
7TH AVE
2ND AVE
3RD AVE
4TH AVE
ARGUELLO
CARL ST
EDGEWOOD
17TH ST
CARMEL ST
VILLA TER
GRASTONE
242
14TH AVE
15TH AVE
16TH AVE
12TH AVE
6TH AVE
5TH AVE
JUDAH ST
PARNASSUS
BELGRAVE
17TH ST
20TH AVE
17TH AVE
KIRKHAM ST
11TH AVE
LAWTON ST
MEDICAL CENTER WAY
MTN SPRING
ST GERMAIN
PALO ALTO
TWIN PEAKS
INNER SUNSET
LAWTON
LOMITA
ALOHA
FUNSTON
LAWTON ST
WARREN DR
CRESMONT
JOHNSTONE
BEHR
242
14TH AVE
7TH AVE
OAK PARK
DELBROOK
LA AVANZADA
FARVIEW
19TH AVE
16TH AVE
242
NORIEGA
MORAGA ST
16TH AVE
CHRISTOPHER
243
PANORAMA DR
NORIEGA ST
15TH AVE
NORIEGA ST
ORTEGA ST
8TH AVE
FOREST KNOLLS
CLARENDON
OLYMPIA
PANORAMA
STARVIEW
KNOLLVIEW
PANORAMA
SKYVIEW
AQUAVISTA
TWIN PEAKS
NORIEGA ST
14TH AVE
FUNSTON
ORTEGA
PACHECO ST
9TH AVE
GALEWOOD CIRCLE
DELBROOK
GLADEVIEW
CITYVIEW
243
CRESTLINE
ACHECO ST
ROCKRIDGE
GRAGMONT
PACHECO ST
LAGUNA HONDA
TWIN PEAKS
KNOLVIEW
MIDCREST
GLENVIEW
DAWNVIEW
QUINTARA ST
14TH AVE
12TH AVE
MENDOSA
9TH AVE
SOTELO
LOPEZ
MARIELA
LONGVIEW
PANORAMA
TWIN PEAKS
RIVERA ST
18TH AVE
SAN MARCOS
CASTENADA
MAGELLAN
WOODSIDE AVE
O'SHAUGHNESSY BLVD
20TH AVE
FUNSTON
DORANTES
MAGELLAN
MERCED AVE
VASQUEZ
BALCETA
HERNANDEZ
ROCKAWAY
FOWLER
EVELYN WAY
2 ST AVE
18TH AVE
TARAVAL ST
FOREST SIDE
MADRONE
WAWONA
LENOX WAY
CLAREMONT
KENSINGTON WAY
GRANVILLE
ALLSTON ST
ULLOA ST
EDGEHILL
IDORA AVE
CHAVES
ROCKDALE DR
ENCLINE
MARIETTA DR
TERESITA BLVD
WAWONA ST
248
POKTOLA DR
JUANITA WAY
248
248
WEST PORTAL AVE
248
TERRACE DR
SAN ANSELMO
SANTA PAULA
SAN PABLO
MIRALOMA
YERBA BUENA
MT DAVIDSON PARK
DALEWOOD
MYRA WAY
BELLA VISTA WAY
MOLIMO
19TH AVE
WAWONA
SAN ANA
SANTA ANA
ST FRANCIS
CASTAS
LANSDALE
CRESTA VISTA
BURLWOOD
FOERSTER ST
LOS PALMOS
TERESITA
SLOAT
SAN FERNANDO
SAN LEANDRO WAY
SAN RAFAEL
MONTEREY
BURLWOOD
LOS PALMOS
STANFORD HEIGHTS
RIDGEWOOD
MANGELS
JOOST AVE
HAZELWOOD
GENNESSEE ST
FOERSTER ST
EUCALYPTUS DR
OCEAN AVE
MONCADA
SAN BENITO
APTOS AVE
DARIEN WAY
WEST GATE
KENWOOD
UPLAND
MONTEREY BLVD
COLON
VALDEZ
PLYMOUTH
FLOOD AVE
STAPLES AVE
JUDSON AVE
EDNA ST
PHELAN AVE
22ND AVE
21ST AVE
2ND AVE
20TH AVE
CEDRO
PINEHURST
WILDWOOD
FAXON
URBANO DR

WEST OF TWIN PEAKS

TWIN PEAKS

L'art sous vos pas

242 Inspiré par le célèbre escalier Selarón de Río de Janeiro, le **16th Avenue Tiled Steps** (A), l'escalier qui mène à Grand View Park dans le quartier Inner Sunset, a la particularité d'être orné, sur toute sa longueur, de plus de 2 000 carreaux de céramique faits à la main et de 75 000 fragments de toutes sortes. Au bas des marches, la mosaïque évoque les fonds marins ; au milieu, le monde terrestre ; et les marches supérieures représentent le ciel. Un véritable chef-d'œuvre réalisé par deux artistes de la région, Aileen Barr et Colette Crutcher, avec l'aide de près de 300 bénévoles [1700 16th Avenue]. Après avoir gravi les 163 marches, vous pouvez vous hisser encore plus haut en empruntant un autre escalier, à droite, dans 15th Avenue, puis un autre, dans Noriega Street, qui mène au sommet de **Grand View Park**, un parc qui porte bien son nom puisqu'il offre une vue à 360 degrés sur la ville, le Golden Gate et le Pacifique scintillant à l'horizon. Plus tard, arrêtez-vous chez **Hollow** (B), un adorable et minuscule café où l'on vend, dans la pièce du fond, des accessoires de cuisine originaux et des produits artisanaux pour le bain [1435 Irving St]. Ou prenez place sur la terrasse de **Nopalito** [1224 9th Ave], meilleur restaurant mexicain du quartier.

La tour chouchou

243 « Je continue d'attendre qu'elle dévale la colline et attaque le Golden Gate », écrivait le célèbre chroniqueur du *San Francisco Chronicle*, Herb Caen, à propos de **Sutro Tower**. Tout comme la tour Eiffel et le World Trade Center qui l'ont précédée, sa construction, de 1971 à 1973, a suscité de nombreuses controverses. Haute de 300 mètres, rouge et blanche comme une canne de bonbon, elle était considérée comme une monstruosité par la majorité des citoyens. Aujourd'hui symbole indissociable de la ville, on l'imprime sur des tasses et des T-shirts, on se la tatoue sur les avant-bras. Coit Tower et le Golden Gate sont pour les touristes, Sutro Tower pour les San-Franciscains. Cette tour de transmission est le point culminant de toute la ville, à 552 mètres au-dessus du niveau de la mer, si l'on tient compte de la hauteur de la colline sur laquelle elle repose (Mount Sutro). Elle domine toute la baie et même les fréquentes nappes de brouillard. Utilisée par une quinzaine de stations de télévision et de radio, elle a été construite parce que la réception des émissions était perturbée par les nombreuses collines de la ville. Mon endroit préféré pour l'observer est depuis la colline adjacente de **Twin Peaks**, second sommet de San Francisco, à 281 mètres. Une seule route, Twin Peaks Boulevard, mène à la crête.

242 B 243

Coucher de soleil à Ocean Beach

244 Se réunir autour d'un feu de camp à **Ocean Beach** est une tradition qui remonte aux années 1970. Certains soirs, on peut apercevoir une douzaine de feux. Amis et étrangers se rassemblent autour des flammes, certains grattent leur guitare, d'autres grillent des guimauves, tous boivent de la bière. Plus grande plage de San Francisco, Ocean Beach longe la côte ouest de la ville sur cinq kilomètres. J'adore marcher sur cette plage et observer les surfeurs ; on a réellement l'impression d'être au bout du continent. Sauf en septembre et octobre, les mois les plus ensoleillés, la plage est plongée dans le brouillard en matinée et en fin d'après-midi, ce qui lui confère un charme mystérieux. La section au sud de Lincoln Way est particulièrement populaire, puisqu'elle se trouve près des cafés et des commerces des deux rues commerçantes, Noriega Street et Judah Street. À la hauteur d'Ortega Street, on peut apercevoir dans le sable, à marée basse, l'épave d'un navire échoué en 1878. La plage est aussi un endroit splendide pour admirer le coucher du soleil.

245 B

Surf et noix de coco

245 Outer Sunset, le quartier qui jouxte Ocean Beach, est à des années-lumière du rythme effréné du reste de la ville. Parmi ses boutiques de surf et ses cafés bohèmes, on s'y sent en vacances, à 20 minutes de voiture du centre-ville! Les surfeurs aiment faire le plein d'énergie chez **Devil's Teeth Baking Company**, où l'on sert un savoureux sandwich petit déjeuner (biscuit au babeurre, œufs brouillés, cheddar et bacon) pour moins de 6 $ [3876 Noriega St], et chez **Andytown Coffee Roasters** pour les espressos bien corsés et les scones frais [3655 Lawton St]. Pour les bols d'açaï et les smoothies santé, je vais chez **Judahlicious** (A) [3906 Judah St]; et chez **Trouble Coffee** pour me délecter de leur légendaire toast à la cannelle. Faites comme les surfeurs et commandez le trio «Build Your Own Damn House» (noix de coco fraîche avec paille, café et toast). À déguster sur la petite terrasse, dehors [4033 Judah St].

Pour l'équipement, les vêtements, les maillots, les livres et films de surf, **Mollusk Surf Shop** (B) est une institution. Avec ses nombreuses sculptures et ses bateaux de bois, la boutique est superbe [4500 Irving St]. Les surfeurs terminent normalement leur journée à **The Riptide**, un *dive bar* peuplé de personnages surprenants, qui fait penser à un chalet en bord de mer avec son foyer et ses animaux empaillés [3639 Taraval St].

245 A

Le restaurant refuge

246

Hiver comme été, le vent du Pacifique est parfois glacial dans Outer Sunset, et **Outerlands** est le genre d'endroit où l'on a envie de se réfugier après une longue marche sur la plage. Ce restaurant chaleureux, aux murs recouverts de lattes de bois, propose cocktails originaux, pâtisseries, soupes du jour et d'énormes sandwiches réconfortants sur pain maison. Leur grilled-cheese croustillant, fait d'épaisses tranches de pain au levain grillées dans une poêle en fonte, ou leurs crêpes façon hollandaise, sont des valeurs sûres. Vous ne voudrez plus repartir [4001 Judah St].

Le magasin général branché

247

Coup de cœur pour **General Store**, une boutique à l'image de la Californie du Nord, un brin hippie, vintage, nature et chic à la fois. Chaque article a été sélectionné avec attention, des bijoux artisanaux aux sandales de cuir, en passant par les livres d'architecture, la poterie, les vêtements de fibres naturelles et les produits de beauté bios. La qualité et l'unicité sont au rendez-vous ; par conséquent, les prix sont élevés... À l'arrière, il y a un jardin secret, une grande table de bois entourée de cactus, et une petite serre où poussent divers légumes. Un petit havre de paix où vous aurez envie de vous poser quelques minutes [4035 Judah St].

#thatsftree

248 Plus haute colline de San Francisco, **Mount Davidson** (283 mètres) est un véritable lieu de pèlerinage pour la communauté Instagram. On retrouve au sommet un arbre aux longues branches qu'on dirait sorti tout droit d'un film d'épouvante. Le temps brumeux amplifie l'effet. Les curieux s'assoient sur les branches et se font prendre en photo avec le centre-ville et Sutro Tower en arrière-plan. Le résultat donne l'impression que le sujet flotte au-dessus de la ville. L'arbre a été déraciné il y a quelques années par des vents violents. Marquez vos photos du mot-clé « #thatsftree » lorsque vous les partagerez sur Instagram, comme l'ont fait des milliers d'Instagrammeurs. À l'ouest du mont Davidson, s'étend le quartier résidentiel de West Portal. L'artère principale, **West Portal Avenue**, avec ses petits restaurants familiaux, ses boutiques indépendantes et ses saloons, fait penser à un village western. Un bon endroit où aller vous rassasier après votre randonnée.

249B

Les maisons Rousseau

249 Quartier ouvrier aux maisons de stuc, Outer Sunset n'est pas reconnu pour son architecture. Pourtant, on retrouve dans 34th, 35th et 36th Avenue, entre Kirkham et Lawton Street, une série de maisons aux façades fantaisistes, plus excentriques les unes que les autres. Certaines ont l'air de maisons de poupées, de châteaux espagnols ou de maisons de Hansel et Gretel. Construites dans les années 1930 par l'architecte Oliver Rousseau, né à San Francisco d'un père belge, les « **Rousseaus** » (A) sont aujourd'hui très convoitées. Elles se vendent plus d'un million de dollars à cause de leur architecture unique et de leurs jardins intérieurs. Dans le quartier, une autre maison se démarque par sa façade qui rend hommage au peintre abstrait Mondrian. En effet, la **Mondrian House** (B) est étonnante et mérite d'être photographiée [2140 Great Hwy, entre Rivera et Quintara St].

248

249A

Oakland et Berkeley

Une visite à San Francisco n'est pas complète sans un saut de l'autre côté de la baie, chez la petite cousine de Brooklyn, « Oaktown », ville très artistique où les galeries sont nombreuses et où les bonnes tables concurrencent celles de San Francisco. Le riche passé architectural Art déco du centre-ville et le nouveau quartier émergent du Temescal valent le détour. Un peu plus au nord, Berkeley, une ville universitaire bouillonnante de culture, est le berceau du mouvement Slow Food aux États-Unis.

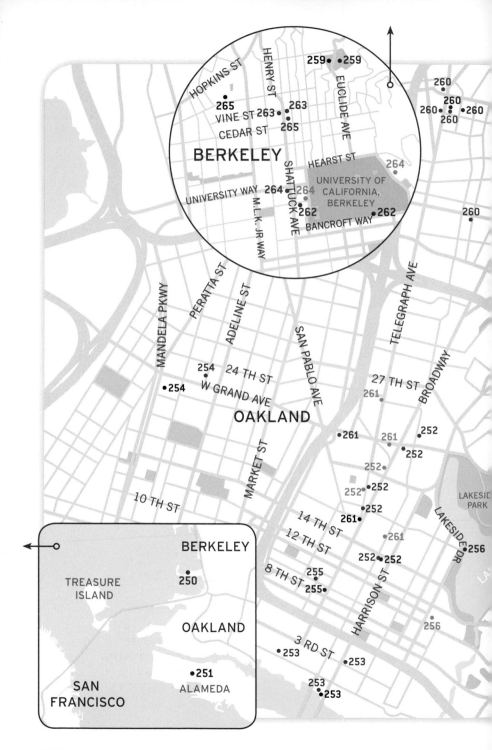

BERKELEY

HOPKINS ST

HENRY ST

VINE ST 263 **263**
265
CEDAR ST **265**

EUCLIDE AVE

259 259

260

260
260 260
260

264

HEARST ST

UNIVERSITY OF
CALIFORNIA,
BERKELEY

UNIVERSITY WAY 264 264
264

M.L.K. JR WAY

SHATTUCK AVE

262

262

BANCROFT WAY

260

PERALTA ST

ADELINE ST

MANDELA PKWY

SAN PABLO AVE

TELEGRAPH AVE

BROADWAY

254
254

24 TH ST

W GRAND AVE

27 TH ST
261

261

OAKLAND

252

261

261

252
252

MARKET ST

252
252

252

10 TH ST

252

261

14 TH ST

12 TH ST

261

LAKESIDE
PARK

LAKESIDE DR

256

BERKELEY

252 252

TREASURE
ISLAND

250

255
255

HARRISON ST

8 TH ST

OAKLAND

256

SAN
FRANCISCO

251
ALAMEDA

3 RD ST
253

253

253
253

253

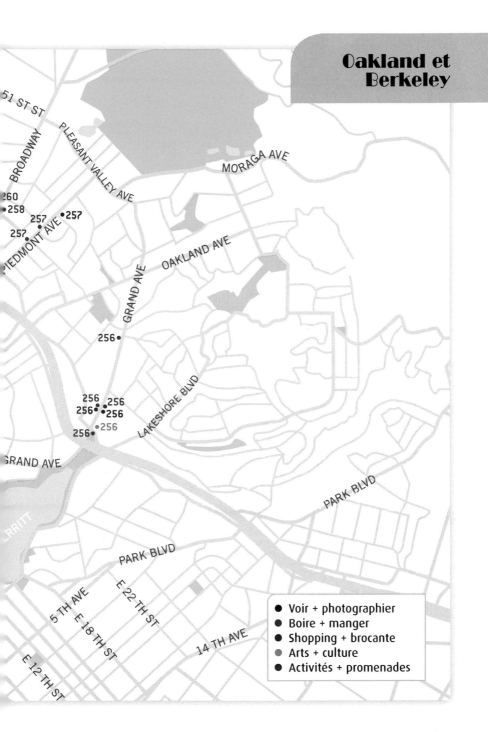

51 ST ST

BROADWAY

PLEASANT VALLEY AVE

MORAGA AVE

260
•258
257 •257
257

PIEDMONT AVE

GRAND AVE

OAKLAND AVE

256•

256 256
256•• 256
256• •256

LAKESHORE BLVD

GRAND AVE

MERRITT

PARK BLVD

PARK BLVD

5 TH AVE

E 22 TH ST

E 18 TH ST

14 TH AVE

E 12 TH ST

● Voir + photographier
● Boire + manger
● Shopping + brocante
● Arts + culture
● Activités + promenades

Le temple du kitsch

250 Pour avoir la fièvre des îles à 20 minutes du centre-ville de San Francisco, direction Emeryville, de l'autre côté du Bay Bridge. Dans la marina, il y a un restaurant venu d'ailleurs avec son allée de palmiers, son décor ponctué de sculptures tikis et sa carte des cocktails aussi grande qu'un atlas. Un endroit que j'aime, avec une certaine ironie.

Victor Jules Bergeron, né à San Francisco d'une mère française et d'un père québécois, a eu l'idée d'ouvrir **Trader Vic's** dans les années 1930 après avoir appris, à Cuba et à Hawaï, l'art de la mixologie. Il ouvre d'abord, sur San Pablo Avenue, un établissement appelé Hinky Dinks, dont la décoration, la cuisine et les cocktails tropicaux sont inspirés de la culture polynésienne. Son établissement devient si populaire qu'il décide de le rebaptiser de son propre surnom. Trader Vic's est aujourd'hui une grande chaîne qui possède des restaurants dans le monde entier. On lui doit, dit-on, la création du célèbre cocktail Mai Tai et le concept de cuisine fusion aux États-Unis.

Le restaurant original a déménagé à Emeryville dans les années 1970 et a été entièrement restauré en 2010. Il bénéficie, ces dernières années, d'un regain de popularité. À la clientèle habituelle, des gens d'un certain âge, se mêlent des nouveaux venus, des hipsters. L'immense restaurant offre une vue de rêve sur la baie de San Francisco (surtout le soir). Commandez le Mai Tai Wave pour goûter à trois miniversions du célèbre cocktail, puis les côtes levées barbecue et les *egg rolls* au canard [9 Anchor Dr].

251

La grande foire d'antiquités

251 Le premier dimanche de chaque mois, une grande foire d'antiquités et d'articles vintage s'installe sur la piste d'atterrissage d'une ancienne base navale à Alameda, une île de la baie de San Francisco, à proximité d'Oakland. Les rangées de kiosques de l'**Alameda Point Antiques Faire** s'étalent à perte de vue, ce qui en fait la plus grande foire d'antiquités du nord de la Californie. À l'horizon, on voit le centre-ville de San Francisco et le Bay Bridge. On compte près de 900 kiosques de meubles, bibelots, livres, vaisselle, bijoux et vêtements; et quelques camions-cantines. De 6 h à 15 h, le parking est gratuit, mais l'entrée est payante. Une navette gratuite relie la foire au ferry d'Alameda [2700 Saratoga St].

250   251

252 B 252 A

Virée au centre-ville

252 Temple de l'art et de la culture, on surnomme Oakland le « nouveau Brooklyn ». Longtemps dans l'ombre de San Francisco, la ville vit aujourd'hui un renouveau. Plusieurs artistes et des jeunes familles ont fui le coût de la vie à San Francisco pour venir s'installer de l'autre côté de la baie. J'aime y aller pour admirer l'architecture Art déco des immeubles du centre-ville ou pour assister à un spectacle au majestueux **Paramount Theatre** (A), construit en 1931. On y présente aujourd'hui des concerts symphoniques, des ballets ou de vieux films [2025 Broadway]. Le **Fox Oakland Theatre** (B), inauguré en 1928, a la façade ornée comme un palais du Moyen-Orient. On y donne des concerts de musique en tous genres [1807 Telegraph Ave].

Les tacos de **Xolo** [1916 Telegraph Ave], la cuisine du marché de **Plum Bar** + **Restaurant** [2216 Broadway] et la cuisine de rue asiatique de **Hawker Fare** [2300 Webster St] ont tout pour plaire. Chez **Darling's Elixirs**, un bar de type speakeasy au décor de bois et de tuiles blanches, logé dans une ancienne pharmacie [1635 Broadway], on prépare les cocktails avec brio ; alors que chez **Woods Bar & Brewery**, on préfère la bière artisanale aux saveurs fantaisistes. Dehors, une grande terrasse dotée d'un foyer invite à la détente et ajoute à l'atmosphère conviviale des lieux [1701 Telegraph Ave]. Chez **Longitude**, un bar tiki haut de gamme où les clients s'habillent comme dans les années 1920, c'est le dépaysement garanti [347 14th St]. Si vous voulez copier leur style, regardez du côté d'**Over Attired**, une boutique vintage, à deux pas, qui se spécialise dans les vêtements d'avant les années 1960 [337 14th St].

Le port historique et l'antre de Jack London

253 Dans le port d'Oakland, faites un arrêt dans le quartier du **Jack London Square**. On peut y visiter le chalet en rondins dans lequel le célèbre écrivain américain a habité lors de la ruée vers l'or du Klondike, qui a inspiré ses romans d'aventures. Le chalet a été retrouvé dans les années 1960, démantelé, puis reconstruit à Oakland, sa ville natale. London fut l'un des premiers Américains qui ont fait fortune avec leurs écrits. Il fréquentait le *dive bar* voisin de la hutte, **Heinold's First and Last Chance Saloon**, fondé en 1880. On dit que les lieux lui ont inspiré ses romans *L'appel de la forêt* et *Le loup des mers*. Entrez voir l'intérieur du bar toujours éclairé aux lampes à huile. Rien n'est de niveau, les murs sont couverts de photographies de la Seconde Guerre mondiale, et des dizaines de casquettes de marin sont accrochées au plafond. Dans un coin, une horloge indique 5 h 18 depuis le 18 avril 1906, jour du terrible tremblement de terre. Le nom du bar évoque la première et la dernière chance, pour les marins, de boire un verre au retour d'un long voyage en mer ou juste avant de s'embarquer pour un de ces périples [48 Webster St].

Pour un bon café, passez chez **Blue Bottle Coffee** où l'on organise, chaque dimanche, à 11 h 30 et à 15 h, une dégustation de café gratuite [300 Webster St]. Un petit creux ? Dégustez des tapas en terrasse chez **Bocanova** [55 Webster St] ou des sushis avec un concert de jazz en toile de fond, chez **Yoshi's** [510 Embarcadero West].

254B

Le *soul food* de Tanya

254

Jadis mal famé et violent, West Oakland est un quartier en pleine transformation, comme le reste de la ville d'ailleurs, qui n'est pas à l'abri du phénomène d'embourgeoisement qui touche toute la région de la baie de San Francisco. Parmi les entrepôts de cette zone industrielle, quelques restaurants se sont établis dans les anciens hangars. **Brown Sugar Kitchen** (A), le restaurant de la chef Tanya Holland, vaut le détour, ne serait-ce que pour son plat signature : poulet frit et gaufres à la farine de maïs servies avec sirop de pomme et beurre au sucre brun. Tanya réinvente ce classique américain en n'utilisant que des produits bios des fermes environnantes [2534 Mandela Pkwy]. Toujours à West Oakland, on peut déguster, dans la cour ensoleillée d'un ancien entrepôt, des spécialités coréennes au restaurant de cuisine fusion **FuseBox**. Les employés portent des T-shirts sur lesquels on peut lire « *I bleed kimchi* » [2311 Magnolia St]. Ne manquez pas les énormes statues de métal, des reliques du festival Burning Man, dans la cour de l'entrepôt **American Steel Studios** (B) [1960 Mandela Pkwy].

255

Ne passez pas à côté de **Swan's Market**, une foire alimentaire aménagée dans un superbe immeuble des années 1890 [538 9th St]. Chez **Miss Ollie's** (A), un restaurant de cuisine afro-antillaise au décor tropical, on sert des plats réconfortants à petit prix. Commandez les crevettes façon jerk et les bananes plantains frites [901 Washington St]. Deux boutiques adjacentes valent le détour : **Marion and Rose's Workshop** pour la papeterie et les accessoires pour la maison [461 9th St], et **Umami Mart** pour les superbes articles de cuisine japonais [815 Broadway]. Les rues du quartier, le plus joli d'Oakland, sont bordées d'immeubles de l'ère classique victorienne.

254A

256A

Un après-midi autour du lac Merritt

256 Grande réserve naturelle où l'on peut faire du kayak, pique-niquer et observer quelques pélicans, **Lake Merritt** est au cœur de la vie à Oakland. Le soir, le lac est illuminé d'une guirlande de plus de 4 000 ampoules. On peut en faire le tour assez rapidement. Je commence normalement ma promenade au sud du lac pour voir les expositions très originales du **Oakland Museum of California**, surnommé le «musée du peuple» depuis son ouverture en 1969 [1000 Oak St]. Je marche ensuite vers le nord, sur la rive droite du lac, jusqu'au **Grand Lake Farmers Market**, grand marché fermier qui se tient chaque samedi à l'angle de Grand Avenue et Lake Park Avenue. Un endroit parfait pour goûter aux produits frais, prendre le thé en plein air et se mêler aux résidents du quartier. Juste à côté, s'élève le **Grand Lake Theatre** (A), inauguré en 1926, un de mes cinémas favoris [3200 Grand Ave]. Je remonte ensuite Grand Avenue où se sont établies certaines des meilleures tables de la ville et plusieurs boutiques indépendantes. Mentionnons **La Parisienne**, la petite boulangerie du chef français Karim Bedda qui confectionne des croissants aux amandes et des flans purement divins [3249 Grand Ave]; **Alchemy Bottle Shop**, un charmant commerce où l'on découvre des spiritueux et élixirs aussi délicats qu'uniques, issus de petits producteurs [3256 Grand Ave]; **Oak Common**, une boutique de vêtements et accessoires au style très californien [3231 Grand Ave]; et **Walden Pond Bookstore**, un petit joyau de librairie indépendante qui fait l'unanimité dans le quartier [3316 Grand Ave]. Sur les rayonnages, se côtoient des livres neufs et de seconde main. Comme la librairie se trouve juste à côté du populaire restaurant de pizzas au four à bois et cuisine californienne **Boot & Shoe Service** [3308 Grand Ave], où l'attente est souvent longue, plusieurs clients en profitent pour aller bouquiner en attendant leur table. Vous pouvez aussi attendre au sympathique bar à vins **Ordinaire**, un peu plus loin [3354 Grand Ave].

Camino est la meilleure table du quartier. Ici, une simple salade se transforme en repas mémorable. Tous les ingrédients sont cuits au four à bois et témoignent de la grande maîtrise des saveurs dont fait preuve le chef. Les pourboires ne sont pas acceptés et les convives prennent place à des tables communes [3917 Grand Ave]. Chez **Penrose** également, les pains plats garnis, poissons et légumes sont grillés dans un four à bois. Commandez le poulet rôti et choux de Bruxelles [3311 Grand Ave]. Faites un saut en face, au piano-bar **The Alley**, un endroit légendaire où n'importe qui peut prendre le micro et chanter, accompagné au piano par Rob Dibble [3325 Grand Ave].

L'avenue idyllique

257 Piedmont Avenue, entre West MacArthur Blvd et Ridgeway Avenue, est une de mes rues préférées à Oakland. Avec son église, sa crémerie, ses librairies, son vieux cinéma du début du XXᵉ siècle (Piedmont Theatre) (A) et ses petites boutiques indépendantes, on se croirait à Pleasantville. Faites un arrêt chez **Neighbor**, un magasin général nouveau genre où l'on déniche de beaux objets pour la maison, choisis avec soin par la propriétaire, Dana Olson [4200 Piedmont Ave]. Dana tient deux autres échoppes sur la même avenue : le magasin de bijoux et d'accessoires **Good Stock** [4198 Piedmont Ave] et la boutique de vêtements vintage **Mercy Vintage** [4188 Piedmont Ave]. Des petits bijoux de boutiques. Plus récemment, l'avenue est devenue un lieu de pèlerinage pour les amateurs de hamburgers grâce à l'ouverture de **KronnerBurger** (B), le plus beau restaurant de tout Oakland. Aménagé dans un immeuble de briques blanches en forme de fer à repasser et flanqué d'une tour d'horloge, le resto montre un décor intérieur ponctué de tables de marbre blanc, de jolis luminaires en céramique et de banquettes en cuir bleu. Leur hamburger signature est servi avec de la moelle osseuse en accompagnement, et ils proposent aussi un burger végétarien [4063 Piedmont Ave]. Chez **Ba-Bite**, petit comptoir de plats méditerranéens, on se sent comme à la maison. C'est exactement ce que signifie le nom du restaurant en hébreu. La chef d'origine israélienne, Mica Talmor, prépare de délicieux keftas, kebabs, tagines et fallafels, et elle s'occupe de ses clients comme le ferait une grand-maman. Je prends toujours le trio de salades à 13 $ [3905 Piedmont Ave].

Petit déjeuner à remonter le temps

258 **Mama's Royal Cafe** est le genre d'endroit où Sherry, la serveuse qui y travaille depuis 35 ans, vous appelle « *hon* » (pour *honey*). Le genre d'endroit où le propriétaire, George Marino, expose sa collection de vieux postes de radio, et Sherry, sa collection de tabliers. Le genre d'endroit où l'on trouve sur le menu du kale provenant d'une ferme locale et, à l'autre bout du spectre nutritif, du Spam. Le genre d'endroit où l'on organise chaque année un concours de décoration de serviettes de table, au terme duquel le gagnant remporte 400 $. Le genre d'endroit où l'on peut dévorer un plat de crêpes, œufs et bacon pour à peine 10 $. Le genre d'endroit où le décor n'a pas bougé depuis les années 1970, conservant les chinoiseries du restaurant chinois qui l'a précédé. Bref, le genre d'endroit que l'on rêve tous d'avoir dans son quartier [4012 Broadway].

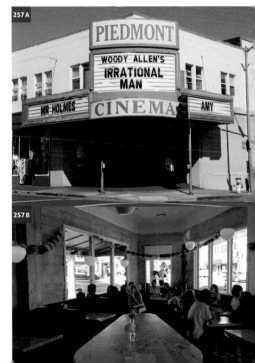

260

Le jardin de roses

259 Dans les hauteurs de Berkeley, non loin de Shattuck Avenue, il y a un magnifique jardin en paliers, comme un amphithéâtre, où fleurissent chaque année plus de 3000 roses issues de 250 variétés. Les roses sont organisées par couleur, selon la terrasse. Les fleurs rouges sont en hauteur, alors que les blanches, les roses et les jaunes sont sur les terrasses les plus basses. **Berkeley Rose Garden**, jardin public implanté dans les années 1930, offre une vue panoramique sur la baie de San Francisco et même sur le Golden Gate. J'aime m'asseoir sous une des pergolas pour lire et observer les couples de nouveaux mariés qui viennent se faire photographier. Le meilleur moment pour visiter le jardin est à la mi-mai [1200 Euclid Ave].

La ruelle des artisans

260 Boutiques indépendantes, barbier, crémerie, fleuriste, bijouterie et café se côtoient dans **Temescal Alley**, ruelle sans issue du nord d'Oakland, loin des sentiers battus. J'aime l'ambiance, surtout le week-end, quand les résidents et la jeunesse branchée s'y donnent rendez-vous. Si vous êtes à la recherche de bijoux uniques et délicats, franchissez la porte d'**Esqueleto**. Au fond d'**Alley 49**, la ruelle voisine de Temescal Alley, vous trouverez une boutique fascinante, **Book/Shop**, où l'on vend des affiches, des magazines rares, des meubles avant-gardistes et une sélection de livres qui change toutes les deux semaines, sélection méticuleusement menée par le propriétaire, Erik Heywood. Dans le commerce d'à côté, **Doughnut Dolly**, on vend des beignes frais, fourrés sur demande de chocolat ou d'autres préparations. Ces deux ruelles se trouvent dans 49th Street, entre Telegraph Avenue et Clarke Street.

Quatre restaurants, dans ce secteur, valent le détour : **Juhu Beach Club**, qui propose une cuisine fusion indienne vraiment originale [5179 Telegraph Ave] ; **Cholita Linda**, pour ses délicieux tacos et sandwiches cubains servis dans un décor coloré [4923 Telegraph Ave] ; **Clove & Hoof**, une boucherie-restaurant où l'on savoure de bons *cheesesteaks*, comme à Philadelphie [4001 Broadway] ; et **Hog's Apothecary**, restaurant aménagé dans une ancienne buanderie, où l'on propose des hot-dogs gourmets et 30 bières en fût, des bières artisanales californiennes [375 40th St].

259

L'art de rue du vendredi

261

J'aime aussi visiter Oakland le premier vendredi de chaque mois pour ce qu'on appelle **First Friday**, une grande fête où art, musique et gastronomie s'entrecroisent. Les camions-cantines et de nombreux musiciens envahissent Telegraph Avenue, entre West Grand Avenue et 27th Street, et des douzaines de galeries d'art restent ouvertes jusqu'à 21 h. Pour y accéder, prenez le BART (système de trains qui dessert la région de la baie) depuis San Francisco et descendez à la station « 19th St Oakland ». Consultez la liste des galeries à cette adresse : oaklandartmurmur.org/firstfriday. J'aime particulièrement **Athen B. Gallery**, une jeune galerie qui représente plusieurs artistes émergents et artistes de rue [1525 Webster St]. Ne manquez pas la grande murale sur le mur du **Cathedral Building** (A), immeuble historique qui ressemble à un gâteau de mariage [1615 Broadway], ni le **Great Wall of Oakland**, un mur de 930 mètres carrés sur lequel sont projetés des films artistiques du monde entier. Le parking voisin se transforme en cinéma à ciel ouvert [451 W Grand Ave]. Arrêtez-vous ensuite au **Starline Social Club**, au décor minimaliste, qui sert à la fois de bar, de club social, de salle de spectacle et d'espace d'exposition. Vous êtes dans un ancien saloon qui date de 1893. On propose quelques petits plats au bar et d'excellents cocktails [645 W Grand Ave].

261A

Baignade gréco-romaine

262

Une grande piscine de marbre, dont l'architecture rappelle les bains romains, se trouve sur le toit du **Hearst Gymnasium**, un gymnase pour femmes construit en 1925 selon les plans de la célèbre architecte californienne Julia Morgan. C'est dans cette piscine que les étudiantes de l'Université de Californie à Berkeley suivaient des cours de sauvetage dans les années 1920. Trésor architectural, la piscine est entourée de statues d'anges et de colonnes sculptées. De là-haut, on a une vue de rêve sur le campanile de l'université, une réplique presque exacte du campanile de la place Saint-Marc, à Venise, et troisième du monde pour la hauteur (94 mètres). La piscine est ouverte au public ; il suffit de se procurer un laissez-passer (12 $ pour la journée) au **Pro Shop Café** [2301 Bancroft Way]. L'eau de la piscine est toujours maintenue à 28 °C, on peut donc s'y baigner à longueur d'année.

Après votre baignade, faites une halte chez **Ippuku**, tout près du campus. Ce restaurant japonais de style izakaya propose une grande sélection de sakés, de viandes grillées et de nouilles de soba [2130 Center St].

263 A 264 A   265

Pizza et jazz sur le trottoir

263 Un autre arrêt obligé d'une visite à Berkeley: **The Cheese Board Collective** (A), boulangerie-fromagerie-pizzeria ouverte depuis les années 1970. On fait la queue pour leurs pizzas californiennes cuites au four à bois et garnies d'ingrédients frais et de fromages rares. Il n'y a qu'un seul choix proposé chaque jour. La file peut être longue, mais, heureusement, un groupe de jazz est toujours fidèle au poste pour divertir les convives [1512 Shattuck Ave]. Le commerce étant situé en face de Chez Panisse (voir raison n° 265) et tout près du premier **Peet's Coffee & Tea** [2124 Vine St], on surnomme cette intersection de North Berkeley le Gourmet Ghetto, à cause de la forte concentration de restaurants et de magasins d'alimentation où l'on trouve des produits de saison biologiques et sans OGM. Ce sont ces commerces qui ont lancé le mouvement Slow Food aux États-Unis et qui ont proposé des options au fromage Velveeta et au café Folgers. Shattuck Avenue est encore aujourd'hui un lieu de pèlerinage pour les gourmets du monde entier. J'aime aussi m'arrêter chez **Juice Bar Collective**, petit comptoir de plats végétariens pour emporter et de jus fraîchement pressés [2114 Vine St].

Concert sous les étoiles

264 Édifié sur le campus de l'Université de Californie à Berkeley, le **William Randolph Hearst Greek Theatre** (on l'appelle plus simplement le Greek Theatre) est un amphithéâtre de 8500 places à ciel ouvert. L'architecte s'est inspiré du théâtre d'Épidaure, dans le Péloponnèse. L'ancien président Theodore Roosevelt y a donné un discours en 1903, lors de la collation des grades. De nos jours, on y présente des spectacles variés, allant du jazz à l'électro, en passant par le rock. On consulte la programmation ici: thegreektheatreberkeley.com. Dans les gradins les plus hauts, on voit le soir toute la baie de San Francisco illuminée, un moment absolument magique. Avant le spectacle, je vous recommande la visite du nouveau **Berkeley Art Museum and Pacific Film Archive** (A), juste à côté du campus. Le superbe immeuble de métal ondulé a été dessiné par les architectes qui ont conçu le célèbre High Line Park new-yorkais [2155 Center St]. Après le spectacle, allez manger chez **Comal**, restaurant de Slow Food mexicain qui propose une sélection de cocktails impeccable. Le plat à commander est le poulet rôti à partager avec, en entrée, le *ceviche* du jour [2020 Shattuck Ave].

265

Le berceau de la ferme à la table

265 Manger **Chez Panisse**, à Berkeley, est une expérience quasi religieuse. Si, pour goûter à ce que la Californie a de mieux à offrir, vous ne pouviez aller que dans un seul restaurant, c'est celui-ci que vous devriez choisir. La fondatrice du restaurant, Alice Waters, pionnière de la cuisine californienne, a lancé sans le savoir, à l'époque (1971), les mouvements Slow Food et locavore qui ont tranquillement fait leur chemin aux États-Unis. À peu près tous les restaurants de la région de la baie ont adopté cette philosophie et s'approvisionnent en produits locaux et composent leurs menus en fonction des aliments vendus au marché. Plusieurs chefs de la région ont travaillé auprès d'Alice avant de voler de leurs propres ailes et de compter parmi ses disciples.

Alice Waters est tombée amoureuse des traditions culinaires de la France lors d'un voyage qu'elle a fait dans ce pays dans les années 1960 (d'ailleurs, le nom de son restaurant évoque un personnage de la trilogie de Marcel Pagnol). De retour chez elle, Alice s'est évertuée à retrouver les saveurs qui l'avaient tant séduite en France. Elle s'est alors tournée vers les produits bios cultivés localement. Une véritable percée, puisqu'il faut dire qu'à l'époque, les restaurants, aux États-Unis, cuisinaient encore des aliments congelés ou en conserve.

Le restaurant est établi non loin de l'Université Berkeley, dans une jolie maison de bois, paisible et chaleureuse, qui rappelle l'esthétisme de Frank Lloyd Wright. Dans la salle à manger, au premier étage, on propose un menu dégustation de trois ou quatre services pour une centaine de dollars. On ne peut réserver sa table au-delà d'un mois à l'avance.

Je préfère **Chez Panisse Café**, au deuxième étage, où le menu à la carte est plus abordable. Un four à bois trône au milieu de la salle; il y a aussi un comptoir débordant d'ingrédients mûrs à point. Ici aussi, il est préférable de réserver, et les places s'envolent rapidement. Le truc est d'y aller pour le lunch, ou avant 17 h, et de demander une table à Jonathan, le sympathique maître d'hôtel, qui devrait être en mesure de bien vous accueillir. Lors de ma dernière visite, je me suis délectée d'une salade de cresson, fenouil, haricots verts, amandes et figues (12 $), suivie d'un couscous de légumes grillés à la perfection et d'un bol de mûres, bleuets et figues, fruits goûteux et sucrés. Le tout servi dans une élégante poterie [1517 Shattuck Ave].

Alice Waters a fait de la promotion d'une meilleure alimentation chez les enfants sa véritable croisade. En 1996, elle a créé, dans la cour de l'école Martin Luther King Jr., à un kilomètre du restaurant, un jardin comestible. Les enfants y apprennent à planter, à récolter, à laver et à cuire les légumes et les fruits. Depuis, le programme **The Edible Schoolyard** s'est étendu dans tout le pays [1781 Rose St].

Escapades d'une journée

Les San-Franciscains sont choyés. Entourés des paysages les plus époustouflants sur terre, ils ont l'embarras du choix quand vient le temps d'échapper au tumulte de la ville. Au nord s'étendent les vignobles de Napa et Sonoma, les forêts de séquoias, le mont Tamalpais, les plages de sable noir et les fermes ostréicoles. Au sud, c'est le paradis du surf, des éléphants de mer et des produits de la ferme.

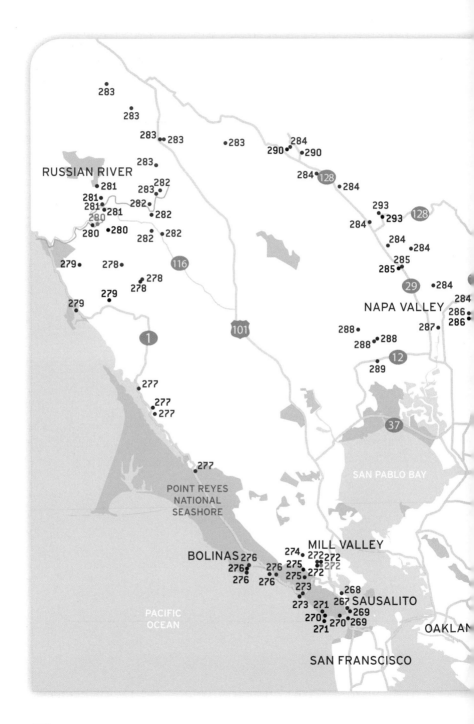

RUSSIAN RIVER

283
283
283 283
283
283
281
281 283 282
281 281 282
280
280 280 282
282 282

290 284
290
284 128
284

279
278
279
278 278
279

284
284
293
293 128
284
284 284
285
285
29 284
NAPA VALLEY 284
286
287 286
288
288 288
289

116
1

101

12

277
277 277

37

277

POINT REYES
NATIONAL
SEASHORE

SAN PABLO BAY

MILL VALLEY
274 272 272
275 272
BOLINAS 276 276 275 272
276 273
276 276
273 271 268
270 267 SAUSALITO
271 270 269
269

PACIFIC
OCEAN

OAKLAN

SAN FRANSCISCO

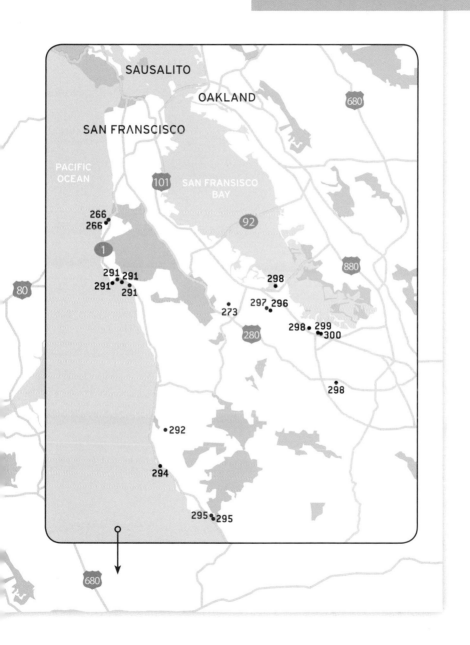

Surfer dans le Pacifique à 15 minutes du centre-ville

266 Protégée de la houle et du vent, la plage idéale pour apprendre le sport californien par excellence, le surf, se trouve à quelques minutes de route à peine de San Francisco. Les vagues de **Pacifica State Beach** ne sont pas trop intimidantes, un attrait pour les débutants, et l'on trouve à proximité plusieurs écoles de surf et des boutiques pour louer tout l'équipement nécessaire, comme **Nor Cal Surf Shop**, où la leçon de surf coûte 94 $ par personne, ou 199 $ pour des cours particuliers [5440 Pacific Coast Hwy, Pacifica].

Le spa des officiers

267 De l'autre côté du Golden Gate, sur les terres verdoyantes de l'ancienne base militaire Fort Baker, dans le comté de Marin, vous trouverez le **Cavallo Point Lodge** (A), un hôtel historique aménagé dans les anciennes maisons de style néocolonial des hauts gradés de l'armée. Le prix des chambres est élevé, mais une autre façon de profiter des lieux est de réserver un massage ou un traitement de la peau au **Healing Arts Center & Spa**. Le laissez-passer d'une journée coûte 65 $ et comprend une séance de yoga, pilates ou méditation, les bains thermaux et les saunas [601 Murray Cir]. Conseil d'initiée : après le spa, allez boire une bière à l'authentique bar au 2e étage du **Presidio Yacht Club**, dans la marina de Fort Baker, un endroit sans prétention d'où l'on a une des plus belles vues sur le Golden Gate [679 Sommerville Rd].

267 A

Pétanque et terrasses au bord de l'eau

268 **Sausalito** compte plusieurs bons restaurants, dans une vaste fourchette de prix. Pour profiter d'une journée ensoleillée, arrêtez-vous chez **Bar Bocce** (A), une pizzeria avec une grande terrasse sur le bord de l'eau et des terrains de pétanque [1250 Bridgeway]. Le coloré restaurant mexicain **Salsalito Taco Shop** (B) est quant à lui très accueillant pour les familles [1115 Bridgeway]. Le café **Cibo** [1201 Bridgeway] et l'épicerie gourmet **Driver's Market** [200 Caledonia St] proposent d'excellents sandwiches, alors que le vieux *diner* **The Lighthouse Cafe** sert de copieux petits déjeuners [1311 Bridgeway]. Pour les fruits de mer, le comptoir **Fish** [350 Harbor Dr] est sans rival (commandez le sandwich au crabe, le poke de thon ou le Tuna Melt). En soirée, gâtez-vous chez **Sushi Ran**, un des meilleurs restaurants de toute la région de San Francisco, dirigé par le surprenant chef Taka Toshi [107 Caledonia St]. J'aime aussi les plats du bistrot français **Le Garage**, aménagé dans un ancien hangar au bord de l'eau. Les couchers de soleil, accompagnés d'un verre de rosé, y sont mémorables [85 Liberty Ship Way].

Le tour de vélo euphorique

269 Traverser le Golden Gate à vélo jusqu'à Sausalito est l'escapade la plus mythique à faire en dehors de San Francisco. Vous pouvez louer des vélos à plusieurs endroits dans Fisherman's Wharf et North Beach pour une trentaine de dollars la journée (casque, cadenas et carte compris), comme **Blazing Saddles** [1095 Columbus Ave] et **Bay City Bike** [1325 Columbus Ave].

Le trajet d'environ 10 km depuis l'entrée du pont est accessible même aux enfants. En semaine, les vélos doivent circuler sur la voie est du pont, et la fin de semaine, sur la voie ouest. Chaque côté a son avantage. À l'ouest, vous avez une vue panoramique sur l'embouchure de la baie, l'océan Pacifique à perte de vue, les navires, les bateaux de pêche et les plages du comté de Marin. À l'est, la baie, les collines et les gratte-ciels de San Francisco miroitent sous vos yeux, une vue exaltante, à 70 mètres de hauteur.

À la sortie du pont, empruntez Alexander Avenue, à droite, et descendez jusqu'au niveau de la baie. Longez ensuite le bord de l'eau sur Bridgeway, jusqu'à Sausalito. On se croirait par moments dans la commune italienne de Positano, avec les maisons colorées à flanc de montagne en toile de fond.

Pour revenir à San Francisco, prenez le traversier (ferry) depuis le centre-ville de Sausalito (de 10 à 12 $ selon la compagnie). **Golden Gate Ferry** vous ramène au Ferry Building (voir raison n° 135); et **Blue & Gold Fleet**, à Pier 41, dans Fisherman's Wharf. Comptez environ 25 minutes.

Les plages de sable noir

270 De l'autre côté du Golden Gate, dans la péninsule vallonnée des **Marin Headlands**, qui fait partie de la zone protégée Golden Gate National Recreation Area, s'étendent des plages de sable noir quasi désertes (mis à part quelques pêcheurs et des nudistes occasionnels) qui font face à la ville. C'est l'endroit idéal pour faire un pique-nique (ou une demande en mariage!). Prenez la sortie 442 après avoir traversé le pont, tournez à gauche sur Alexander Avenue, puis à droite dans Conzelman Road, jusqu'au parking Upper Fisherman's, sur votre gauche, 5 km plus loin. Un long escalier (Black Sands Beach Trail) vous mènera jusqu'à la plage paradisiaque.

Un kilomètre plus loin, dans Conzelman Road, arrêtez-vous à **Battery Rathbone McIndoe**, une ancienne batterie de béton du début du XXe siècle, sur laquelle on peut grimper pour prendre le cliché parfait du Golden Gate, avec la ville en arrière-plan. C'est l'un des nombreux sites militaires historiques qui avaient pour fonction de protéger la baie de San Francisco des navires hostiles. En remontant Field Road, vous verrez une relique de la guerre froide: la base de lancement **Nike Missile Site SF-88**, la dernière entièrement restaurée au pays (ouverte aux visiteurs du jeudi au samedi, en après-midi).

272A

Le phare carte postale

271 Toujours dans les Marin Headlands, garez-vous tout au bout de Conzelman Road et suivez le sentier qui mène à Point Bonita (moins d'un kilomètre, mais très escarpé par endroits, alors prévoyez de bons souliers de marche). Après avoir traversé un tunnel creusé dans le roc et franchi un pont suspendu, vous voilà à **Point Bonita Lighthouse**, un phare toujours en activité, perché sur une formation rocheuse. Construit en 1855, il guidait les navires à vapeur dans le brouillard funeste du Golden Gate. Si vous avez peur des hauteurs, cette visite pourrait vous donner le vertige. Le pont suspendu oscille, les vagues se fracassent au flanc des falaises, 40 mètres sous vos pieds, et les vents là-haut peuvent atteindre 160 km/h. Vous trouverez refuge à l'intérieur du phare où se trouve un petit musée maritime. Un guide érudit répondra à toutes vos questions (gratuit; ouvert les samedis, dimanches et lundis, de 12 h 30 à 15 h 30).

Moins de trois kilomètres plus loin, de l'autre côté du Rodeo Lagoon, une visite au **Marine Mammal Center** peut être très instructive pour les enfants. Ce centre de recherche vétérinaire à but non lucratif est aussi un centre de réhabilitation pour mammifères marins malades ou blessés. Des centaines d'éléphants de mer, de phoques, d'otaries et de dauphins sont secourus sur la côte californienne chaque année et soignés à cet endroit avant d'être relâchés dans l'océan. Ouvert de 10 h à 17 h, et la visite est gratuite [2000 Bunker Rd].

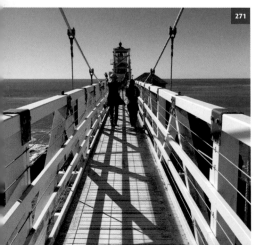

271

La bibliothèque au milieu des séquoias

272 Petite ville bucolique à 20 minutes au nord de San Francisco, **Mill Valley** est le genre d'endroit où l'on aurait tous rêvé de passer son enfance. Un ruisseau traverse la municipalité dont l'hôtel de ville est une adorable maison de style Tudor, des balançoires sont accrochées un peu partout dans les arbres et les marchands connaissent les clients par leur prénom. La bibliothèque publique, **Mill Valley Public Library** (A), vaut à elle seule le détour. Je suis tombée sous le charme de cet endroit pittoresque au design à la fois rustique et moderne. L'immeuble de bois aux hauts plafonds est doté de grandes baies vitrées qui donnent sur un bosquet de séquoias. Son foyer entouré de fauteuils confortables, ses meubles de bois magnifiques, confectionnés par un artisan du coin, et ses bouquets de fleurs fraîches ne donnent qu'une envie : bouquiner pendant des heures [375 Throckmorton Ave]. J'aime visiter ensuite les boutiques indépendantes comme **Branded** [118 Throckmorton Ave], **Mint** [167 Throckmorton Ave] pour les accessoires et vêtements pour femmes, et **Guideboat Company** pour ses vêtements de style nautique pour hommes et femmes [129 Miller Ave]. La meilleure table en ville se trouve chez **Molina**, restaurant de cuisine californienne aménagé dans une jolie maison, dont la pièce maîtresse est le grand four à bois. Le menu change chaque jour et le chef s'inspire des ingrédients de saison [17 Madrona St]. Pour un repas plus décontracté, **Mill Valley Beerworks**, juste à côté, propose une belle carte de bières artisanales en fût et de petits plats à partager [173 Throckmorton Ave].

272A

270

La campagne anglaise en bordure du Pacifique

273 Tapie dans les Marin Headlands aux abords de la mythique route 1, une petite auberge de sept chambres de style Tudor, avec ses murs blanchis à la chaux, ses vitraux et ses meubles d'époque, vous donnera l'impression de faire un bond dans l'Angleterre du XVIᵉ siècle. Le **Pelican Inn** est si romantique que plusieurs couples y passent leur lune de miel. Il n'est toutefois pas nécessaire d'être un client de l'hôtel pour profiter de cet endroit enchanteur. La plaine gazonnée devant l'auberge est populaire auprès des cyclistes qui s'y arrêtent pour boire une bière et manger un fish & chips. Le week-end, le restaurant de l'auberge sert le petit déjeuner à l'anglaise dans la salle à manger décorée de vieilles photos de la royauté britannique.

Après avoir traversé le Golden Gate, parcourez 14 km sur la route 101 et prenez la sortie 445 B. Suivez ensuite la route 1 Nord sur 10 km, puis tournez à gauche dans Pacific Way [10 Pacific Way]. L'auberge se trouve sur le chemin qui mène à une plage magique, **Muir Beach**, un endroit populaire pour les barbecues en famille et les randonnées. Le parking, gratuit, est situé au bout de Pacific Way.

273

275A

Les arbres géants et le chalet bavarois

275 Autre incontournable à une trentaine de minutes au nord de San Francisco : **Muir Woods** (A), une forêt ancienne, unique, de séquoias à feuilles d'if, l'espèce qui compte les plus grands spécimens du monde. Ce lieu enchanteur de 224 hectares est sillonné de près de 9 km de sentiers pavés. Dans la partie Cathedral Grove du parc, certains arbres ont plus de 777 ans et mesurent près de 80 mètres. Je vous conseille d'y aller tôt en matinée (vers 8 h) pour éviter les foules. À ce moment de la journée, le brouillard épais confère un air mystérieux à la forêt. Quelques heures plus tard, quand les rayons du soleil se faufilent entre les milliers d'arbres, on a l'impression d'être dans un monde de rêve. Le coût d'entrée est de 10 $ par personne, mais c'est gratuit pour les jeunes de 15 ans et moins [1 Muir Woods Rd].

Depuis le centre des visiteurs, vous êtes à 10 minutes de route d'un autre endroit incomparable. Loin des regards, se dresse un magnifique chalet centenaire aux balcons sculptés, de style bavarois. Au **Nature Friends Tourist Club San Francisco**, on boit de la bière dans de grandes chopes après une dure randonnée dans Muir Woods. Fondé en 1912, le club privé fait partie de l'organisation Friends of Nature, fondée à Vienne en 1895. Heureusement pour les non-membres, le club ouvre ses portes au public quelques jours par année pour différents festivals où se mêlent costumes et musique folkloriques, danse traditionnelle et plats bavarois. Une sorte d'Oktoberfest californien. Consultez le calendrier ici : touristclubsf.org/calendar [30 Ridge Ave, à l'angle de Panoramic Hwy].

Le mont Tam

274 Vous pouvez combiner votre visite à Muir Woods avec l'ascension du **mont Tamalpais** (que les San-Franciscains surnomment affectueusement « *mount Tam* »). Depuis le point culminant du comté de Marin (785 mètres), on peut voir jusqu'à 40 km à la ronde. Pour s'y rendre à partir du Tourist Club, prenez à gauche et roulez sur la sinueuse Panoramic Highway sur 6 km, puis tournez à droite dans Pan Toll Road sur 2 km, et enfin à droite, dans East Ridgecrest Boulevard, sur 5 km. Un parking se trouve juste sous la crête est de la montagne. Il ne vous reste plus que quelques mètres à gravir pour atteindre **Mount Tamalpais East Peak**. Un sentier de 1 km, le Verna Dunshee, entoure la cime et offre des panoramas inoubliables de la vallée de Napa, de San Francisco et des îles Farallon émergeant du Pacifique.

La bulle hippie cachée

276 J'ai eu un véritable coup de cœur pour **Bolinas**, une communauté de 1600 âmes complètement entourée d'eau, à une heure de route au nord-ouest de San Francisco. Dans cette bulle bohème où le surfeur est roi, on se sent téléporté sur une autre planète. Même la végétation y est différente. Bolinas est non seulement isolée géographiquement, mais aussi tectoniquement : elle se trouve sur la plaque pacifique et bouge vers le nord, alors que le reste du continent, situé sur la plaque nord-américaine, se déplace vers le sud. Cela fait de Bolinas l'une des rares communautés des États-Unis établies à l'ouest de l'inquiétante faille de San Andreas.

Les habitants tiennent à ce que leur village reste un secret bien gardé, à tel point qu'ils ont retiré le panneau de signalisation de la route 1, qui porte l'inscription « Bolinas 2 ». Depuis, l'expression « two miles » est utilisée un partout dans le village, en référence au fameux panneau. À Bolinas, les étrangers ne sont pas les bienvenus, mais les habitants ne sont pas hostiles pour autant.

Passer une journée à Bolinas fait du bien à l'âme. Épargné par la pression du temps et le commerce sauvage, le village bat à un autre rythme, celui des marées. Les chiens se promènent sans laisse, les adolescents boivent et fument sur les toits, et la ville n'a ni feux de circulation ni site Web.

Dans la rue principale, Wharf Road, on trouve une petite bibliothèque, une église, un bureau de poste, un jardin communautaire, une auberge et quelques commerces, dont un magasin d'aliments naturels, une galerie d'art, une station d'essence rétro, un bar digne des westerns (**Smiley's Schooner Saloon**) (A) et un seul restaurant, le **Coast Cafe**, où l'on peut déguster la meilleure tarte aux mûres. Au petit kiosque d'à côté, je commande un café au lait, un sandwich petit déjeuner (le 2-mile muffin) ou une tranche de gâteau aux bananes, et je m'assois sur les marches du vieux magasin général, le **Bolinas Super Market** (B) (à l'intérieur, le mur au-dessus de la caisse est une mosaïque de photos de bébés « boliniens »). Depuis ces marches, vous verrez sûrement passer le vieux hippie barbu du village sur son vélo, pieds et torse nus. Plus loin, dans Wharf Road, on peut voir quelques maisons colorées sur pilotis, des pêcheurs et un laboratoire de biologie marine.

Sur Brighton Avenue, qui mène à la plage, on ne croise que des gens allant nu-pieds, une planche de surf sous le bras. Au **2 Mile Surf Shop**, vous pouvez louer de l'équipement et suivre un cours de surf [22 Brighton Ave].

En route vers Bolinas, posez-vous sur **Stinson Beach**, belle plage de sable blanc, populaire auprès des surfeurs. **Parkside Cafe**, au bord de la plage, est l'endroit où s'arrêter pour bruncher [43 Arenal Ave]. Continuez ensuite sur 7 km vers le nord, sur la route 1, et vous verrez sur votre gauche Olema-Bolinas Road. C'est la route bordée de grands arbres et de kiosques de produits de la ferme qui vous mènera au village.

La route des huîtres

277 Dans la région de **Tomales Bay**, à une heure trente du centre-ville de San Francisco, plusieurs fermes ostréicoles sont ouvertes aux visiteurs. C'est une de mes activités favorites, le week-end, en dehors de la ville. La baie est d'un bleu scintillant, le soleil est la plupart du temps au rendez-vous, et les effluves d'huîtres grillées embaument l'air. Effet vacances garanti !

Chez **Hog Island Oyster Co.**, on a disposé plusieurs tables en bois au bord de l'eau et plusieurs barbecues individuels au charbon sur lesquels on peut faire griller soi-même des huîtres fraîches commandées à la carte. On fournit les ustensiles nécessaires, plusieurs condiments, et une leçon gratuite (très appréciée !) sur la manière d'ouvrir les coquilles des mollusques sans se blesser. Pensez à réserver votre barbecue à l'avance (hogislandoysters. com), puisque l'endroit est très populaire. Vous pouvez toujours vous présenter sans réservation et commander des huîtres déjà apprêtées à la bicoque en forme de bateau, **The Boat Oyster Bar**, où l'on vend aussi des plateaux de charcuterie [20215 Shoreline Hwy, Marshall].

À **The Marshall Store** (A), une cabane sur pilotis au bord de la baie, on prépare les huîtres à votre goût (citron et sauce mignonette, BBQ, chorizo, Rockefeller, bacon, gratinées, etc.) et on vous les sert avec de grosses tranches de pain de campagne. Asseyez-vous à l'un des comptoirs, au bord de l'eau, et accompagnez le tout d'une bouteille de vin blanc bien frais ou d'une riche chaudrée de palourdes. Voilà, vous nagez en plein bonheur ! L'endroit est particulièrement agréable au coucher du soleil [19225 State Route 1, Marshall]. Juste à côté, **Blue Waters Kayaking** loue des embarcations pour profiter des eaux paisibles de la baie.

277A

À 6 km au nord, **Nick's Cove** est un motel qui date des années 1930. Vous y trouverez un restaurant de fruits de mer sur l'eau et un long quai qui s'étire loin du rivage. De chaque table, on a une vue de rêve sur la baie, et le décor de saloon est délirant. Commandez les macaronis au fromage et crabe. Vous pouvez passer la nuit sur place, dans un des cottages décorés comme des cabines de voilier [23240 California 1].

Sur la route des huîtres, **Point Reyes Station**, ancienne ville de chemin de fer, est devenue le paradis des *foodies*. Le populaire kiosque de fromages **Cowgirl Creamery** est un incontournable [80 4th St], tout comme la boulangerie **Bovine Bakery**, pour ses scones [11315 State Route 1].

Le village à l'âme bohème

278

Une des routes qui mènent à **Occidental**, petite ville d'à peine 1000 âmes, porte le nom de Bohemian Highway. Le ton est donné dès qu'on arrive dans la rue principale où les boutiques vendent des cristaux, des herbes et des savons faits à la main, comme c'était probablement le cas à l'époque hippie, dans les années 1960.

Le petit village d'à peine cinq pâtés de maisons, entouré de collines de séquoias, est à environ 80 minutes de route au nord de San Francisco, ce qui en fait une destination idéale pour aller relaxer le temps d'une journée. Il y a une seule auberge, **Inn At Occidental**, dans une charmante maison victorienne, où l'on sert vin et fromage sur la véranda, chaque jour à 17 h [3657 Church St].

Howard Station Cafe (du nom de l'ancienne gare du village) est mon endroit préféré pour prendre le petit déjeuner dans la région. Aménagé dans une maison victorienne, le restaurant sert des plats sains (œufs pochés et quinoa, sandwiches au tofu), des pâtisseries maison et de délicieuses omelettes et hamburgers. Une petite ouverture vitrée, sur le côté gauche de la maison, permet de commander des cafés et smoothies pour emporter. Essayez le smoothie Ohm-Mega 3 – beurre d'amandes, graines de lin et de chia, dattes, banane, bleuets et lait d'amandes [3611 Bohemian Hwy].

Prenez ensuite Bohemian Highway vers le sud sur 5 km, jusqu'à Freestone, pour visiter les magnifiques jardins zen du spa **Osmosis Day Spa Sanctuary** (A), ouverts au public. Le spa propose un traitement japonais, unique aux États-Unis : un bain d'enzymes. Pendant la durée du traitement, le corps est plongé dans une mixture faite de copeaux de cèdre finement moulus, de son de riz et d'enzymes. La fermentation naturelle qui

278A

en résulte produit de la chaleur et stimule le métabolisme (environ 99 $ par personne). Aussi offerts : des forfaits de massages et soins de la peau, cérémonie du thé et méditation [209 Bohemian Hwy].

À la boulangerie artisanale, juste en face, **Wild Flour Bread**, achetez quelques scones et une fougasse pour la route. Les clients sont invités à visiter le jardin et le potager, et même à y cueillir des fruits [140 Bohemian Hwy]. Complétez vos provisions chez **Freestone Artisan Cheese**, à côté de la boulangerie ; n'oubliez pas leur merveilleux fromage de chèvre [380 Bohemian Hwy].

De retour à Occidental en fin de journée, un festin italien vous attend au **Union Hotel**, restaurant qui a pignon sur rue depuis 1879 et qui appartient à la même famille italienne depuis cinq générations. Les tables de la grande salle sont recouvertes de nappes à carreaux rouges et blancs, les murs sont tapissés de photographies d'époque et le bar adjacent rappelle les saloons de la ruée vers l'or. À commander : la soupe minestrone, les raviolis maison, le succulent poulet rôti et les énormes pizzas [3731 Main St].

Le vendredi après-midi en saison, le marché fermier **Occidental Bohemian Farmers Market** s'installe dans la rue principale et Gerard prépare sa géante paella dans une poêle de deux mètres de diamètre, un spectacle en soi ! [10 $ par personne]

L'univers d'Alfred Hitchcock

279 Fans du film *Les oiseaux* (*The Birds*) d'Alfred Hitchcock, prenez la direction de **Bodega Bay**, un petit port isolé au bord de l'océan Pacifique, où le célèbre réalisateur anglais a tourné plusieurs scènes cultes de son film d'horreur réalisé en 1963, une adaptation d'une nouvelle de la romancière britannique Daphné du Maurier. Dans l'œuvre littéraire, l'action se déroule en Grande-Bretagne, mais Hitchcock a décidé de tourner son film en Californie. Il avait découvert ce petit village, situé à environ 100 km au nord de San Francisco, pendant le tournage de *Shadow of a Doubt* à Santa Rosa, non loin de là, en 1943. Lors de l'une des attaques des oiseaux, les personnages du film trouvent refuge au **Tides Wharf**. Reconstruit depuis, le restaurant est malheureusement méconnaissable [835 California 1]. Allez manger un fish & chips au restaurant sur l'eau, **Lucas Wharf**, juste à côté [595 Bay Hill Rd].

Prochain arrêt du pèlerinage hitchcockien: Bodega, un village établi à 8 km à l'intérieur des terres. Hitchcock a tourné à l'école **James E Potter** (A) la scène où les enfants sortent de classe en criant, pourchassés par des oiseaux [17110 Bodega Ln]. L'école est aujourd'hui une maison privée. Elle se trouve à côté de l'église catholique **Saint Teresa of Avila** qui apparaît dans le film et a été le sujet d'une célèbre photo en noir et blanc du légendaire photographe américain Ansel Adams [17242 Bodega Hwy].

Depuis Bodega Bay, vous pouvez aussi continuer vers le nord, sur la route 1, sur 5 km, et tourner à droite dans **Coleman Valley Road**, une route panoramique d'environ 16 km qui vous mènera jusqu'à Occidental (voir raison n° 278). Depuis les hauteurs de cette route, les paysages sont à couper le souffle, et les maisons qu'on distingue au loin, sur le littoral, font rêver.

Baignade dans Russian River

280 À 10 km au nord d'Occidental (voir raison n° 278) par Bohemian Highway, vous serez accueilli dans une petite communauté par cette inscription qui surplombe la rue principale: *Welcome to Monte Rio Vacation Wonderland* («Bienvenue à Monte Rio, le paradis des vacances»). Ce panneau est une évocation nostalgique de l'époque de l'implantation du chemin de fer, qui a vu naître plusieurs centres de villégiature à **Monte Rio**. C'est d'ailleurs ici que, au début de juillet, les hommes les plus riches et puissants du monde (dont presque tous les présidents américains depuis Eisenhower) se réunissent sur un terrain de camping de 2700 acres, **Bohemian Grove**, pour deux semaines de consommation d'alcool, de théâtre en plein air, de discussions ultrasecrètes et de rituels mystérieux. Ce club alimente les théories du complot depuis sa fondation en 1872.

La plupart des hôtels ont disparu aujourd'hui, mais Monte Rio demeure un endroit paisible où il fait bon se prélasser sur la plage publique. La baignade dans **Russian River** est des plus agréables. Il est possible de louer des chambres à air (5 $ l'heure), pour se laisser emporter par le courant, et des kayaks (10 $ l'heure). Avec le vieux pont de Monte Rio en arrière-plan, la scène a tout d'une carte postale. La principale attraction du village est le **Rio Theater**, un cinéma des années 1950 où l'on projette de vieux films et des films indépendants. Il fait aussi office de club social avec son café-terrasse à l'arrière. Le cinéma a été sauvé de la destruction en 2014 par 27 artistes de la région de San Francisco qui se sont unis pour le racheter [20396 Bohemian Hwy].

279A 281A

La ville qui accueille tout le monde à bras ouverts

281 La première chose que l'on remarque en arrivant à **Guerneville**, petite ville pittoresque et éclectique du comté de Sonoma, c'est la pancarte portant ces mots : *A hate-free community* (« une communauté sans haine »). Destination prisée des couples gays depuis les années 1980, la petite ville attire aujourd'hui les familles et la jeunesse branchée de San Francisco. Résultat : plusieurs commerces surprenants se sont établis dans la rue principale, dont le vieux *diner* américain des années 1940, **Pat's Restaurant**, qui se transforme dès 17 h en hip resto coréen, **Dick Blomster's Korean Diner** (A). Le décor rétro reste le même, mais l'éclairage passe au rose fluo. Les plats fusion sont inventifs : le populaire poulet frit est servi avec de la salade de chou au gingembre et à la vanille, le riz frit est au kimchi, et leur dessert signature est le sandwich frit au beurre d'arachides et confiture, servi avec de la crème glacée à la vanille et saupoudré de pop rocks – ces bonbons qui éclatent dans la bouche [16236 Main St].

Toujours dans la rue principale, l'ancienne banque de la ville a été transformée en espace collectif, le **Guerneville Bank Club**. Il y a une galerie d'art dans l'ancien coffre-fort, des photos historiques, une boutique d'accessoires, la crèmerie artisanale **Nimble and Finn's**, et un kiosque de tartes de **Chile Pies Baking Co.** – ne repartez pas sans celle aux nectarines [16290 Main St].

Pour les fruits de mer, c'est au **Seaside Metal Oyster Bar** qu'il faut aller [16222 Main St]. Chez **Boon Eat + Drink**, la cuisine californienne est moderne et saisonnière, et on ne propose que des vins de la région de Russian River. Le plat de canard et le macaroni au fromage sont des *must* [16248 Main St]. Les propriétaires possèdent aussi le comptoir **Big Bottom Market** [16228 Main Street], idéal pour faire le plein de sandwiches, salades et cafés avant d'aller à **Johnson Beach**, la populaire plage de Russian River, au bout de Church Street. Après la baignade, **El Barrio**, avec sa terrasse arrière et son décor coloré inspiré du Nouveau-Mexique, est un bar de choix pour prendre un verre [16230 Main St].

Guerneville est à cinq minutes de route du **Armstrong Redwoods State Natural Reserve** et de ses séquoias géants. On y trouve des sentiers (faciles, moyens et difficiles) et un arbre âgé de 1400 ans, surnommé Colonel Armstrong, du nom de celui qui a eu l'idée de protéger les lieux dans les années 1870. L'arbre le plus haut du parc mesure 95 mètres, ce qui est plus long qu'un terrain de football américain [17000 Armstrong Woods Rd].

Si vous souhaitez passer la nuit en ville, je vous recommande l'hôtel-boutique avec piscine **Boon Hotel + Spa**, à mi-chemin entre la rue principale et la forêt de séquoias. Les 14 chambres sont décorées dans le style scandinave. Des vélos sont à la disposition des clients qui peuvent ainsi explorer la région [14711 Armstrong Woods Rd].

Nuit champêtre

282

Pour un week-end romantique au pays du vin, je vous recommande de réserver une chambre à l'hôtel-boutique **Farmhouse Inn** (A), à Forestville. Ce luxueux Bed & Breakfast est entouré de vignobles et le personnel est rempli de petites attentions. Vous aurez droit à une dégustation de vins et fromages de la région au bord de la piscine, à des s'mores (ce dessert américain composé d'une guimauve grillée et d'un carré de chocolat entre deux biscuits Graham) devant un feu de camp, à un bar de sels de bain et de gommages au sucre pour le corps, à un petit déjeuner gastronomique et à des biscuits au chocolat posés sur votre oreiller (je les ai tellement aimés, ces biscuits, que, le lendemain matin, quelqu'un a glissé la recette imprimée sous ma porte). Les chambres sont plutôt onéreuses. Un truc pour y séjourner à moindre prix est de réserver le jour même par l'application Hotel Tonight (j'ai réussi à avoir une « suite junior » à moitié prix).

L'hôtel comprend 25 chambres, un spa et un restaurant étoilé Michelin, une destination en soi. Les plats, impeccablement préparés, incorporent des ingrédients du jardin. Le plat le plus prisé est le lapin trois façons (fumé, grillé et confit). Le soir de ma visite, je me suis délectée d'une entrée de fromage burrata, pêches et pesto, et de pieuvre grillée à la perfection. Le repas trois services coûte 79 $ [7871 River Rd].

Pour un repas plus abordable, **Underwood Bar & Bistro** (à 10 minutes de voiture de l'hôtel) est un secret bien gardé. Essayez leur sandwich à l'agneau aux saveurs marocaines et la salade de truite fumée. Il y a un terrain de pétanque dans le jardin [9113 Graton Rd].

Juste à côté de l'hôtel, on peut louer des canoës chez **Burke's Canoe Trips** (65 $ par canoë). On peut descendre Russian River jusqu'à Guerneville, 16 km en aval (plus de trois heures), tout en s'arrêtant à plusieurs endroits pour se baigner ou pique-niquer (de 4 à 5 heures si vous musardez en route). Une navette ramène ensuite les clients au point de départ [8600 River Rd].

De très bons vignobles entourent l'hôtel, dont **Gary Farrell Vineyards & Winery**, d'où la vue est superbe sur la vallée [10701 Westside Rd]; **Arista Winery** qui produit d'excellents pinots [7015 Westside Rd]; et **Iron Horse Vineyards** où l'on peut déguster des vins pétillants à un comptoir extérieur entouré de palmiers [9786 Ross Station Rd]. J'aime aussi les vins de **Lynmar Estate** (B) dont les installations de bois font penser à une chic maison hippie des années 1970, adossée à un magnifique jardin fleuri [3909 Frei Rd]. Arrêtez-vous sans faute chez **Mom's Apple Pie**, une institution depuis les années 1980. Les gigantesques tartes aux fruits de Betty sont légendaires [4550 Gravenstein Hwy N].

282A 282B

283A 283B

Le nirvana des épicuriens

283

À 75 minutes de route au nord de San Francisco, dans le comté de Sonoma, **Healdsburg** est une destination prisée des amateurs de bons vins et de bonne cuisine. La région étant très fertile, les terres entourant la bourgade pittoresque regorgent de produits frais. Les restaurants ont donc l'embarras du choix! Pas surprenant que le mouvement locavore y ait pleinement fleuri. Il fait bon se promener autour de Healdsburg Plaza, le square au cœur de la ville entouré de petites boutiques indépendantes, de salons de dégustation de vin, de cafés [**Flying Goat Coffee** est mon favori, 324 Center St] et de bistrots comme **Valette**, où l'on sert une cuisine californienne rustique [344 Center St], et **Scopa**, qui se spécialise dans les pâtes fraîches et les pizzas aux saveurs inventives [109A Plaza St].

Faites le plein de fromages et de pains artisanaux à l'épicerie **Oakville Grocery** [124 Matheson St] et arrêtez-vous chez **SHED** (A), une immense grange moderne qui abrite un marché, un café, une pizzeria, une boutique de livres et d'articles de cuisine, et un bar de fermentation. Goûtez à un de leurs Shrubs, boissons fermentées à base de fruits, d'herbes et de vinaigre, étonnamment délicieuses [25 North St]. Terminez la journée à la meilleure table en ville, **Chalkboard** [29 North St], avec une entrée de hamachi cru et des pâtes à l'encre de seiche, puis allez siroter un cocktail chez **Barndiva**, autre restaurant-bar établi dans une grange. Essayez le cocktail Why Bears Do It — vodka au citron Meyer avec sirop de pomme, thym et citron [231 Center St].

Dans la vallée de Dry Creek, dont les paysages bucoliques rappellent la Toscane, mes vignobles favoris sont: **Bella Vineyards & Winecaves** (B) où la dégustation (leur spécialité est le zinfandel) a lieu dans une grotte, sous les vignes [9711 W Dry Creek Rd]; **Porter Creek Vineyards** pour son atmosphère familiale et décontractée, et pour son lieu de dégustation, un cabanon entouré... de poules et de chiens [8735 Westside Rd]; **Matrix Winery** pour son pinot noir [3291 Westside Rd]; et **Medlock Ames Winery** pour son sauvignon blanc et son terrain de pétanque [3487 Alexander Valley Rd]. Arrêtez-vous en cours de route au **Dry Creek General Store**, magasin général datant de 1881. Bon comptoir à sandwiches et à salades, et bar old school adjacent [3495 Dry Creek Rd].

Le royaume du vin

284

Je ne me lasse jamais de faire la tournée des vignobles de Napa. À une heure du Golden Gate, on foule des vignobles majestueux, des domaines qui font rêver et des salles de dégustation luxueuses. **Napa Valley** signifie « terre d'abondance », en référence à son sol fertile, mais c'est aussi le royaume de la démesure au rayon architectural. Mieux vaut réserver sa place aux dégustations et y aller en semaine pour éviter les foules. Je vous recommande également de partager les verres, question d'économiser et de ne pas finir la journée en état d'ébriété. Il y a plus de 400 vignobles dans la vallée, le long de la route 29 et de la route panoramique Silverado Trail, très agréable à parcourir à vélo. Il y en a pour tous les goûts et tous les portefeuilles. Voici mon « top 5 » des vignobles à ne pas rater, des endroits que j'aime autant pour le vin que pour le décor enchanteur.

1- LE CHÂTEAU GOTHIQUE

Chateau Montelena Winery (A) a été construit en 1888 par Alfred Loving Tubbs, devenu riche grâce au commerce de la corde pendant la ruée vers l'or. Sis au pied du mont Saint Helena, le château est flanqué d'un lac, d'un jardin chinois (héritage des deuxièmes propriétaires, immigrés de Chine) et bien sûr de vignes qui s'étalent à perte de vue. En 1976, le vignoble a mis les vins de Napa Valley sur la carte, lorsque leur chardonnay de 1973 a ravi la vedette aux meilleurs vins français lors d'une légendaire séance de dégustation parisienne, le fameux Jugement de Paris. Les résultats ont prouvé que la viniculture californienne était de calibre mondial. Le vignoble apparaît dans le film *Bottle Shock* (2008). Il n'est pas nécessaire de réserver ; la dégustation coûte 25 $ par personne [1429 Tubbs Ln, Calistoga].

2- LE PALAIS PERSAN

Devant les grandes colonnes, la flamme perpétuelle et les fontaines qui nous accueillent à **Darioush** (B), on se croirait aux portes de Babylone plutôt que dans un vignoble. Cette architecture singulière est un hommage à Persépolis, ancienne capitale de l'empire perse. Le propriétaire des lieux, Darioush Khaledi, est originaire d'Iran. Arrivé aux États-Unis dans les années 1970, il a fait fortune avec une chaîne d'épiceries et il consacre maintenant sa vie à la viticulture. La dégustation de cinq vins, dont leur cabernet-sauvignon signature, coûte 40 $ par personne. Il est nécessaire de réserver le week-end (darioush.com). La boutique propose de très beaux objets et accessoires, par exemple des produits de beauté à la rose, des chapeaux Maison Michel, des sacs WANT Les Essentiels, et des livres Taschen [4240 Silverado Trail, Napa].

3- LE COMBLE DU RAFFINEMENT

Le vignoble **Opus One** (C) a été fondé par le célèbre vigneron américain Robert Mondavi et par le baron Philippe de Rothschild. Le bâtiment de style néo-classique, qui donne à penser qu'un vaisseau spatial s'est posé sur la colline verdoyante, est une attraction en soi, et le chemin qui mène au parking est grandiose. Au prix de 45 $, la dégustation propose un verre de leur cuvée du moment (la portion est généreuse, vous pouvez donc la partager), à siroter sur la terrasse perchée sur le toit, avec vue sur la vallée. Une réservation est nécessaire pour la dégustation : opusonewinery.com [7900 St. Helena Hwy, Oakville].

4- LE CHÂTEAU MÉDIÉVAL

Castello di Amorosa (D) est une réplique authentique d'un château toscan du XIIIe siècle, le seul de ce genre aux États-Unis. Le château avec pont-levis et cheminée vieille de 500 ans fait 13 000 mètres carrés. Il abrite un énorme hall de deux étages orné de répliques de fresques toscanes peintes par des artistes italiens, un donjon, des passages secrets, une salle des tortures, une écurie, une église médiévale et une impressionnante cave à vins en voûtes à croisées d'ogives. Le propriétaire, Dario Sattui, quatrième génération de vignerons, a entrepris la construction du château en 1993, après avoir étudié les châteaux médiévaux et les vignobles d'Italie. La spécialité du vignoble est le cabernet-sauvignon. On peut déguster cinq vins pour 25 $ par personne, sans réservation [4045 St. Helena Hwy, Calistoga].

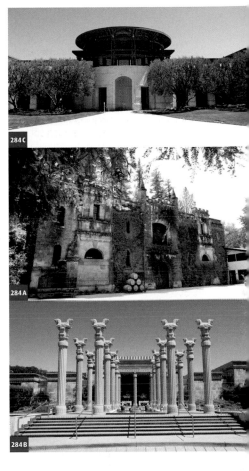

5- ÉLÉGANCE À LA JAPONAISE

Une visite à **Kenzo Estate**, niché dans les hauteurs du mont George, en bordure de la vallée de Napa, se déroule sous le signe de l'exclusivité. Après avoir pris rendez-vous, on se présente à la barrière de sécurité, on s'identifie au moyen de l'interphone, puis on parcourt une route de deux kilomètres qui traverse une forêt, on franchit un lac, et enfin la propriété apparaît, une grange luxueuse au design épuré. Dès votre arrivée, on vous offrira un verre de sauvignon blanc, puis vous aurez droit à une visite des caves et à une dégustation sur le patio d'où la vue sur la vallée est sublime. La superficie du domaine est de 3 800 acres, soit cinq fois la taille de Central Park. Le vignoble appartient à Kenzo Tsujimoto, magnat de l'industrie des jeux vidéo et fondateur de Capcom. Pour réserver une dégustation de quatre vins au coût de 40 $, visitez le : kenzoestate.com/visit [3200 Monticello Rd, Napa].

Autres vignobles dignes d'une visite : **Duckhorn Vineyards** pour le sauvignon blanc, le merlot et les jardins fleuris [1000 Lodi Ln, St. Helena]; **Robert Sinskey Vineyards** pour les excellents vins accompagnés d'amuse-bouches, le potager et le comptoir de pizzas au four à bois [6320 Silverado Trail, Napa]; **Alpha Omega** pour les installations modernes et les dégustations au bord de la piscine [1155 Mee Ln, St. Helena]; et **Cakebread** pour le chardonnay et la dégustation dans l'immense salle des barriques [8300 St Helena Hwy, Rutherford].

Faire bonne chère dans Napa Valley

285 Les gens friands de bonnes tables sont au paradis dans la région de Napa, en particulier dans la petite ville de **Yountville** où l'on trouve le plus grand nombre d'étoilés Michelin en Amérique du Nord. Le chef Thomas Keller (trois étoiles Michelin) a mis la communauté sur la carte gastronomique grâce à son restaurant, **The French Laundry**, fondé en 1994, que plusieurs considèrent comme le meilleur du pays, voire du monde. Il vous faudra réserver des mois à l'avance (vous aurez peut-être plus de chance le midi), et le repas de huit services coûte en moyenne 310 $ par tête, sans le vin, mais le service est compris. Vous avez aussi l'option d'un menu dégustation végétarien. L'expérience d'une vie [6640 Washington St].

À défaut de pouvoir vous payer un repas dans ce restaurant d'exception, allez vous promener dans l'immense potager, en face. Je n'ai jamais rien vu de tel. Thomas Keller est aussi propriétaire, dans la même rue, de l'excellent bistrot français **Bouchon** (A) [6534 Washington St],

où l'ambiance est plus décontractée, et le menu, plus abordable; et d'**Ad Hoc** (B) où le célèbre chef propose son interprétation du *comfort food* américain. Le restaurant possède un joli jardin illuminé où il fait bon s'attabler l'été. On fait la file pour le poulet frit [6476 Washington St]. Autres restaurants exceptionnels de la ville: **Ciccio**, un italien établi dans un ancien magasin général où je me régale des bucatini au poivre noir [6770 Washington St]; et **Bistro Jeanty**, un sympathique restaurant français où il faut absolument essayer la soupe aux tomates en croûte [6510 Washington St].

Le vignoble high-tech

286 En mettant les pieds chez **Palmaz Vineyards** la première fois, j'ai eu l'impression d'être tombée sur le vignoble de James Bond ou de Tony Stark. Le président de l'entreprise, Christian Palmaz, m'a fait visiter les installations, un impressionnant complexe souterrain de 9300 mètres carrés, dont la cave, profonde de 18 étages (73 mètres), a été creusée dans le roc du mont George. Pourquoi si profond? Parce que Palmaz fait son vin à l'aide de la gravité. À chaque étape, le vin descend d'un étage, de l'égrappage du raisin jusqu'à l'embouteillage. Aucune pompe mécanique n'est utilisée pour pousser les liquides, aucun stress n'est appliqué sur les raisins. Ainsi, les tanins, responsables du goût, ne sont pas affectés. J'ai rarement vu un tel degré de perfectionnement. Toute l'eau utilisée dans le vignoble est réutilisée; la consommation nette est donc de zéro.

Pour les nerds du vin ou tout simplement pour se laisser impressionner par la sophistication des opérations, réservez tout de suite une visite guidée. J'ai beaucoup appris sur le vin durant cette visite de deux heures (toujours pilotée par un membre de la famille Palmaz) qui se termine par une dégustation de riesling, chardonnay, muscat, brasas et cabernet-sauvignon.

On vous emmènera au bout d'une plateforme surplombant une salle qui ressemble à un vaisseau spatial, où se trouvent 24 cuves de fermentation en acier inoxydable. Tout à coup, apparaissent 24 cartes visuelles, dans des tons de rouge et bleu, projetées sur la coupole. Il s'agit d'un système d'analyse informatique unique, conçu par Christian Palmaz, qui permet de savoir exactement ce qui se passe dans les cuves. Un genre de *Minority Report* du vin. Dans chaque réservoir, une sonde mesure les taux de sucre, d'alcool et de fermentation du liquide. Ces précieuses informations permettent aux vignerons d'élaborer des vins supérieurs, puisqu'ils peuvent régler avec grande précision la température dans les différentes parties des réservoirs. Les données peuvent être transmises à un iPhone, à un iPad ou à une iWatch, si bien que, théoriquement, les Palmaz peuvent faire du vin depuis leur sofa!

Lorsque la famille a acheté le vignoble à la fin des années 1990, il était abandonné depuis l'époque de la prohibition. Originaire de Buenos Aires, le D' Julio Palmaz, le patriarche de la famille, est l'inventeur de l'endoprothèse gonflable par ballonnet (ou stent), une percée remarquable qui a révolutionné la médecine cardiovasculaire. Il a fait fortune en vendant son brevet à Johnson & Johnson, ce qui lui a permis de financer sa passion grandissante pour le vin. Sa femme, sa fille et son fils Christian travaillent avec lui et vivent sur la propriété, dans une maison datant de 1878. L'été, ils organisent de grands méchouis, et, l'automne venu, c'est le temps des vendanges. Leur vie champêtre fait rêver. Le vignoble d'à côté appartient à la fille de Walt Disney.

À les entendre, on a l'impression que l'on s'apprête à boire de l'or liquide. Ils ont pourtant raison: à la fin de la visite, je me suis abonnée à leur club de vin! Chaque boîte que je reçois est une fête. Réservez votre visite en téléphonant au 707-226-5587; 80$ par personne [4029 Hagen Rd, à 7 km du centre-ville de Napa].

287 A

La tournée des vignobles, en mode bohème

288 Si Napa Valley est la tante snob, la vallée de Sonoma est la cousine bohème. Les vignobles de Sonoma sont familiaux, intimes, abordables et faciles d'accès. Pas nécessaire de réserver. À plusieurs endroits, les dégustations sont gratuites ou le prix vous est remboursé si vous achetez une bouteille. Mon vignoble préféré est **Scribe Winery** (A), un endroit charmant au bout d'une allée bordée de palmiers. Il y a des tables de pique-nique et des guirlandes d'ampoules dans les arbres. C'est l'endroit tout désigné pour goûter aux vins « nouvelle vague ». Les jeunes frères Andrew et Adam Mariani produisent un chardonnay avec des peaux de raisin fermentées, que l'on déguste, assis, sur de grandes couvertures mexicaines étendues sur l'herbe, tout en grignotant des fruits et des noix cultivés sur la propriété. Réservez votre place en téléphonant au 707-939-1858 [2100 Denmark St].

Vous êtes à cinq kilomètres du square historique de Sonoma, où il faut absolument manger à **The Girl & The Fig**. Ce restaurant bio propose une cuisine d'inspiration provençale. Leur sélection de fromages et leurs frites minces comme des lacets sont légendaires [110 W Spain St].

Repas convivial au centre-ville de Napa

287 **Ninebark** (A) est un restaurant de trois étages, dont la terrasse, sur le toit, donne sur la rivière Napa. L'îlot, devant la cuisine à aire ouverte, est couvert de produits frais et d'herbes, et des branches de kaki décorent les murs. Le repas débute par une assiette de crudités sur glace, décorée de fleurs comestibles, un petit bijou de plat. Commandez ensuite les huîtres, la salade Green goddess, les beignets de morue salée, le plateau de poissons fumés et le steak [813 Main St].

Chez **Atlas Social**, la cuisine fait le tour du monde, de l'Espagne au Mexique, en passant par l'Inde et la Californie. L'endroit est convivial et les plats sont à partager. Commandez les pêches grillées et fromage burrata, le pâté au lapin, le steak au chou-fleur, l'œuf avec confiture de bacon, le cocktail de crevettes épicées et les délicieuses frites aux herbes [1124 1st St].

288 A

Le *diner* locavore

289 Sur la route de Sonoma, arrêtez-vous à **The Fremont Diner**, mon *diner* préféré entre tous aux États-Unis. Établie au bord de la route 121, la petite cabane de bois blanche est restée coincée dans les années 1950 avec son vieux pick-up rouillé, garé devant, et son décor bric-à-brac fait de vieilles boîtes en bois de Coca-Cola et de meubles rustiques. On y mange des plats classiques de *comfort food*, apprêtés avec des produits frais des fermes environnantes, comme le biscuit au poulet frit, le panier de biscuits avec confiture maison, la montagne de crêpes au babeurre et sirop à la vanille, et le sandwich au pastrami. Le menu comprend aussi quelques options santé. Si vous y êtes à l'automne, ne manquez pas le sandwich à la tomate verte [2698 Fremont Dr].

Geysers et bains de boue

290 Dans le nord de la vallée de Napa, se trouve la petite ville de **Calistoga**, la capitale des spas de la vallée. Cette oasis étrange de geysers et de cendres volcaniques était déjà une attraction il y a 8000 ans. Les Indiens Wappo, premiers habitants de la vallée, se baignaient dans les sources chaudes réputées médicinales. Plus tard, à l'époque de la ruée vers l'or, bien avant l'arrivée de la viticulture, on s'y rendait à la recherche d'une jeunesse renouvelée. On y va aujourd'hui pour l'expérience suprême à faire dans la région : le bain de boue.

L'endroit de choix est **Indian Springs**, fondé en 1861. La piscine géante et les bains de vapeur du plus vieux spa de Californie sont alimentés par quatre geysers thermiques. L'eau minérale produite par ces derniers est mélangée à des cendres volcaniques pures, pour obtenir la fameuse mixture utilisée dans les bains de boue. Le circuit d'environ 50 minutes, au coût de 95 $, commence par une immersion des orteils jusqu'au cou dans une boue détoxifiante, suivie d'un saut dans un bain d'eau de geyser, d'un sauna humide et d'un moment relaxation [1712 Lincoln Ave]. Le très chic **Solage Calistoga** propose aussi des bains de boue et une piscine d'eau minérale de sources chaudes (110 $ par personne). Le restaurant sert un menu bio « de la ferme à la table » [755 Silverado Trail N].

Calistoga est aussi connu pour ses vols en montgolfière au-dessus des vignobles. **Calistoga Balloons** (calistogaballoons. com) propose des vols pour 239 $ par personne. Vous verrez peut-être du haut des airs l'**Old Faithful Geyser of California** en éruption [1458 Lincoln Ave].

291A 291B

Les vagues monstrueuses

291

À 45 minutes du centre-ville de San Francisco, dans la région de **Half Moon Bay** (A), se trouve un des lieux de surf les plus mythiques (et les plus dangereux) du monde. Les vagues, à **Maverick's Beach**, peuvent atteindre jusqu'à 18 mètres, et elles se fracassent avec une telle férocité qu'on peut les enregistrer sur l'échelle de Richter. Maverick est le nom du berger allemand qui accompagnait le groupe de surfeurs qui a découvert l'endroit dans les années 1960. Le chien s'est aventuré dans les vagues pour rejoindre son maître, jusqu'à ce que ce dernier juge la situation trop dangereuse et rebrousse chemin. Jeff Clark a été le premier à se frotter aux vagues en 1975. Il avait 17 ans et a dû attendre 15 ans avant que d'autres osent l'y rejoindre. La star possède aujourd'hui sa boutique de surf non loin de la plage, **Mavericks Surf Shop**, où l'on peut louer des planches [25 Johnson Pier].

Si les vagues les plus grosses sont observées l'hiver, elles sont tout de même imposantes à longueur d'année. Elles se forment à environ un kilomètre du rivage et les surfeurs doivent ramer pendant 45 minutes pour les atteindre. Mavericks est aujourd'hui un rite de passage pour tous les surfeurs de grosses vagues (*big wave surfers*). Il faut être téméraire pour s'y aventurer : les vagues sont plus grandes qu'à Hawaï et l'endroit est entouré de falaises ; des récifs affleurent et la température de l'eau est en moyenne de 15 °C. Chaque début d'année, les 24 meilleurs surfeurs au monde s'y retrouvent pour participer à la compétition Titans of Mavericks (titansofmavericks.com). Voilà, vous savez maintenant d'où vient le nom du système d'exploitation d'Apple de 2013, OS X Mavericks ! La plage est au bout de Pillar Point, à Princeton-by-the-Sea.

Plus tard, allez déguster un sandwich débordant de homard frais au célèbre **Sam's Chowder House** (B), assis sur la terrasse offrant une vue sublime sur la baie [4210 Cabrillo Hwy N].

Le village qui raffole des artichauts

292

Je suis tombée sur **Pescadero** un peu par hasard, en longeant la côte du Pacifique. Le matin, la rue principale est si calme qu'on entend les vagues se briser au pied des falaises, trois kilomètres plus loin. Située à un peu plus d'une heure de route au sud de San Francisco, la petite communauté agricole de 600 habitants, nichée à l'intérieur des terres, entre des collines verdoyantes et des champs d'artichauts, est restée comme figée au XIXe siècle.

Les quelques commerces semblent sortis tout droit d'un film western, à commencer par l'institution, **Duarte's Tavern** (A), fondée par Frank Duarte en 1894, qui appartient à la même famille d'immigrants portugais depuis quatre générations. J'aime le décor qui sent l'histoire. La spécialité est la soupe aux artichauts, lesquels proviennent du potager, derrière la taverne. On fait des détours pour cet onctueux potage. Dans les années 1930, la femme de Frank, Emma, s'est mise à confectionner des tartes qui sont rapidement devenues une autre de leurs spécialités. Je vous recommande celle à la rhubarbe et aux fraises [202 Stage Rd].

Juste en face, on prépare les meilleurs tacos à des kilomètres à la ronde, au kiosque **Taqueria De Amigos**. Pour à peine 8 $, on déguste d'excellents tacos au poisson, servis avec riz et fèves [1999 Pescadero Creek Rd].

Dans la rue principale, ne manquez pas le café-boutique **Downtown Local**, un endroit empreint de nostalgie où l'on sert du café Sightglass (voir raisons nos 171 et 201) et où l'on fait tourner de vieux vinyles [213 Stage Rd].

Ne quittez pas Pescadero sans acheter une miche aux artichauts, herbes et ail de l'épicerie **Arcangeli Grocery Co.** À déguster sur les tables à pique-nique, à côté de l'épicerie [287 Stage Rd].

292A

293

Petit déjeuner en Provence

293

Au milieu des vignes et des bosquets d'oliviers de la vallée de Napa, se trouve un hôtel qui respire le Sud de la France. Ce sont ces collines verdoyantes qui ont poussé le restaurateur français Claude Rouas à recréer, dans les années 1980, l'ambiance ensoleillée d'un restaurant provençal en plein cœur du Wine Country californien. L'**Auberge du Soleil** est un des plus beaux endroits de la région, mais y séjourner est, pour plusieurs, hors de prix (environ 1000 $ la nuitée en période creuse). Une bonne façon de profiter des lieux est de s'y présenter pour le petit déjeuner ou le brunch du week-end. Demandez une table sur la terrasse qui offre une vue panoramique sur les vignobles voisins, la piscine et le jardin de sculptures. La vue à elle seule vaut le détour, surtout avec un Mimosa à la main. Le brunch trois services (environ 65 $) est servi de 11 h 30 à 14 h 30 le week-end; et le petit déjeuner à la carte, chaque jour, de 7 h à 11 h (environ 25 $). Je vous recommande de réserver [180 Rutherford Hill Rd].

294

Observer la faune marine

294 La côte du Pacifique qui s'étend au sud de San Francisco est d'une beauté enchanteresse. Peu importe où vous choisirez de vous arrêter sur la route 1, les paysages resteront gravés dans votre mémoire jusqu'à la fin de vos jours. Pas étonnant que plusieurs écrivains, comme Henry Miller et Jack Kerouac, aient été inspirés par le Pacifique. Pour admirer un paysage de carte postale, direction **Pigeon Point Lighthouse** (à 12 minutes de Pescadero et 75 minutes au sud de San Francisco). Haut de 35 mètres, perché sur une falaise, le phare blanc guide les marins depuis 1872. Lors de ma dernière visite, j'ai vu des baleines et des phoques à l'horizon. Les installations du phare servent aussi d'auberge de jeunesse. Un lit avec l'une des plus belles vues au monde pour un prix dérisoire, ça vous dit? [210 Pigeon Point Rd].

La réserve d'éléphants de mer

295 À 13 km au sud de Pigeon Point Lighthouse, vous trouverez une des plus grandes réserves d'éléphants de mer au monde, **Año Nuevo State Park**. De décembre à mars, le spectacle est particulièrement impressionnant. Des milliers d'animaux se rassemblent sur la plage pour s'accoupler et mettre bas. Trois à six jours après leur arrivée, les femelles donnent naissance à leur petit, conçu l'année précédente. Et elles retombent enceintes environ 24 jours après avoir mis bas! Les mâles peuvent mesurer jusqu'à 5 mètres et peser 5000 livres. Ils se livrent à des combats violents dans le sable pour établir leur domination. Il faut marcher environ trois kilomètres pour atteindre la plateforme d'observation. Portez de bonnes chaussures, car par moments vous marcherez dans le sable [1 New Years Creek Rd].

Arrêtez-vous ensuite au **Pie Ranch** (A), une grange où l'on vend des produits de la ferme, de délicieuses tartes aux fruits et du café frais. J'y ai mangé une tranche de pain au chocolat et zucchini mémorable [2080 Cabrillo Hwy]. Autre kiosque qui vaut le détour sur la même route: **Swanton Berry Farm**, où l'on peut cueillir ou acheter des baies bios et des confitures maison [640 Hwy 1].

295A

Le berceau de Silicon Valley

296 À **Palo Alto**, à 45 minutes de route au sud de San Francisco, tout le monde roule en Tesla sous les palmiers. Les toits des maisons sont couverts de panneaux solaires, il y a des bornes de recharge pour voitures électriques à presque tous les coins de rues, et la personne qui attend en ligne devant vous, chez Starbucks, est probablement un investisseur multimillionnaire ou en voie de le devenir. Ne vous étonnez pas non plus de croiser des voitures sans conducteur sur les routes. Vivre dans la région de San Francisco, c'est un peu comme vivre dans le futur. Cette région, qui compte aujourd'hui plus de 6000 start-ups, profite d'une croissance record, jamais vue depuis l'éclatement de la bulle Internet en 2000. En 2014, on y a créé pas moins de 58 000 emplois.

Il y a à Palo Alto un garage bien spécial, à la porte vert forêt. En 1938, Bill Hewlett et Dave Packard, deux étudiants de l'Université Stanford, y ont fondé la compagnie Hewlett-Packard, la toute première entreprise de Silicon Valley. Une plaque du Registre national des lieux historiques a été installée en 1989 devant le **HP Garage** où les deux ingénieurs ont construit leur premier oscillateur électronique. On peut photographier le garage depuis le trottoir [369 Addison Ave]. Poursuivez votre pèlerinage technologique 1,5 km plus loin, jusqu'à la maison où **Steve Jobs** (A) a vécu. La magnifique demeure de briques sort tout droit de la campagne anglaise. Un clin d'œil m'a fait sourire : plusieurs pommiers poussent devant la maison [2101 Waverley St].

297A

Les bancs de l'élite

297 Une visite de la prestigieuse **Stanford University** (A) s'impose. Les étudiants de cet établissement ont joué un rôle prépondérant dans l'élaboration d'Internet et ont récolté une vingtaine de prix Nobel. Dotée d'un budget annuel de 5,5 milliards de dollars, l'université a été fondée par le magnat des chemins de fer, gouverneur et sénateur de la Californie, Leland Stanford, et par sa femme, Jane, en 1891. Le campus est surnommé « The Farm » par les étudiants, puisqu'il a été fondé sur le site de l'ancienne ferme de la famille Stanford.

Le campus est magnifique, avec ses immeubles inspirés du style colonial des missions espagnoles de Californie. Ne manquez pas les mosaïques de l'église Memorial Church (où l'on a célébré plus de 7500 mariages depuis 1903), les 20 statues en bronze originales de Rodin, et la vue qui s'étend sur des kilomètres à la ronde au 14e étage de la Hoover Tower. Des étudiants pilotent des visites guidées gratuites à 11 h et à 15 h 15 chaque jour, depuis le centre des visiteurs [450 Serra Mall].

En ville, arrêtez-vous chez **Evvia**, chaleureux restaurant grec ouvert pour le déjeuner et le dîner. La salade grecque, le poisson grillé et la moussaka sont délicieux [420 Emerson St]. Pour un café et une pâtisserie, passez chez **Mayfield Bakery & Cafe** [855 El Camino Real].

296A

Les complexes technologiques

298 Silicon Valley est l'épicentre de la planète high-tech. Les plus grandes entreprises de technologie y ont établi leurs quartiers généraux, lesquels ne sont bien évidemment pas ouverts au public, mais rien ne vous empêche de vous y rendre pour constater l'ampleur des installations, la frénésie qui les entoure, et pour comprendre un peu mieux la culture qui règne à Silicon Valley.

« Silicon Valley, c'est une méritocratie presque parfaite. Les gens se fichent de ton diplôme », m'a raconté Nicolas Darveau-Garneau, directeur du marketing de performance chez Google, dont l'impressionnant complexe, le **Googleplex**, est situé à Mountain View, non loin de Palo Alto. « Quand je dois engager quelqu'un, le test est : est-ce que je prendrais une bière avec cette personne ? A-t-elle l'esprit ouvert ? A-t-elle voyagé ? Les qualifications sont secondaires. Il faut avant tout être "Googley". La plupart des gens qui ont gagné des millions et des milliards de dollars ici n'ont jamais fini leurs études. Chez Google, la performance de tout le monde, même des employés de la cafétéria, est évaluée. Il faut toujours croître. » [1600 Amphitheatre Pkwy].

Les employés se déplacent d'édifice en édifice sur les vélos multicolores de l'entreprise. À l'est du complexe, on peut observer, depuis la piste cyclable, les terrains sportifs réservés aux employés. À l'intérieur des murs, il y a des zones de divertissement à tous les étages, comme une allée de bowling, des terrains de volley-ball de plage, plusieurs centres de culture physique, une piscine, un spa et des tables de billard. Les employés mangent gratuitement dans une des nombreuses cafétérias ou dans les cafés. À huit minutes de marche, au **Visitor's Center**, vous pourrez observer quelques-unes de leurs inventions, dont la voiture Google Maps. Ouvert la semaine de 10 h à 17 h [1911 Landings Dr].

Le complexe de **Facebook** est situé au bord de l'eau, à 15 minutes du centre de Palo Alto [1 Hacker Way]. Une émoticône géante du pouce levé en annonce l'entrée. Chez Facebook aussi, les repas sont gratuits. Un dentiste y a son cabinet, et certains soirs de semaine les employés peuvent emmener leurs enfants pour regarder des films sur un écran géant, service de traiteur compris. Chez Facebook, on suggère aux employés de toujours choisir le service où ils vont travailler.

Le complexe d'**Apple** se trouve à Cupertino, à environ 20 minutes de Palo Alto [1 Infinite Loop]. On peut se déplacer en auto autour du complexe et les fans de l'entreprise trouveront une foule d'objets singuliers à la boutique, à côté de la porte principale, par exemple des T-shirts « *I visited the mothership* » ou « *I left my heart in Cupertino* », et des tasses Apple. Le second complexe néo-futuriste d'Apple (toujours en construction au moment où j'écris ces lignes) se trouve à 3 km du premier [19111 Pruneridge Ave]. Il a des airs de vaisseau de Star Trek posé dans la forêt.

299A

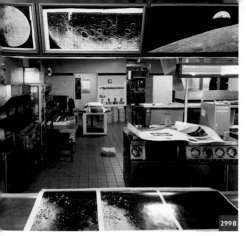

299 B

Le McDonald's sur la Lune

299 Juste à côté du Googleplex, se trouve l'impressionnant **NASA's Ames Research Center** (A), un des principaux centres de recherche de l'agence spatiale américaine. Les scientifiques qui y travaillent sont impliqués, entre autres, dans le programme spatial pour la recherche de vie dans l'univers. Les lieux sont ouverts au public. On peut y voir l'immense structure de 32 000 mètres carrés construite dans les années 1930 pour abriter les dirigeables de l'armée de l'air américaine. On peut aussi y voir mon coup de cœur : le **McMoon's** (B) ! En 2008, l'équipe du **Lunar Orbiter Image Recovery Project** s'est installée dans le McDonald's abandonné du complexe. Les chercheurs y numérisent les bandes de données des cinq orbiteurs lunaires envoyés dans l'espace en 1966 et 1967, d'où le surnom du bâtiment. Lors de mon passage, j'ai cogné à la porte et ils m'ont fait visiter les lieux. Les photos en noir et blanc de la Lune ont remplacé le menu de hamburgers et McCroquettes au-dessus du comptoir, et la cuisine est remplie de bandes de films [emprunter la sortie 398A de l'autoroute 101, puis tourner à droite sur Moffett Blvd, jusqu'à Nasa Pkwy].

L'université qui veut changer le monde

300 Le complexe du **NASA's Ames Research Center** est aussi le siège de la **Singularity University** (A), un des endroits les plus fascinants que j'ai visités. Chaque été, environ 80 étudiants triés sur le volet, venus de 45 pays, ont pour mission d'améliorer, grâce aux progrès fulgurants de la technologie, la vie des êtres humains. « Nous formons des équipes et le but de chaque projet est de concevoir quelque chose qui pourrait avoir un impact positif sur la vie d'un milliard de personnes dans les 10 prochaines années », m'explique Kevin Adler, un des étudiants de la cohorte de l'été 2015. « C'est comme un camp d'été, mais avec les plus brillants cerveaux de la planète ! » ajoute-t-il.

Intelligence artificielle, nanorobotique, systèmes d'information, biotechnologies, médecine, neurosciences, production d'énergie, l'espace : aucun champ d'étude n'est laissé pour compte. Les étudiants approfondissent aussi des questions relatives à l'éthique, à la régulation et à la sécurité. Ils ont même accès au superordinateur de la NASA, Pleiades, un des plus puissants du monde. L'université a été fondée par Peter Diamandis, docteur en médecine et diplômé d'ingénierie spatiale, et par le futurologue et directeur de l'ingénierie chez Google, Raymond Kurzweil. Le concept de la « singularité technologique » désigne le moment où l'intelligence artificielle dépassera les capacités humaines. Selon M. Kurzweil, ce basculement devrait survenir en 2045. Il n'y aura alors plus de distinction entre l'homme et la machine. L'homme aura transcendé ses limites biologiques ; la vieillesse et la maladie seront des concepts dépassés...

Index

Les numéros de l'index renvoient à l'une des 300 raisons d'aimer San Francisco.

Remerciements

Un grand merci à toute l'équipe des Éditions de l'Homme et à mon éditrice, Élizabeth Paré, pour ses judicieux conseils. Merci à Sylvain Trudel pour sa rigueur et à Josée Amyotte pour son enthousiasme.

Ce guide n'aurait pas été possible sans le soutien de ma famille et de mon complice, Geoffrey, qui m'a fait découvrir San Francisco et qui a motivé ce projet. Des mercis particuliers à Susan et à Dennis Mooradian pour leur accueil, et à Lelia Wood-Smith pour le havre d'écriture.

Je voudrais aussi remercier les personnes suivantes pour leur aide précieuse : Jared Byer, Matt et Susie Novak, Daniella Reichstetter et Stowe Beam, Nicolas Darveau-Garneau, John Slack, Tessa Greenwood et Bronson Johnson, Lisa Nourse, Simi Dube, Kate et Kristin Wilkinson.